ドイツにおける
通信簿の歴史
——システム論的機能分析——

卜部 匡司

溪水社

目　次

序章　研究の目的と方法
第1節　研究の目的　　　　　　　　　　　　　1
第2節　先行研究の検討　　　　　　　　　　　5
第3節　研究の方法論　　　　　　　　　　　　8
第4節　研究の構成　　　　　　　　　　　　22

第1章　ドイツ最初の通信簿（1559〜1788年）
第1節　慈善証明書　　　　　　　　　　　　26
第2節　イエズス会系学校の慈善証明書　　　30
第3節　機能分析　　　　　　　　　　　　　35

第2章　通信簿の定着（1788〜1858年）
第1節　成熟証明書　　　　　　　　　　　　41
第2節　民衆学校の通信簿　　　　　　　　　51
第3節　機能分析　　　　　　　　　　　　　57

第3章　通信簿の分化（1858〜1938年）
第1節　中等教育修了資格証明書　　　　　　66
第2節　女子中等学校の通信簿　　　　　　　75
第3節　学年末・学期末の通信簿　　　　　　84
第4節　機能分析　　　　　　　　　　　　　94

目次

第4章　独裁国家における通信簿（1938〜1990年）

第1節　国家社会主義における通信簿　　　　　　　105
第2節　旧東ドイツにおける通信簿　　　　　　　　114
第3節　機能分析　　　　　　　　　　　　　　　　123

第5章　現代の通信簿

第1節　通信簿の標準化　　　　　　　　　　　　　130
第2節　記述式評価の通信簿　　　　　　　　　　　148
第3節　近年の動向：態度に関する評点の再導入　　155
第4節　機能分析　　　　　　　　　　　　　　　　167

終章　研究の総括

第1節　通信簿の歴史的展開　　　　　　　　　　　175
第2節　通信簿の機能に関する理論的解釈　　　　　181
第3節　通信簿の社会的機能に関する議論　　　　　185
第4節　本研究の限界と今後の課題　　　　　　　　190

付録　　　　　　　　　　　　　　　　　　　　　　193
通信簿の歴史的展開に関連する年表　　　　　　　　206
出典一覧　　　　　　　　　　　　　　　　　　　　209
参考文献　　　　　　　　　　　　　　　　　　　　211
あとがき　　　　　　　　　　　　　　　　　　　　217

ドイツにおける通信簿の歴史

システム論的機能分析

序章　研究の目的と方法

第1節　研究の目的

　本研究の目的は、ドイツにおける通信簿の歴史的展開について明らかにすることである。その際、特に通信簿の機能に注目し、各時代における通信簿の機能を歴史的展開の中で解明する。わが国において通信簿とは、学校において各児童生徒の学業成績・身体状況・出欠席などとそれに対する所見を記入し、保護者に通知する書類である。ドイツでは、わが国の通信簿に相当する文書として「Schulzeugnis（シュールツォイグニス）」があり、本研究は、この「Schulzeugnis」の機能を歴史的展開の中で明らかにする。ドイツの通信簿（Schulzeugnis）は、一般的な定義によれば、児童生徒の学業成績や態度などに関する評価を示した文書である。

　通信簿の機能に注目するのは、通信簿がドイツ社会および教育制度の機能的分化とともに発達したのではないかということが想定できるためである。それゆえ、通信簿の歴史的展開を体系的に明らかにし、その上で通信簿の機能を理論的枠組みに基づいて分析する。その際、機能分析の方法として、ルーマンのシステム論を手がかりとする。ルーマンのシステム論は、機能の展開をその背景とともに記述する上で多くの利点を有している。また、ルーマンの理論はシステム論の中でも特に洗練され、学校をはじめとするさまざまな社会領域に対して最も幅広く援用できるように開発されてきたものである。すなわち本研究でこの理論を援用するのは、社会的展開の文脈の中で通信簿の機能の展開を分析するためである。

1）問題関心：通信簿の機能

　本研究の出発点は、わが国の通信簿の機能である。わが国の通信簿は、学期末に保護者に対して児童生徒の成績状況を通知する役割を担っている。通信簿には、児童生徒の成績および態度に関する記述が見られる。わが国の通

第1節　研究の目的

　信簿の特徴としては、それがもっぱら学校と家庭との連絡に用いられるということが挙げられる。また、それは公文書として位置づけられておらず、学校から家庭に向けての慣習的な通信手段として理解されている。
　わが国では通信簿のほかに、公文書としての性格を持つ成績表簿として、次の2つの文書がある。すなわち指導要録および調査書（内申書）である。指導要録とは、児童生徒の学籍情報を保管するための公文書であり、その内容は文部科学省および各都道府県教育委員会によって定められている。また、指導要録は成績原簿でもある。一方、調査書（内申書）とは、進学や就職の際に学校から進学先または就職先へ向けて発行される公文書である。これら指導要録および調査書は原則として、児童生徒や保護者が閲覧できないものである。そのため、わが国の通信簿は、公文書ではないとは言うものの、児童生徒の成績に関して本人や保護者が知ることのできる唯一の手段である。通信簿に対する不安や心理的圧迫感を感じる子どもがいるのは、そのためである。たとえわが国の通信簿が、慣習的な伝達手段としての意味しか持たず、進学や就職の際にも影響しないとしても、やはり子どもや親たちに対する通信簿の意味は、主観的に重く感じられる[1]。
　わが国の通信簿は、進級や落第などにも影響せず、その意味ではむしろ教育的な機能を持つと言える。わが国の子どもたちは義務教育として一般的に、6年制の小学校、3年制の中学校に通う。その際、通信簿が示す成績に関係なく、規定の出席日数があれば進級できる。9年間の義務教育の後は、3年制の高等学校に接続している。ただし、高等学校に進学するためには入学試験に合格しなければならない。しかし、試験に合格して高等学校に入学できれば、ほとんどの生徒は、高等学校を卒業することができるとともに大学入試を受ける権利を得る。このとき、通信簿の成績は学校を卒業した後の進路にほとんど影響を与えない。というのは、大学入学や就職に際してはむしろ入試の成績のほうが重要となるからである。それゆえ、生徒は入試のために勉強し、入試は生徒に対して大きなプレッシャーとなる。特に、わが国における受験競争は、「受験地獄（Prüfungshölle）」と形容されるほどに激しいものである[2]。
　こうした「受験地獄」とは対照的に、学校においては、成績に対する不安をできるだけ最小限に抑えようとする努力が見られる。学校の成績に対する

不安は、特にわが国では問題視されている。それゆえ通信簿では、子どもたちの心理的負担を軽減し、子どもたちを学習へと動機づけるための配慮がなされている。実際、わが国の通信簿は、児童生徒の成績をあいまいに示している。特に、教師が児童生徒を傷つけないように、うまく動機づけを行う必要がある場合には、通信簿における評価は、必ずしも客観的に、正直に示されるわけではない[3]。例えば1980年に、わが国の文部科学省（当時の文部省）は、各学校に対して、指導要録の記載内容を通信簿にそのまま転載することは必ずしも望ましいことではなく、児童生徒の状況を十分に配慮すべきであるとの見解を示している[4]。このような教育的配慮は、通信簿の随所に見られる。例えば、場合によっては、指導要録の記載事実と通信簿の記載事実が異なってもよいのである。すなわち、わが国では児童生徒や保護者に対して伝えられる事実と、児童生徒や保護者に知らされない（公式原簿としての）指導要録の記載事実が異なる場合もある。また通信簿において、総合評定が思わしくない生徒を、観点別評価や態度に関する評価で救済する、あるいは児童生徒を温かく激励するようなコメントを書くこともある[5]。

　以上を要約すれば、わが国の通信簿は主に教育的な役割を担っているということ、また生徒の社会的選抜は、通信簿の評点ではなく入学試験によって行われているということが確認できる。

2）概念規定：ドイツにおける通信簿

　これに対して、ドイツにおける通信簿（Schulzeugnis）は、児童生徒の成績や態度の評価を要約して示した公文書である。実際、ドイツにおいても通信簿は、各学期末および学年末に児童生徒や保護者に対して発行されている。原語の「Zeugnis」はもともと、ある状況をめぐる目撃者（証人）の証言を意味する言葉であった。その「証言」が次第に「署名を伴う文書」によって代用されるようになったと言われている[6]。

　ドイツの学校で発行される通信簿には一般的に、次のような種類のものがある。すなわち、（学習の途中経過をフィードバックする文書としての）学期

第1節　研究の目的

末の通信簿（Zwischenzeugnis）、（次の学年への進級に関する通知を伴う）学年末の通信簿（Jahreszeugnis）、（進路変更や転校する際に発行される）進学（転校）用の通信簿（Übertrittszeugnis）、（学校卒業時に発行される）修了証明書（Abschlusszeugnis）、（修了せずに退学する際に発行される）退学証明書（Abgangszeugnis）である。

　ドイツでは教育政策が各州（連邦16州）に委ねられているため、通信簿の発行についての権限も、それぞれの州が有している。それゆえ個別のケースにおいては、さまざまな種類の通信簿が見られる。ただし、共通しているのは、通信簿そのものが、潜在的に（評点が適切なレベルに達していれば）、それぞれ後続の学校や教育機関に進むための資格を与えるということである。修了とともに与えられる資格のレベルについては、各州文部大臣会議（KMK）の協定によって統一的に定められている。

　通信簿には一般的に、各教科の成績状況、児童生徒の態度に関する評価（例えば、学習態度や社会的態度）、学校長・学級担任・保護者の署名がそれぞれ記載される。評価の結果は、評点（評定）形式または文章による記述式で記入される。態度に関する評価が評点（評定）で示される場合、それは通称「頭部評点（Kopfnoten）」と呼ばれている。また、署名を施すことによって、通信簿の公文書としての性格が明確となる。また通信簿は、成績原簿としても位置づけられている。さらに、転校する際や進学の際に作成される調査書（Schülerakte）には、各生徒の通信簿の写しとともに、生徒に関する書類（健康診断書など）が添付される。これらの調査書は、保護者が申請すれば、あるいは特別な理由があれば、その閲覧が許可される。

　したがって日本の状況とは対照的に、ドイツにおいて重要となる文書は通信簿である。通信簿（または通信簿の写し）は、進学や就職の際に、進学先や就職先に提出される。また通信簿によって学校の修了が証明されるとともに、次の段階へ（例えば大学入学）の資格が自動的に与えられる。この意味において、ドイツの子どもたちの将来は、通信簿で示される結果に強く左右される。そのため当然のことながら、ドイツの通信簿では、児童生徒の成績が客観的に示さなければならない。わが国で見られるような教育的な意味での配慮が見られないのは、そのためである[7]。

3）問題設定

　わが国とドイツの通信簿を、上述のように対比してみれば、両国の通信簿が異なる機能を持つということは明らかである。すなわち、わが国では通信簿が教育的な機能を持ち、ドイツでは通信簿が教育的な機能だけではなく、それ以外にも多くの役割を担っていると言える。これらの違いは、特に比較教育学にとって興味深いことであり、その意味で通信簿は、教育学における重要な研究対象のひとつとして位置づけられる。

　以上のような問題関心から、本研究ではドイツにおける通信簿の歴史的展開を明らかにする。すなわちドイツの通信簿は、いかに成立展開してきたのかを問う。その際、通信簿がドイツの社会の中でどのようにして重要な役割を担うようになったのかを記述することが焦点となる。ドイツの通信簿はどのような状況のもとで、他のシステムに移行するための資格として重視されるほどに信頼を勝ち得てきたのか。つまりドイツの通信簿は社会の中でどのような機能を果してきたのか。本研究は、これらの問いに答えようとするものである。そのため本論では、ドイツの通信簿が果たしている社会的機能を歴史的な展開の中で記述する。

第2節　先行研究の検討

　わが国とドイツの両国において、通信簿をテーマとした研究は、これまでに次のような観点から行われてきた。

1）ドイツにおける先行研究

　ドイツにおいては、通信簿をテーマとした研究は主に2つのアプローチによって行われてきた。ひとつは通信簿の作成および発行をめぐる経験科学的アプローチによる研究であり、もうひとつは通信簿の歴史に関する歴史学的アプローチによる研究である。

　経験科学的な研究においては、主として、どうすれば児童生徒の成績や態

第2節　先行研究の検討

度が通信簿によって客観的に示されるのかをめぐって議論が行われてきた。特に重要なのは、通信簿において評価の客観性、信頼性、妥当性を確保することである。評価の客観性をめぐっては、児童生徒の成績が同一の条件下で、同一の尺度で、また同一の解釈図式で評価されているかどうか、またどの程度まで評価されているのかなどについて研究されている。評価の信頼性をめぐっては、成績が信頼できる測定手続きに基づいており、どの教師が評価しても同一の評価結果となるかどうかが問われている。評価の妥当性については、成績評価の結果が、評価内容とは無関係なところからの影響を受けていないかどうかについて検討されている。理論的には、客観性は信頼性の前提となり、信頼性は妥当性の前提となり、妥当性は通信簿が示す成績の有効性の前提となる[8]。通信簿における評価の客観性、信頼性、妥当性という規準は、社会的、職業的地位が通信簿を通して公平に配分されるために、必然的に重要なものとなる。しかし、経験科学的な研究によって、評定（評点）による評価は必ずしも児童生徒の実際の学力を反映していないということが批判的に指摘された[9]。また、これらの研究によって、評価者が常に同じ結果を示すとは限らないという点が注目されるようになった。評価手続きにおいてよくある誤りや評価者のもつ無意識的な影響力として、例えば、評価におけるハロー効果[10]やピグマリオン効果[11]、また成績をめぐる心理的圧迫感（ストレス）などが指摘されている[12]。こうした問題点を踏まえた上で、教育学者たちは通信簿の発行についての改善策や、よりよい実践を提案している[13]。ただし、これらの経験科学的な研究は、非常に幅広く行われ、また改善に向けた工夫が詳細にわたるものであるため、すべての研究を網羅的に概観することはできない。さらに言えば、こうした議論はドイツだけでなく、アメリカやイギリスなど、他国においても見られるものである[14]。

　しかしながら、こうした経験科学的な研究の成果からは、通信簿の歴史的展開やその社会的意味についての十分な解答は得られない。

　一方、通信簿に関する歴史的な研究においても、通信簿の社会的機能を反省的に問い直す作業は、ほとんど行われていない。歴史的な考察の中心にあるのは、通信簿を通して行われる社会的選抜に対する批判である。ドーゼは、通信簿の包括的な概念規定に取り組み、そこから教育者としての教師と評価

者としての教師という教師の二重の役割（ダブルバインド）に対する批判を述べた[15]。通信簿は、その資格付与機能および選抜機能によって、児童生徒の動機づけを歪んだものにしている。すなわち「児童生徒は、事実的内容のために学ぶのではなく、『資格証書』を得るだけのために学習し、特にその際、不当な手段を用いることも厭わない」[16]。このテーマは、それに続く研究者たちによって客観的選別と教育学的診断とのバランス問題として問い直されている[17]。その上でさらに、通信簿の作成や発行の実践を改善するための提案が行われている[18]。

通信簿の歴史的展開に関する唯一の本格的な歴史研究は、ブライトシューによって行われている[19]。彼は、通信簿の歴史を時代ごとに叙述しており、通信簿が主に教育学的な理由によってではなく、社会的な必要性から導入されたということを示した[20]。これらの歴史研究からは確かに、通信簿がどのようにして歴史的に展開してきたのかを辿ることができるが、ドイツ社会における通信簿の重要な役割については十分に説明されていない。

むしろ本研究が問題としているのは、通信簿の成績が実際には主観的で、不公平で、あいまいだということが経験科学的な研究から明確になっているにもかかわらず、どのようにして通信簿が子どもの将来を決定的に左右するほどまでに重要な意味を持つようになったのかということである。

2）わが国における先行研究

わが国から見れば、ドイツの通信簿というテーマは、特に比較教育学の分野で議論されるものである。しかしながら、わが国ではこれまでに、ドイツの通信簿や教育評価に関する研究がほとんど見当たらない。これまでの先行研究としては、筆者自らによる研究が挙げられるのみである。筆者は、このテーマについて比較文化論的な視点からのアプローチを試み、わが国とドイツの通信簿の機能の違いは文化的な違いから説明できるのではないかという仮説を立てた。わが国の教師は、児童生徒を失望させないように通信簿において曖昧な表現を用いるが、逆にドイツの教師は、通信簿においてできるだけ客観的に、明確に評価しようとする。この違いは、コミュニケーションに関する国民的気質（メンタリティ）の側面から解釈できる。すなわち日本人

は、よく相手の感情に配慮し、ネガティブなことを直接的に表現しない傾向にあるが、ドイツ人のコミュニケーションではより明確な表現が用いられる。したがって、ドイツ社会の通信簿に対する信頼は、こうしたドイツ人の正直さと結びついた明確さによって根拠づけることができる[21]。

　ドイツにおける通信簿の重要な役割が、たとえ国民的気質の側面から比較文化論的に説明されるとしても、通信簿の社会的意味を説明するには、このモデルでは不十分である。実際、国民的気質の歴史的展開を取り上げても、通信簿が承認される複雑な社会的プロセスを十分に説明することはできない。また、グローバル化や文化の相互浸透によって文化論の説明力が弱まってきている。

　以上のように、歴史的展開を踏まえた通信簿の機能の記述は、わが国やドイツでの研究においても、いまだに不十分である。これまでの経験科学的、歴史的な先行研究や比較文化論的研究では、通信簿の歴史的展開やその社会的意味が十分に明らかになっていない。そこで本研究では、これらの不十分な点を補完するため、通信簿がドイツ社会においてどのように展開し、それぞれの時代および社会の中でどのような機能を果たしてきたのかを問う。

第3節　研究の方法論

　通信簿がドイツ社会においてどのように成立し、どのような機能とともに発達してきたのかという問いに答えるためには、まずは通信簿の歴史を簡潔に再構成することが必要であり、次いで社会における通信簿の機能をそれぞれ解明することが必要となる。その際、機能分析を体系的に、かつ検証可能にするため、理論的枠組みを手がかりとした分析を行う必要がある。

　本研究では、機能分析のための理論的枠組みとして、ルーマンのシステム論を選択する。この理論を選択する意義は、次のように説明できる。すなわちルーマンのシステム論は、すでにさまざまな文脈において、ある対象の社

会における展開過程の分析に対して援用されており、非常に洗練された理論のひとつである[22]。それは特に、機能分析のための理論として適している。というのは、機能という概念が、この理論の中核的な概念のひとつになっているためである[23]。それゆえシステム論は、特に比較のための準拠点として選択できる。すなわちシステム論を用いることで文化的現象の観察が可能となるが、システム論そのものとしては文化的な影響を受けずに議論を展開できるのである。実際、比較教育学研究においても、すでにシステム論の受容が進んでいる[24]。

しかしながら、このシステム論的アプローチは、これまでの教育学において、それほど普及しているわけはない。そのため、まずはこのアプローチについて、本論での分析に必要な範囲で詳しく紹介しなければならない。それゆえ本節では、1) システム論的アプローチの基本概念を紹介し、さらに 2) 機能概念および機能分析の方法を示す。その後、3) システム論的視点から見た教育評価について述べ、最後に、4) 本論での機能分析の枠組みを提示する。つまり本節の 1)、2) および 3) では、本研究の認識論的背景を中心に述べ、4) で初めて具体的に、機能分析のために必要な枠組みを提示する。

1）システム論

社会科学においては、システム論と呼ばれる理論的アプローチが数多く存在する。それらに共通するのは、社会的な意味の関係性をその環境条件の文脈において把握することによって、システムを環境の文脈の中で複雑なまま写し取るという方法論である。システムとは、外側の境界によって規定される全体（統一体）のことである。システム論の特徴は、システムの要素間の相互作用を観察することにある。そのため、システム内の変化の原因を追究するだけでなく、多くの視点を同時に射程に入れることができる。本研究でシステム論を用いるのは、この理論によって複雑な意味の関係性や展開過程を記述することができるからである。

今日におけるシステム論は、以下のようなアイデアとともに少しずつ発達してきたものである。まず、力学的システム研究の分野において、システム

第3節　研究の方法論

内の要素が相互依存の関係にあり、そこから因果連関の回帰的な無限波及効果が生み出されるということが明らかにされた。このメカニズムの考え方から、例えば、経済学における一般均衡理論が発達した[25]。この考え方と並行して、生物学の生命体研究から、システム内部の各機能が全体システムの機能的作用に貢献しているということが示された。特に、ホメオスタシス（恒常性）理論においては、生命活動を営む生命体が外的環境変化のストレスに対して安定性（耐性）を保とうとすることが説明された[26]。続いて、サイバネティックス理論（制御理論）は、情報伝達に関する研究の中で、制御するものと制御されるものとの関係を解明した[27]。これらの理論に基づいて、一般システム論やパーソンズの社会学的システム論が構築された。ここでは特に、システムが自ら環境に適応し、システム内の恒常性を維持するための制御メカニズムを発達させているということが重要である[28]。これらのシステム論は、さらにオートポイエシスという概念とともに発達していった。オートポイエシスとは、システムの自己再生産過程を示している。オートポイエシス理論は、システムの自己産出という側面を観察し、システムの自己再生産を記述しようとするものである。ここでは、システムが自己の営みだけによって維持されるということが重要である[29]。この理論の事例として、ルーマンの社会学的システム論が挙げられる[30]。ルーマンの理論的展開の出発点は、パーソンズの理論にあり、パーソンズの理論はすでに教育学の文脈においても非常に示唆に富むものである。それゆえ以下ではルーマンのシステム論に入る前に、パーソンズのシステム論について、その概要を述べる。

　パーソンズの理論は、社会内の相互作用を越えた社会全体を記述しようとすることから出発している。この理論は、社会システムにおける規則の多様な形式に注目し、社会統合がいかにして可能なのかを問うものであった。例えば、経済分野の一般均衡理論のような、社会の一部分を考察するための理論とは異なり、パーソンズにとっては社会全体を視野に入れることが重要であった。社会学的システム論には、社会を例外なく普遍的に説明することが求められる。そのため、社会理論は比較的抽象的なものとならざるを得ない。当然のことながら、こうした抽象的な理論に対しては、実践に役立つように社会を十分に説明できていないという非難が浴びせられることになる[31]。

パーソンズはまず、システムと環境との関係が相互作用のプロセスによって記述可能であるということから出発した。例えて言えば、システムと環境との関係は、サーモスタット（温度調節装置）と環境との関係に似ている。システムと環境との関係において短期的変化に依存せず観察できるような意味の関係性を、パーソンズはシステムの構造と呼び、変化する環境の中でシステムの構造や安定性の維持に貢献する過程を機能と呼んだ。サーモスタットの例で言えば、サーモスタットは自ら、システム内で特定の温度を維持するという機能を持つ。サーモスタットがもたらすようなシステム内で特定の温度が維持できなくなれば、サーモスタットは故障したということになる。社会の各部分システムの関係も、これと似たような形式で記述される。社会においては、その部分システム（例えば、価値システム）が維持できなくなれば、その社会秩序は乱れてしまうのではないかと考えられる。つまり、どのメカニズムとともに社会が自己を維持し、また環境の中で変化していくのかが観察される。したがって、パーソンズの理論における「機能」とは、特定の構造や特定のシステムが複雑な構造や包括的なシステムの枠組みの中でもたらす課題や性能として理解される。

パーソンズは、社会システムの4つの基本的機能を設定し、それらを「AGIL図式」として組み立てた。この図式によって、どのようにして社会システムが一方で分化し、他方で人間の行為、制度、部分領域を社会全体の発展とシンクロさせることができるような安定性を得るのかが分析できるようになった。AGIL 図式は、それぞれの行為や社会システムが達成するすべての課題を分析的に認識するのに役立つ。この図式に基づいて、それぞれの社会システムが 4 つの基本的機能の中で観察される。AGIL 図式の 4 つの基本的機能は、次のように定義されている[32]。

(1) 適応機能（Adaption）…外的諸条件のもとでシステムが活動を続けるために、システムにとって不可避の適応手段を外界（環境）から調達し、必要に応じて外的環境に積極的に働きかけながら環境を統制しようとする働き。
(2) 目標達成機能（Goal-attainment）…ある状況における環境との関係の中

第3節　研究の方法論

で、システムが自らの存続にとって有利な目標を達成しようとする働き。
(3) 統合機能（Integrarion）…システム内の多様な単位（個人的要求、集団内での社会的役割など）の相互作用をうまく統制しながら連帯を維持し、システムを全体として安定した一貫性が維持できるように調整する働き。
(4) 潜在的パターンの維持機能（Latent pattern maintenance）…諸部分の活動を適切に動機づけ、システム全体の価値体系を長期にわたって統合するとともに、その過程で蓄積されるシステム内の緊張を排除する働き。

　この AGIL 図式は発見的な、つまり記述、分析、認識獲得に有効な理論的枠組みである。パーソンズ自身は、この図式によって複雑な研究対象をさまざまな形で問うことができるようになることを指摘している。ただしこの図式は、研究対象の機能が常に4つの基本的機能に明確に分類できるわけではないという問題を抱えていた。

　パーソンズのシステム論は、ルーマンらによって2つの点で不十分であることが指摘された。ひとつは、AGIL 図式がさまざまなシステムに対してどう適用されるのか、また、どのシステムがどの機能に分類されるのかということが明確ではないものとして証明された。さらに、この図式ではシステム内の階層構造をうまく組み立てることができない。例えば、通信簿を事例にこの問題を説明しようとすれば、次のような問題が生じる。すなわち、時代や社会の変化に伴う通信簿の機能の変化を観察するとき、教育システムおよび社会的システムを安定させる4つの基本的機能のうち、通信簿がどの機能を果たしていることになるのか、またどの機能からどの機能へ変化したことになるのかについて特定するのは、極めて困難な作業となる。さらに、歴史的展開に応じてシステムの階層構造や部分システム内のシステムの序列が変化するのであれば、通信簿の機能をどのシステムのどの機能に帰属させるのかという問題に答えることは、ますます難しくなる。

【本研究の理論的枠組み：ルーマンのシステム論】
　ルーマンのシステム論は、パーソンズの理論をさらに発展させたものとし

序章　研究の目的と方法

て理解されている。ルーマンのシステム論は、一定の機能が部分システムに帰属するという認識を断念し、システムの環境との関係を、そのつど分析する。それに伴い、システムはもはや部分システムの総和として解釈されるのではなく、それぞれオートポイエティック（自己産出的）なシステムとして観察される。同時に、実際に存在するシステムを指し示すパーソンズの存在論的システム概念が断念され、その代わりに、システムが観察者の視点から定義される構成主義的システム概念が採用される。すなわちルーマンは、システムを全体と部分の関係においてではなく、環境の中にあるシステムとして観察した。ルーマンの解釈によれば、システムは観察者によって、複雑な意味の関係性の中で、コミュニケーションによって構成される意味論的総体（意味のシステム）として理解される。それゆえシステム間の階層構造は考慮されない。システム間の関係やシステムと環境との関係は、観察者の区別によって構成される。こうした構成プロセスの場合、システムと環境との境界は特に重要となる。システムは、システムと環境との差異によって環境から区別される。システムは、環境よりも複雑性が小さくなる。つまり、社会的システムの基本的機能は「複雑性の縮減」として想定される。また、複雑性を縮減するシステムの基本的な操作形式は、コミュニケーションである。

　意味論的な構成の総体としてシステムを観察するとは、システムの複雑性を「意味（Sinn）」という形式で縮減することである。意味の観察は、3つの次元において可能である。つまり事実的、時間的、社会的次元である[33]。システムは、それぞれひとつの次元において観察されるが、それによってシステムの別の解釈可能性が除外されるわけではなく、むしろ潜在的な別の解釈可能性が保持されている。ただし観察は、3次元で同時に行われるのではなく、それぞれの次元ごとに順番に行われる。

　事実的次元とは、社会システムの主題構造の次元である。時間的次元では、ある研究対象の意味が過去と未来の可能性の中で観察される。社会的次元は、自分と他者の区別、つまり関係構造の区別に基づく観察次元である。意味の反省は、視角の交換可能性、つまり観察状況の占有を前提とする[34]。同時に、観察の位置が自由に設定され、科学的反省を受け入れやすくなる。最終的にそれは、事実の関係性がそれぞれの観察者の視点に基づいてまったくさまざ

第3節　研究の方法論

まに理解されうるという近代の経験を意味するものである。そうすることによって、観察する視点の偶発性（Kontingenz）が射程に入る。すなわち、それぞれの記述は別様でもありうるのである。システム論は、この偶発性から出発し、システムが採りうる可能性の条件を問う[35]。このように、それぞれのシステムが偶発的なものとして想定されることから、システム間の営みに対しては、それぞれ他のシステムの偶発性に左右されることになる。こうしたシステム間の関係は、「二重の偶発性（doppelter Kontingenz）」として理解される[36]。

　本論においては、通信簿がコミュニケーションを提供するものとして解釈され、どれが個人、企業、学校のような社会的システムにどのように接続されうるのかを問う。通信簿は、どの観点から（例えば、生徒として、企業として、あるいは親として）それが認識されるかによって、それぞれ多様に解釈される。そのため、意味を構成する際の観察の位置は、それぞれ自由に設定される。

　本論では、ルーマンの設定した3つの意味次元に沿って通信簿を観察する。つまり、通信簿の事実的次元においては、どのテーマが通信簿で取り扱われているかを問う。時間的次元においては、通信簿が時間をどのように構造化するのかを問う。社会的次元では、通信簿によって社会関係がどのように構造化されるのかを問う。

　ルーマンのシステム論は、オートポイエシス理論として位置づけられる。そうすることで、システムの変化の推進力が観察できるようになる。オートポイエシス理論の出発点は、システムは自ら変化するだけであり、環境によって変えられるわけではないということである。この認識は、もともと生物学における生命体システム（細胞など）の観察に由来するものである。確かに、細胞は周囲の環境によって刺激されるが、細胞の変化はシステムが自らを産出する内的営みのネットワークによってのみ可能となる。オートポイエシスという概念は、システム自らがそれによって成立する要素を自ら産出するというこのプロセスを記述するものである。この抽象的な理論を用いれば、

序章　研究の目的と方法

さまざまなシステムの操作形式を記述することが可能となる。社会的システムは、自らのコミュニケーションによって営まれ、環境によって刺激される。ただし、環境はシステム内のコミュニケーションという条件下でのみ加工される。例えば心的システムは、思考のオートポイエシスによって閉鎖的に営まれる。そのため、心的システムの外側には思考が存在しない。このようにオートポイエティックなシステムは、自らのシステム境界内でのみ営まれる。

　すでに明らかにしたように、システムの環境との境界は、複雑性の縮減によって成立する。オートポイエティックな社会的システムを想定した場合、システムの複雑性の縮減は、システム内の主導的区別（コード化）およびプログラム化によって成立する。このとき、システム内の主導的区別となる二元的差異は、システムのコードと呼ばれる。例えば、政治システムは、権力（保持／不保持）というコードに基づいて営まれる。経済システムでは、「支払い／不払い」というコードが主導的である。こうした二元的コード化によって、社会的システムは自らを環境から区別することができ、自己を維持することができる。プログラムとは、コードに基づくシステム操作の内容的規準のことである。政治システムは、プログラムとして、例えば、権力維持の政策やイデオロギーを採用している。経済システムでは、価格形成や商品の希少化、つまり需要と供給の関係の最適化がプログラムと呼ばれる。社会的システムのコードが常に一定であるのに対して、プログラムは、そのプログラムが二元的コードの肯定値の側を実現するのに適していないように思われる場合には、他のプログラムによって代用されうる[37]。

　いずれの社会的システムも、固有の二元的コード化に沿って自らのシステム特性を作り出している。プログラムは、コードの肯定値の側を実現しようとする。そのため、システムのプログラムの是非は議論されやすいという一方で、コードそのものの是非が議論されることはほとんどない。このようなシステムのコードに近づきにくいという事態によって、システムの操作的な閉鎖性が保たれる。また、コードとプログラムを区別することによって、オートポイエティックなシステムの開放性と閉鎖性を同時に記述することが可能となる。

第3節　研究の方法論

通信簿が社会システムの中に位置づけられるのであれば[38]、まず通信簿は、教育システムという社会の機能システムの中で存立可能であり、環境からの騒音（ノイズ）は、そのシステム固有のコードの規準に基づいてのみ処理されうると考えられる。これは、本論の中の歴史的記述および機能分析によって浮き彫りにされる。おそらく、わが国とドイツとでは通信簿のコードが、さまざまな社会的機能に沿って根本的に異なるものとして想定されるであろう。さらに、通信簿の情報がさまざまなシステムによって、受容するシステムのシステム条件の規準に基づいて加工されるということが明らかになるであろう。

2）機能概念

本研究では、社会における通信簿の機能を明らかにするため、機能概念について説明しなければならない。ルーマンのシステム論では、「機能」概念が特に重要な鍵となる。このことは、なぜこの理論が本研究の手がかりとして選択されたのかの理由でもある。ただし、その前に、まずは機能という概念が教育学においてどのように分類されているのかについて説明する必要がある。マイヤーは[39]、教育学における関係の記述形式を3種類に区別している（表1参照）。

表1：教育学における関係形式の記述

議論のレベル：	関係：	議論の方向性：
①代謝レベル	因果関係	原因と結果の説明
②主体レベル	目的関係	課題と解決の説明
③システムレベル	機能関係	機能の記述

出典：Meyer 1997, S. 289-296 に基づいて筆者作成。

第一の代謝レベルでは、事実の関係性は因果関係として解釈され、これは原因と結果の説明として相互に関連づけられる。この関係形式は、学校研究や授業研究の記述において支配的なものである。上述の先行研究において見

られたような通信簿の作成および発行に関する研究においても、この記述モデルが一般的である。

　第二の主体レベルでは、事実の関係性とそれらに関わる主体の結びつきについて、課題および解決策が目的的関係（目的手段図式）の中で相互に設定される。行動指針としての教育学的意味を表現する場合、この観察形式が支配的となる。通信簿の最適化を目指す研究や、教師に対して教育評価の改善のための行動指針を与えるような研究は、この観察モデルがよく用いられる。

　第三のシステムレベルでは、学校がシステムとして把握され、学校と社会との関係を射程に入れた考察が行われる。それゆえ第三のレベルでは一般的に、社会に対する学校の機能を記述することが重要となる。この観察形式の場合、学校はそこに属する人たちの主観的な理論に左右されないままで記述される。この観察形式はしばしば、学校研究のために選択される。本研究は、この第三のレベルに分類されるものであり、通信簿の機能を、学校関係者たちの主観的理論に左右されることなく、また時間的な因果関係を越えて記述することを目指している。

　すでにこうした機能の記述において、ルーマンのシステム論を手がかりとする場合、何を明確に述べるのかが、ある程度は固定されている。すなわちルーマンは機能を、一般化された問題解決として理解している[40]。単純化して言えば、これがどういう意味なのかは、次の事例を見ればわかるであろう。例えば、教室の黒板がどのような機能を持つかを知りたければ、その黒板によってどのような問題が解決されるのかに目を向ければよい。黒板は教師にとって、文章や図によって自らの言葉（説明）を補助するためのメディアとして役立っている。こうした文章や図示による教室での伝達という問題に対して、例えば、コピーしたプリントやOHP（映写機）のような別の可能性も存在する。したがって、黒板の機能は、教室において視覚的な伝達を可能にすることである。このとき、コピーしたプリントやOHPは、黒板と機能的に等価なもの（funktionale Äquivalente）と呼ばれる。つまり機能は、ある問題解決の機能的に等価なものを抽象的なレベルで比較するための地平となる[41]。このように考えれば、近代社会における偶発性の側面が射程に入り、ある現象の意味を因果関係または目的手段関係の図式の中で早急に確定（縮減）し

第3節　研究の方法論

てしまうことが回避される。むしろシステム論的考察の認識利得は、ある問題とその問題に対する多様な解決可能性との関係を問うことによって、対象への視角を体系的に拡大することにある[42]。このとき、比較の地平は観察者のメガネ（システム論的視点）を通して設定される[43]。したがって機能という比較点は、観察するシステムによって規定される。観察されるシステムと社会との関係によって、社会的システムの「機能（Funktion）」が決まる。また、観察されるシステムと他のシステムとの関係は「達成（Leistung）」と呼ばれ、観察されるシステム自身との関係は「反省（Reflexion）」と呼ばれる[44]。

通信簿の社会的機能を分析するに当たり、上述のような方法論を用いれば、性急な因果的帰属処理が回避できる。その代わりに、機能的に等価なものを考察することによって社会的展開の複雑性を、少なくとも方法論的に射程に入れようとするものである。

このような複雑な機能概念を踏まえながら、ルーマンは上述のようなパーソンズの理論構築の問題点を取り上げている。パーソンズの理論によれば、社会の部分システムが自らの機能を果たさなければ社会秩序は維持できない。しかしながら実際には、ある機能が満たされなくとも社会秩序は崩壊せず、機能的に等価なものがその機能を代替するということが経験的に示されている。この現象は、パーソンズの存在論的機能概念では十分に説明できない。むしろルーマンのシステム論的機能分析の認識利得は、問題解決のための具体的な方策を得ることにあるのではなく、あるシステムの潜在的機能の記述を通して、この理論から導き出される認識可能性を得ることにある。

ルーマン自身は、この概念的な道具立てを手がかりとして、近代社会の包括的な分析を提示している[45]。彼の機能分析の中心にある考え方は、近代社会が社会システムとして機能分化とともに発展してきたということである。そのような社会では、特有なコミュニケーション・コードによって相互に異なり、社会と一線を画すようなさまざまな機能的システムが成立している。例えば、経済システムは、政治システム、法システムあるいは教育システムなどとは別の社会的な問題を処理している[46]。経済システムが市場のコードに沿ってコミュニケーションを展開するのに対して、政治システムにとって

は権力の維持が、また法システムにとっては立法との合意が、それぞれ問題となる。

3）システム論的視点から見た教育評価

ただし、教育システムがどのようなコードに基づいて営まれているのかという問いに対しては、まだ明確な解答が得られていない。というのは、教育システムにおいては、システムに特有なコミュニケーション・コード（および象徴的に一般化されたコミュニケーション・メディア）を見つけることが、はるかに困難なためである。ルーマンとショルは、教育システムに特有なコードとして、まず「よい／よくない」または「よりよい／より悪い」という二元的区別を伴う「選別」というコードを想定した。どの人間も、賞罰にせよ、よい評点や悪い評点にせよ、教育システムによって、すなわちシステム内での生徒の評価によって、次の展開へ進むことになり、それが教育システムを他のシステムと境界づけている。またルーマンとショルは、教育システムのプログラムとして、カリキュラムや授業案が想定されると考えている[47]。今日では、経歴（Lebenslauf）、人間の個体発生（Humanontogenese）の形成[48]、または「伝達可能／伝達不能」[49]が、教育システムに適したコードとして想定できないかどうかについても議論されている[50]。しかし、この問いは、本研究にはそれほど関係するものではないことから、ここではさらに深入りしない。

これらの議論をもとに、ルーマンは成績評価の問題についても述べている[51]。機能的に分化した社会では、すべての児童生徒が教育システムによって動機づけられるだけではなく、教育システムによって評価される必要がある。機能が分化する以前の社会では、社会における特定の地位の配分が、親の地位つまり出生に基づいて行われていた[52]。機能的分化社会では子どもたちの成績が、社会的地位を配分する際の本質的な手がかりとなる。同時に、一方では社会階層間の移動が実現され、他方ではそれによって各個人の将来が予測しがたくなる。

システム論的視点からは、教育システムがこうした社会的地位の配分をどのように実現するのかということが重要な問題となる。近代社会においては、

第3節　研究の方法論

児童生徒の評価がこの配分を本質的に決定する。しかし、そのためには同一の条件下での差異（不平等）を生み出すシステム、つまり人間の成績の比較を可能にするシステムを発達させることが必要となる。すなわち成績評価は、どの児童生徒も教育システムとの関係の中で平等なものとして扱われるという想定に基づいている。この想定された平等性という前提があって初めて、不平等（差異化）が可能となる[53]。実際には、生身の人間相互を同一の条件下で比較することは不可能であるが、社会システムにおいて意味論的に設定された「同一の条件」という想定によって個人差が生み出され、人間の成績や能力についての比較可能性が拓かれる。どの教師が評価しても同じ成績になることが現実的に期待できないのは、そのためである。経験科学的な研究では、児童生徒の成績評価が客観的なものとして常に再現できるものではないことを批判するが、システム論の視点から見れば、この事態はシステムの条件的帰結として解釈される[54]。

4）機能分析の枠組み

　本研究では、まず各時代における通信簿の展開を歴史的に再構成する。次いで、機能分析の基盤となる成績評価制度を構成する可能性の条件を明らかにする。そのため、それぞれの歴史的展開の背景を考察する。このとき、成績評価制度において特に重要な機能は、それぞれ後続する教育機関や雇用システムへの参入許可制度としての機能である。

　これらの歴史的展開を踏まえた上で、通信簿によってどのような意味が構成されるのかを各次元においてそれぞれ問う。事実的次元においては、通信簿の記載事実によって、事実的な面での複雑性がどのように縮減されるのかに注目する。つまり、どのような内容が通信簿にとって重要なものとして想定されるのか、またそれらの内容は各システムとどう繋がるのかを問う。時間的次元では、通信簿によって時間的プロセスがどのように構造化されるのかが重要となる。すなわち通信簿によってどのような転換点がどのように設定されるのかを問う。社会的次元では、人間（心的システム）およびシステム相互の関係の複雑性が通信簿によってどのように縮減されるのか、すなわ

ち通信簿はどのシステムとどのシステムをどのように結びつけるのかが問われる。

　これらの次元は、通信簿をめぐるコミュニケーションに参加する社会的システムとの関係を考慮して解釈される[55]。すなわち通信簿は、さまざまなシステムに対してコミュニケーションを誘発する。通信簿はまず、心的システム（個人の意識）に対してコミュニケーションの契機を与える。ここで言う心的システムとは特に、児童生徒（場合によっては親たち）の意識である。場合によっては、評価者としての教師の意識も視野に入れることができる。次に、通信簿を通して射程に入れることのできる社会的システムは、授業という社会的な相互作用システムである。ここでは通信簿が、相互作用システムとしての学級や授業に関してどのような役割を果たしているのかを問う。さらに射程に入れることのできる社会的システムは、教育のプロセスのシステム、つまり組織というシステムである。組織システムに対しても、通信簿はコミュニケーションを提供している。それゆえ通信簿が、組織システムとしての学校に対してどのような役割を果たしているのかを問う。そして最後に、通信簿と社会（における機能システム）との関係において、通信簿の機能を問う。

　それぞれの社会的システムに対する通信簿の機能を多様な次元の中で明らかにするためには、先の3つの意味次元が何よりも重要である。上述のように、ひとつの機能を明らかにするためには、通信簿がどのような問題を解決しているのかを問うことが重要である。通信簿の各機能は、そこから導き出されるものである。このとき、場合によっては、機能を一般化された問題解決として認識しやすくするために、機能的に等価なものを視野に入れながら議論を進めることもある。

　次の表2は、本論での機能分析の手がかりとなる枠組みを概略的に示したものである。ただし、ここで注意すべきは、この表が発見的機能を持つということである。すなわち、時代ごとにこの表の縦横すべての欄を埋めることはできないということである。この表は、本論での分析枠組みの輪郭を示したものにすぎない。

第4節　研究の構成

表2：通信簿の機能を分析するための枠組み

意味次元：	システムの種類：	システムは通信簿をどう利用しているか？	通信簿の機能は何か？	どのような機能的等価物に代替されるか？
事実的次元	心的システム(児童生徒)			
	相互作用(授業)			
	組織(学校／学級)			
	社会(機能システム)			
時間的次元	心的システム(児童生徒)			
	相互作用(授業)			
	組織(学校／学級)			
	社会(機能システム)			
社会的次元	心的システム(児童生徒)			
	相互作用(授業)			
	組織(学校／学級)			
	社会(機能システム)			

第4節　研究の構成

　上述のような問題設定および方法論を踏まえ、本研究は次のような構成を採る。

　まず本論では、ドイツにおける通信簿の歴史を概観的に再構成する。国民国家としてのドイツは、19世紀末になって初めて成立したことから、それ以前の歴史的叙述は、主に今日のドイツをおおよそ意味する地域に関するものとなる。ただし、スイス(ドイツ語圏)やオーストリア(例えば、ハプスブルク帝国の展開)など、ドイツ以外のドイツ語圏における展開過程については触れていない。

　通信簿の歴史は、5つの時代に区分される。これらの時代区分は、主に通信簿制度や学校史上の重要な転換点に対応している。第1章は、ドイツ最初の通信簿として位置づけられる16世紀(1559年)の慈善証明書から始まり、一般就学義務の導入が考慮された時代を経て、プロイセンでアビトゥア試験が導入されるまでの時代(1788年)を含んでいる。第2章は、学校種の違いに応じた通信簿が導入されるとともに、通信簿の作成および発行が制度化さ

れ、組織的な関連性を持つようになったことについて述べている。それは、プロイセンにおけるアビトゥア成績証明書の導入（1788年）から中等教育修了資格証明書の導入（1858年）までの時代である。第3章は、19世紀中頃の産業化時代における通信簿の制度的転換や、20世紀初期に民主主義が導入される時代（1858～1938年）に果たした通信簿の役割について考察している。特にこの時期には、すべての国民に学校や成績原理が完全に定着することによって、通信簿の展開が新たな局面を迎えている。第4章では、国家社会主義（1933～1945年）およびドイツ民主共和国（1949～1990年）における通信簿の機能的変化が述べられる。この章では、国家のための学校のイデオロギー化と、それに伴う通信簿の機能的変化を中心に取り上げる。これらの両体制が、ドイツの独裁国家として同等に扱われてもよいかどうか、またどの程度まで同等なものとして扱われてもよいのかについて、ドイツにおける別の文脈ではまったく対照的なものとして議論されることもあるが、本章ではドイツにおける独裁国家としてまとめている。第5章では、戦後の西ドイツ（1945～1990年）および東西統一以後から現在までのドイツ（1990～2006年）における通信簿の展開について考察している。

　いずれの章においても、まずは歴史的叙述を行い、次いで上述の枠組みに基づく機能分析を行っている。歴史を再構成するにあたり、その根拠としては、それに関連する学術的文献のほか、ドイツ連邦共和国フリードリヒ・アレクサンダー・エルランゲン・ニュルンベルク大学学校博物館所蔵の通信簿（これまで非公開のオリジナル文書）も活用する。ただし本研究では、教師および児童生徒の個人情報を保護するという観点から、エルランゲン・ニュルンベルク大学の情報保護担当局と協議の上、1900年以降の通信簿については、その氏名欄を匿名化している。

　さらに終章では、本論での考察を踏まえながら、序章で示された問いをめぐる議論を総括し、本研究の限界および今後の課題を示している。

注

[1] Urabe 2006, S. 274 参照。
[2] Schubert 2005; 1992; Teichler 1999; 1998 参照。
[3] Urabe 2006, S. 274 参照。
[4] 文部省「初等中等教育局長通知」(1980年2月29日) 参照。
[5] Urabe 2006, S. 275-277 参照。
[6] Ziegenspeck 1999, S. 65-66 参照。
[7] ただし、今日のドイツにおいては、基礎学校第1〜2学年の通信簿が記述式で書かれている (第5章第2項参照)。
[8] Topsch 2002, S. 137; Sacher 2001, S. 21-28; Ziegenspeck 1999, S. 133-134 参照。
[9] Ingenkamp 1995; Prause 1974; Weiß 1965 参照。
[10] ハロー効果とは、ある分野の成績に基づいて別の分野の成績を推測するという、評価の際に見られる誤りである。
[11] ピグマリオン効果とは、教師の期待、立場、信念または先入観が児童生徒に対して、いわゆる予言の自己成就として作用することである。
[12] Ziegenspeck 1999, S. 174-187 参照。
[13] Grunder/Bohl 2004; Sacher 2002; Topsch 2002; Valtin 2002; Winter/Groeben/Lenzen 2002; Sacher 2001; Jürgens 2000; Jürgens/Sacher 2000; Tillmann/Vollstädt 2000; 1999; Ziegenspeck 1999; Sacher 1994; Bartnitzky 1989; Sost 1925 参照。
[14] Ziegenspeck 1999, S. 89-97; Weston 1991; Bloom/Hastings/Madaus 1971 参照。
[15] Dohse 1963, S. 6 参照。
[16] Dohse 1963, S. 129 参照。
[17] Benner/Ramseger 1985; Scheckenhofer 1975 参照。
[18] Döpp/Groeben/Thurn 2002; Arnold/Jürgens 2001; Bartnitzky/Christiani 1987 参照。
[19] Breitschuh 1997a; 1997b; 1993a; 1993b; 1991a; 1991b; 1981; 1979 参照。
[20] Breitschuh 1979, S. 57-58 参照。
[21] Urabe 2006 参照。
[22] Luhmann 1997; 1981; Backes-Haase 1996 参照。
[23] 本節の2) を参照せよ。
[24] Schriewer 1988 参照。
[25] Homans 1960; Pareto 1955; Walras 1922 参照。
[26] Cannon 1948 参照。
[27] Wiener 1964 参照。
[28] Parsons 1976; Bertalanffy 1969 参照。
[29] Maturana/Varela 1984 参照。
[30] Luhmann 1984 参照。
[31] Parsons 1976 参照。
[32] Parsons/Smelser 1956, S. 19 参照。
[33] Luhmann 1984 参照。
[34] Luhmann 1984, Kap. 2 参照。
[35] Scheunpflug/Treml 2001 参照。

[36] Luhmann 1984, Kap. 3 参照。
[37] Luhmann 1987, S. 183-186 参照。
[38] ただし、本節の 3）で取り上げられているような学校でのコミュニケーションに特有な観点を除く。
[39] Meyer 1997, S. 289-296 参照。
[40] 機能概念については、Scheunpflug/Treml 2001 も参照。
[41] Luhmann 1984, S. 83-86 参照。
[42] Luhmann 1970a 参照。
[43] Luhmann 1970b; Scheunpflug/Treml 2001 参照。
[44] Luhmann 1968 参照。
[45] Luhmann 2002; 2000; 1997; 1995; 1992b; 1989; 1984; 1981; 1980 参照。
[46] Luhmann 1984 参照。
[47] Luhmann 1987 参照。
[48] Lenzen 1997 参照。
[49] Kade 1997 参照。
[50] Lenzen/Luhmann 1997; Luhmann 1991 参照。
[51] Luhmann 2002; 1992a; Luhmann/Schorr 1979a 参照。
[52] Luhmann/Schorr 1979a, S. 243 参照。
[53] Luhmann 2002, S. 66 参照。
[54] Luhmann 2002, S. 66 参照。
[55] Luhmann 1984, S. 16 参照。

第 1 章　ドイツ最初の通信簿 (1559～1788 年)

　ドイツにおける最初の通信簿は、すでに 16 世紀において、その存在が確認されている。すなわち現存する最古の事例は、1559 年にまで遡ることができる。それは、いわゆる慈善証明書 (Benefizienzeugnisse) と呼ばれるものであった。慈善証明書は、貧しい生徒の就学を経済的に支援するための推薦書として用いられていた。この慈善証明書が、長期にわたって唯一の成績文書であった。それゆえ慈善証明書は、いわばドイツ語圏における通信簿の起源として理解できる。その後、18 世紀になってようやくイエズス会系学校において、評点（評定）のある通信簿の存在が確認されるようになった。
　以下ではまず、慈善証明書の制度的概要を取り上げ、次いでイエズス会系学校の慈善証明書の概要について明らかにする。その後、それらの史実を踏まえながら、慈善証明書の機能を分析する。

第 1 節　慈善証明書 (Benefizienzeugnisse)

　慈善証明書の存在が確認されている最古の事例は、1559 年のヴュルテンベルク領邦においてである。この証明書は、たとえそれが次世代の通信簿のすべての特徴を備えていないとしても、ドイツで最初の通信簿とみなされている。この慈善証明書は、就学を実現するための経済的な優遇措置を得るために活用された。すなわちそれは、貧しい生徒が奨学金や無料給食のような慈善的な支援事業に申請するときの推薦書であった[1]。この「慈善 (Benefizien)」という言葉は、ラテン語の「慈善 (Benefizium)」に由来し、善行や慈悲を意味する概念である。したがって慈善証明書という名称には、自由意志に基づいて経済的支援を申請するという意味が含まれている。こうした慈善証明書はドイツの中でも、プロテスタントの影響を受けた領邦において成立し、それが次第にカトリックの影響を受けた地域においても、特にイエズス会系学

26

第1章　ドイツ最初の通信簿

校を中心に成立していった[2]。

　したがって、この証明書は、生徒全員に対して発行されるような一般的なものではなかった。それは、主としてラテン語学校（教養学校）に通う貧しい生徒、つまり貧しい家庭や父親のいない子どもの希望に応じて発行されるにすぎなかった[3]。したがって、裕福な親を持つ子どもたちは、そのような証明書を必要としなかったのである[4]。

　慈善証明書は一般的に、不特定の第三者、つまり経済的な支援を得るに値する人物に宛てたものであり、通常は、ラテン語学校でバカラリウス（Baccalarius）の学位取得まで在学するラテン語学校の生徒に対して発行された[5]。この当時は、大学入学のための資格証明は必要なく、大学進学許可証（Übergangszeugnisse）や大学入学許可証（Zulassungsbescheinigungen）もまだ存在していなかった。また、証明書に権威を持たせるために、慈善証明書には通常、学校長や牧師によって署名が施された。その後次第に、偽造防止のため、発行に関する記録がいつでも参照できるように、証明書のコピーを教会管理事務局で保管するようになっていった[6]。

　慈善証明書は、内容的には道徳性証明書（Sittenzeugnisse）の性格を備えていた。すなわち申請者は、自らの勤勉さ（Fleiß）、敬虔さ（Frömmigkeit）、従順さ（Gehorsam）および品行（Lebenswandel）について評価された[7]。慈善を得るためには、これらの評価規準が学業成績よりもはるかに重要なものであった。時代が経過するにつれて、次第に学業成績も評価の中に含まれるようになっていった。推薦書としての性格を備えた慈善証明書は、一般的には生徒の肯定的な面を強調する形で記入された。

　慈善証明書に関する最古の指摘は、ヴュルテンベルク領邦の学校法（1559年）に見られる。ツィーゲンスペックおよびドーゼの研究によれば、慈善証明書の作成について、次のような指針が示されている。「これまでの品行に関する良好な、十分証明書が、（…）牧師、行政官、裁判官、学校長によって提示できる生徒のみが入学を許可される」[8]。牧師および学校長は、申請者が

27

第1節　慈善証明書

「勤勉かどうかを確認し、その申請者が、上述のように適格であると判断されれば、(その際、牧師および学校長は不適格な者を選ばないように注意しなければならないが)、牧師および学校長は、申請者の才能(Begabung)、教養(Bildung)、道徳性(Sitten)に応じて文書による証明書を授与しなければならない」[9]。この事例から、慈善証明書においては、申請者の性格的特徴が重要視されていることがわかる。もちろん、奨学金の授与が無駄な出費とならないように、ある程度の学業成績が期待されているが、それ以前に、熱意や努力といった姿勢が身についていなければならないのである。

慈善証明書の存在に関するさらなる指摘は、レーゲンスブルクにおけるポエティクム・ギムナジウムの学校規則(1610年改訂版)に見られる。「なお、転校する生徒や大学に入学する生徒が本物の信頼できる証明書を持つのは、それが慣例であるということからだけでなく、必要不可欠だからである。これらの証明書は、生徒の勤勉さ(Fleiß)、品行(Lebenswandel)を証明し、生徒の就学助成のために用いられる。特に、自費で就学できない生徒や個人的に知らない人びとからの支援を求めなければならない生徒は、証明書が必要である。旅に出る少年、旅に出る可能性のある少年は、証明書を担当教師ではなく、学校長から発行してもらわなければならない。通信簿の発行に対して、学校長は何の要求もしてはならないし、たとえ誰かが自由意志に基づいて何かを贈りたいという場合でも、学校長は生徒が卒業した後であっても何も受け取ってはならない」[10]。この事例では、慈善証明書の慈善的な特徴が明示されている。通信簿を発行する基準として、貧困であることが第一条件ではあるが、生徒の勤勉さや品行も重要視されている。学業成績については特に言及されていない。

慈善証明書の中に、学業成績に関する指摘が見られるようになったのは、それから約100年経ってからのことである。例えば、ツィーゲンスペックの研究によれば、バーデン領邦のヴィンターブルクにおいて、次のような記録(1785年)が見られる。「彼は、単語を正しく綴ることができ、なぜそのように書いて、別の書き方ではいけないのかを説明することができる。彼は、字をきれいに書くことができ、正書法も正しい。彼は、キリスト教の教育を受け、キリスト教の規則を実践している。彼は、学習した規則に従って、内

第 1 章　ドイツ最初の通信簿

容を正しく、簡単に、明確に整理できる。彼は、歌集のすべての歌を最後まで歌うことができる。彼は、賛美歌も人並みに演奏することができる。彼は、三桁の数字（Dreisatz）を分数の有無に関係なく計算できる。幾何学において彼は、図形の教科書のうち提示された 11 章をきちんと整理できる。彼は、子音（Konsonanten）、母音（Vokale）、規範（Normen）、名詞（Substantive）、形容詞（Adjektive）が何なのかを詳しく知っており、どの問題に対しても正しい事例を設定できる。彼は、きちんとしたレポートや論文を書くことができるが、なお練習によって完璧なものになるはずである。自然科学の最も重要なものは、彼は理解している。行儀よさ（Betragen）および勤勉さについては、彼は非常に賞賛できる」[11]。この慈善証明書には、生徒の性格的特性に関する叙述が見られるが、学業成績についても明確に記述されている。すなわち正書法、書き方、宗教、オルガン演奏、算術、幾何学、文法、論文および自然科学に関する成績について、それぞれの情報が与えられている。この証明書はすでに、この時代に成立するイエズス会系学校の評点通信簿（Notenzeugnis）への移行を先取りしたものである。

　慈善証明書の成立の背景には、宗教改革の影響による社会の劇的な変化がある。宗教改革のねらいは、宗教的生活の活性化および深化であった。その際、教育制度が中心的な役割を担った。1555 年のアウグスブルクの和議以降、教会権力や自由都市が学校や大学を設置し、その組織および学習内容を教会法または学校法によって規定するようになった[12]。ただし、プロテスタンティズムの拡大によって、まずは多くの教団組織が崩壊するとともに、既存の学校の崩壊を招いた。さらに、30 年戦争の勃発によって、教育制度が危機的な状況に陥った[13]。
　ヴェストファリア条約（1648 年）以降、プロテスタント領邦では、中等教育制度が教会権力に支配されるようになった。教会権力は特に、中等教育のいわゆるラテン語学校の整備に力を注いだのである。教養学校および領邦学校といったラテン語学校では、ラテン語が授業の中核となった。さらに、ギリシア語、ヘブライ語、数学、歴史および地理の授業が行われた。学校は 3 段階に区分され、第 1 段階ではラテン語の初歩を学び、第 2 段階で主にラテ

29

第2節　イエズス会系学校の慈善証明書

ン語文法を習得し、第3段階で特にラテン語講読や修辞法を学んだ。こうしたラテン語学校の内的構造は、プロテスタントの影響下にある地域ではどこでもほとんど同じであった[14]。この学校に就学するために必要な前提条件が牧師担当局に示され、十分な生徒数を確保するために、財政的な支援が行われた。慈善証明書は、こうした経済的支援措置の枠内で成立したものである。財政支援に対しては、宗教改革の際に没収した教会財産が充てられた[15]。

第2節　イエズス会系学校の慈善証明書（Jesuitenzeugnisse）

　イエズス会系学校の慈善証明書は、特にイエズス会系の学校で発行されていた文書である。イエズス会系学校とは、イエズス会によって創設され、運営されたラテン語学校である。イエズス会とは、1534年にロヨラ（Ignatius von Loyola）を中心とした集団によって設立されたカトリック系の教団である[16]。

　イエズス会系の慈善証明書は、プロテスタント領邦における慈善証明書と同様に、主として生徒の経済的支援のために発行された。その後、それが次第に、生徒が他のイエズス会系学校に転校する際にも用いられるようになった。ただし、生徒を受け入れる側の学校は、証明書の内容や成績とは無関係に生徒を受け入れた[17]。

　慈善証明書には一般的に、生徒の素質（Anlagen）、勤勉さ、行儀よさ（Betragen）、学習進度（Fortschritt）に関する評価が記載された。経済的支援を得るためには、プロテスタント領邦における慈善証明書の場合と同様に、素質、勤勉さ、行儀よさのような性格についての評価が重要であった。しかし、イエズス会系学校の慈善証明書に関して特に重要なのは、ドイツで初めて成績や態度に関する評点（評定）が示されるようになったことである[18]。学業成績については、「学習進度」という名称のもとで評定がつけられた。ただし当時は、評定として用いられる概念に安定した規準はなく、教師の自由な設定に基づく評定が用いられた。当時は、次のような評定形式が用いられ

ていた。

a) 評定が、例えば「bona（よい）」や「inter optimos（最高よりやや下）」などの形容詞によって示される。
b) 「1（最高）」～「6（最低）」までの評点が存在したが、ほとんど採用されなかった。
c) 例えば、「A（ラテン語の「ascendat（上昇）」に相当）」や「r（「retinendus（控え目な）」）」のようなアルファベットによる評価も存在した[19]。

ブライトシューの研究によれば、バイエルン州で最古の事例とされるイエズス会系学校の慈善証明書（1770年）には、次のような記述が見られる。「イエズス会系領邦司教の教養ギムナジウムにおける下位学校の証明書。親愛なる受領者へ。われわれのもとを去る当地出身の若者ヨゼフ・ヘーズハーマー（インゴルシュタット出身のバイエルン人）は、勉学および道徳的態度に関する文書による証明書の発行を申請した。彼の要望に従い、われわれは彼が今年、修辞法で非常に優秀な成績を修め、非常に高い能力を備え、絶え間ない勤勉さとともに、非常にすばらしい学習進度であったことを証明する。道徳的態度において、彼は成熟した、誠実な、敬意のこもった態度を示した。これを公的に証明するために、われわれは自筆の署名および当局の証印を施している。1770年9月9日、パッサウにて。イエズス会ヨハン・バピティスト・シャトル（署名）」[20]。この事例から、修辞法やその他の能力、勤勉さ、学習進度、道徳的態度に関する評定が「非常に優秀な成績（mit außerordentlichem Erfolg）」、「非常に高い能力（sehr großen Fähigkeiten）」、「絶え間ない勤勉さ（anhaltendem Fleiß）」、「非常にすばらしい学習進度（ausgezeichneten Fortschritt）」、「成熟した、誠実な、敬意のこもった（reif, rechtschaffen und ehrerbietig）」といった形容詞によって示されていることがわかる。

イエズス会系学校の慈善証明書に関する事例は、さらにバイエルン領邦のイエズス会系ギムナジウムの1773年の慈善証明書において見られる（図1参照）。

第2節　イエズス会系学校の慈善証明書

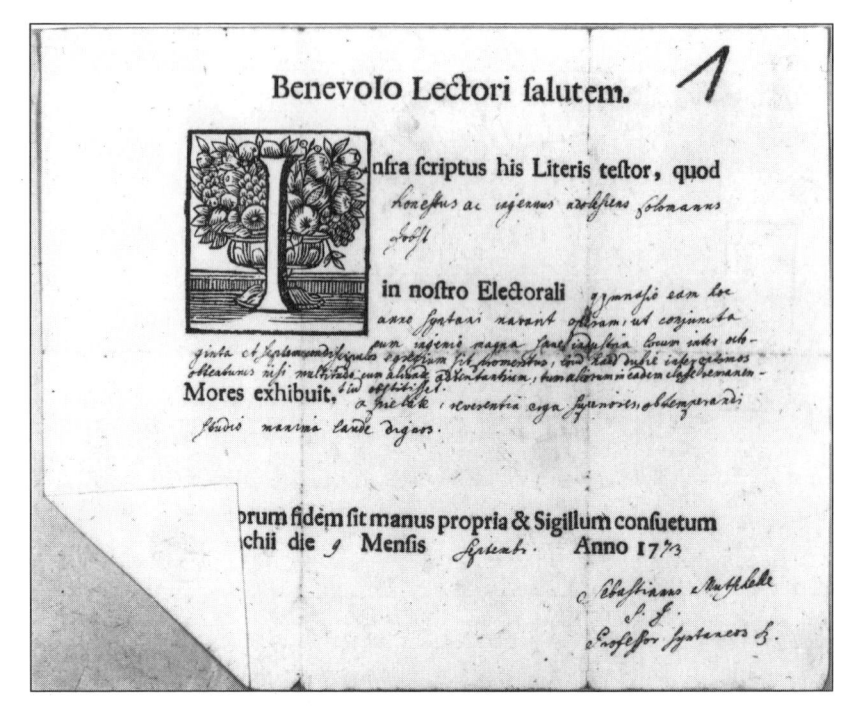

図1：イエズス会系学校の慈善証明書（1773年）
出典：Staatsarchiv München, Bestand Wilhelmsgymnasium Nr. 444a, zitiert in: Schneider 1989, S. 8

　このような評点通信簿が成立した背景には、日常的な評点による評価の実践がある。イエズス会系学校では毎日、評定表が用いられていた。例えば、バイエルン選帝侯マクシミリアンⅢ世ヨゼフは、次のような評定表を受け取っていた（図2参照）。この表は、「行儀よさ（Mores）、ラテン語（Latein）、練習（Repetitiones）、地理および歴史（Geographie und Geschichte）」という項目から構成され、その評定は「非常に良い（optima）、かなり良い（melior）、良い（bona）、悪い（mala）、かなり悪い（pejor）、非常に悪い（pessima）」の6段階からなる。例えば、1738年1月には、マクシミリアン選帝侯は「行儀よさ」の「非常に良い」日が15日、「かなり良い」日が5日、「良い」日が9

日ほどあったことがわかる。

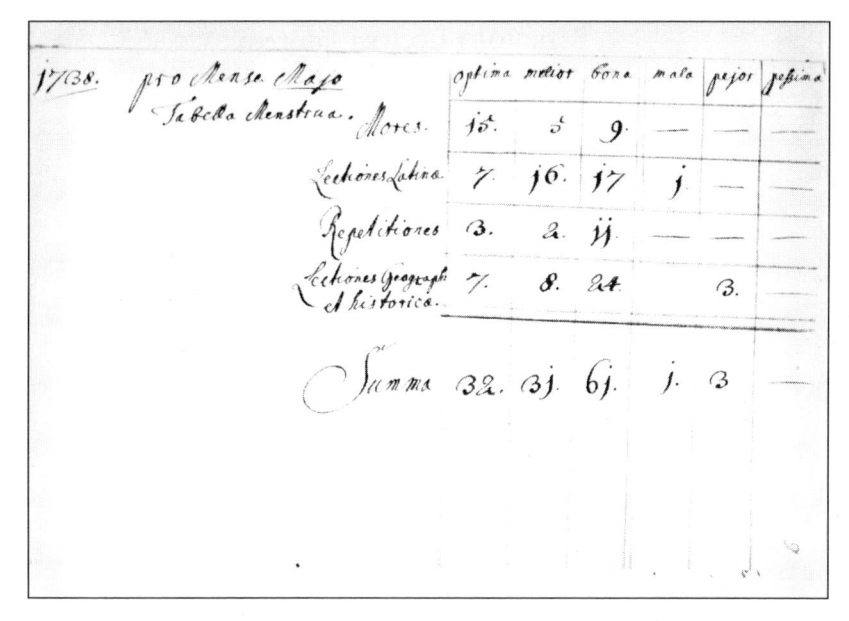

図 2：評点表（1738 年）
出典：Bayerisches Hauptstaatsarchiv, Geheimes Hausarchiv, zitiert aus der schulgeschichtlichen Sammlung der Universität Erlangen-Nürnberg（Nr. 2.0.3.1.2）

　こうした日常的な評定づけの実践は、イエズス会系学校によって意識的に採用された。すなわち生徒たちは、競争心と名誉欲によって動機づけられ、チェックされる必要があった。生徒たちは「評価と競争（Zensieren und Zertieren）」という原理のもとで、競争へと駆り立てられた。どの生徒もお互いに、賞賛、よい評点、名誉ある順位を目指して、またクラスの威厳や祝賀的に公表される賞を目指して、競い合わなければならなかった。ただし、成績のよい生徒は賞賛されることになっていたが、成績の悪い生徒も激励され、恥をかかされることはなかった[21]。
　褒美は、試験の結果に基づいて、成績の良い生徒に対して与えられた。試験は年に一度、大きな休暇の後に実施され、その結果は進級決定に影響を与

第2節　イエズス会系学校の慈善証明書

えた。ただし、特に能力の認められた生徒は、いつでも試験を受けて次の段階に進むことができた。その際、ラテン語およびギリシア語が、試験官たちの前での筆記試験および口述試験によって試された。試験官は、学校長のほか、さらに校長によって指名された2名が担当した。試験官たちは、教師であってはいけないが、十分教育を受けていなければならなかった。試験終了後、試験官たちは進級に関する合否結果を学校内の教室または講堂で発表した。特に優れた成績を修めた生徒は、その栄誉を称えるために、最初にその名前が呼ばれた。その他の生徒の結果は、アルファベット順または成績順に公表された[22]。成績のよい生徒に対する賞は、例えば、通常は古典古代作家の書籍が贈呈されたが、場合によっては自然科学の書籍や表彰メダルが贈呈されることもあった[23]。これに対して、学力が極端に不十分であると判断された生徒は、学校に在学させるというよりはむしろ、親に自分の子どもを引き取ってもらうという措置が取られた[24]。

　こうした報奨制度の背景には、能力のある生徒を慎重に選抜するというイエズス会の明確な意図があった。信仰のための闘争および信仰をめぐる闘争のため、イエズス会にとっては、まさにプロテスタンティズムと一線を画すために、精神的な教会エリートを養成することが重要であった[25]。その際、イエズス会にとっては、自らの後継者を養成するのみならず、俗人（一般信徒）の教育も重要であった。特にその中心に位置づけられたのは、若者の教育であった。そのため、統一的な学習要領（カリキュラム）が制定された[26]。この学習要領は、ラテン語で「Ratio atque institutio studiorum（学問綱領）」（1599年）と呼ばれ、イエズス会系学校の内容構成および授業の指針について示したものであった。この学問綱領は、ルターの教義拡大に対抗するために制定されたものであるが、その内容は多くの点でプロテスタント系の教育規準と類似していた。実際、イエズス会系学校の構成は3段階からなり、初級段階では文法の授業が、その後の2段階からなる上級段階ではラテン語講読、修辞法、詩学、韻律法などの授業が行われていた[27]。こうした状況から見ても、イエズス会系学校の構成がプロテスタント系のラテン語学校のそれとほぼ一致していることがわかる。

第3節　機能分析

　歴史的考察から明らかなのは、ドイツの通信簿が推薦書の伝統から成立したということである。また、16世紀においては、ごく少数の人びとしか学校に通うことができなかったという事実から、学校に通うということが、ごく少数の家庭にしかできない特権であったということがわかる。さらに、（自分ひとりで聖書を読むことができるように）、誰もが少なくとも読むことができなければならないというプロテスタントの考え方によって、多くの家庭が自分たちの息子に対して、よい教育（Bildung）を受けさせようとした。これらの文脈の中で、推薦書として成立したのが慈善証明書であった。

　事実的次元においては、慈善証明書に記載された人間の性格的特徴に関する叙述が何よりも重要である。16世紀に社会の流動性が高まり、教育施設が広範囲に普及することによって、奨学金を申請する生徒の家庭を個人的に知ることが、もはや不可能となった。こうした状況において慈善証明書は、個人的な知り合い（Persönliche Bekanntschaft）と機能的に等価なものとして成立したのである。すなわち、社会空間を全体的に見通すことが困難になるにつれて、慈善証明書が個人的な知り合いに取って代わったのである。慈善証明書において生徒の「性格的特徴（Charakter）」（敬虔さや品行など）に関する叙述が重視され、学力（Kognitiven Leistung）に関する記述がそれほど重要視されなかったのは、そのためである。それゆえ、慈善証明書は第一に、ある人物の個人的な知り合いの欠如を埋め合わせる機能を持たなければならなかったのである。その後、18世紀になって初めて、その当時に重要とされた教科（読み書き計算、賛美歌の歌唱、文法、自然科学）について、生徒の学業成績（Leistungen）に関する記述が見られるようになった。こうした学業成績は当初、記述式の文書として発行され、その後カトリック系の慈善証明書では評点がつけられるようになった。しかしながら、これらの評点は各生徒の相互比較には用いられなかった。わずかにイエズス会のような教団の学校レベルで少しずつ比較されるようになった。

　16世紀の慈善証明書は、生徒を受け入れる学校に対する情報伝達のために

第3節　機能分析

用いられたにすぎない。それゆえ慈善証明書には当初、評価される人物に関する情報は記載されていなかった。言い換えれば、慈善証明書には当初、生徒（**心的システム**）にとって役立つような情報は書かれなかった。評価される人物に役立つ情報は、せいぜい間接的に言及されるにすぎなかった。というのは、慈善証明書が発行される際に、人物に関する情報の中身は重要視されなかったからである。すなわち慈善証明書が発行されるという事実だけで、すでにその人物が評価されていたのである。また、慈善証明書には当初、**相互作用システムとしての授業**に関する情報も記載されなかった。慈善証明書が授業と関連づけられるようになったのは、学校制度が発達し、さらにはヨーロッパにおける最初のカリキュラムとして位置づけられる学問綱領（Studienordnung）が発達してからである。ただし、学力的な要求水準は、まだ学校内でも統一されてはいなかった。

ただし、すでに16世紀には、いわば希少な財産（申請された奨学金）の授与を可能にする慈善証明書が偽造される可能性があることが問題視された。それゆえ慈善証明書には早くから、当時の状況において偽造を防止するための措置が施された。すなわち慈善証明書は、特定の公的職員（牧師、校長、当局職員、裁判官）によって発行され、その控えは牧師によって厳重に管理された教会の帳簿にも記録されたのである。さらに、**組織**によって慈善証明書が正当化されたことは、通信簿の成立史と密接に関連している。この正当化の意味は、慈善証明書に関する最も古い資料が慈善証明書の組織的正当化について論じることによって強調されている。つまり当時の学校がまだ弱い組織であったことから、慈善証明書は教師によってではなく、牧師や裁判官のような社会的に非常に安定した組織によって発行されたのである。時代の経過とともに、イエズス会の学校組織が強化していく中で、慈善証明書の発行に校長が加わるようになったが、それでもまだ学校外の人間による支援が必要であった。組織の位置づけや慈善証明書の客観性も、慈善証明書の発行に対して金銭の要求が禁止されたことによって強調された（上で示した17世紀前半のレーゲンスブルクにおけるギムナジウムの学校規則に関する叙述を参照せよ）。**社会**に対する事実的な側面での機能は、これ以上はまだ確認できない。

第 1 章　ドイツ最初の通信簿

　時間的次元においては、慈善証明書はまず、教育上の節目を示していた。慈善証明書は当初、（教育機関への入学や転校のような）個人の特殊な状況によって生じた特別な出来事に対してのみ発行されたのである。18 世紀に教会学校によって学校制度が分化するようになって初めて、慈善証明書は時間的節目や、学校での学習の複雑性の高まりを経験するようになった。学校の歴史に鑑みれば、通信簿が学校から発行され、**組織**の中での転換点となったのは、つまり、ある特定の時点までに特定の内容が学習されなければ在学の継続が許されないという状況になったのは、学校の歴史が始まってから約 200年後のことである。こうした時間的な区分は必然的に、事実的次元において行われたイエズス会の学問綱領による**授業**の標準化によって出現した。特徴的なのは、こうした準拠システムが特に、教団として相互に関連し合い、適切に組織化されたイエズス会系の学校において成立したことである。試験は年に一度行われたが、それはまだ必要に応じて、あるいは生徒の理解度に応じて、別の時期に実施されることもあるほどの柔軟性があった。これらの転換点は**学校**によってのみ規定され、さらなる**社会**的な関連性は、まだ確認できない。

　社会的次元においては、慈善証明書はまず、それが生徒全員に対して発行されたわけではなく、優秀な生徒の社会的地位を示すものであったということによって特徴づけられる。その生徒は貧しいが、性格的な面での適性を備えていたのである。その後 18 世紀になって初めて、通信簿は次第に生徒全員に対して発行される文書になっていった。その後、こうした文脈の中で初めて、慈善証明書は**心的システム**（生徒）に対する機能を持つようになったのである。生徒同士の間に、導入された評点づけに関して、順位表が設けられた。また生徒の出来不出来が取り上げられるようになった。それによって**学校**に固有の動機づけ問題が手直しされ、生徒間の競争が求められるようになった。したがって慈善証明書は、18 世紀になって初めて、生徒に対しても彼らの学習状況をフィードバックする機能を持つようになったのである。同時に、慈善証明書は、**授業**に対する機能も持つようになった。すなわち毎日の評点づけによって、規律が維持されるようになったのである。**社会**に対して

第3節　機能分析

は、慈善証明書は最初から、社会的に希少な財産（奨学金や無料給食など）を配分する役割を担うという意味を持っていた。これらの限られた資源は、慈善証明書を通じて手に入れることができるようになった。この場合、慈善証明書は社会的平等に寄与する機能も持っていたのである。結局のところ、経済的に豊かな家庭の生徒には、慈善証明書が必要なかった。これらの生徒にとっては、特に何もしなくても教育を受けることができたのである。この観点から見れば、慈善証明書は身分社会から機能的分化社会への移行の契機として特徴づけられる。中世において、教育機会は出生によって左右され、教育が受けられるような地位に生まれた人間しか受けることができなかったが、慈善証明書によって、教育を受けるための奨学金を与えるという可能性が拓かれた。それによって、性格的な適性や成績に基づく適性が確認されれば、裕福な階層に属さない人間でも教育を受けることができるようになったのである。もちろん、この可能性はごく少数の人間に限られ、近代初期においては少数の人びとしか教育を受けることができなかったのも事実である。

　要約すれば、ドイツ語圏における最初の通信簿は当初、2つの機能によって特徴づけられることがわかる。すなわち慈善証明書は、奨学金という希少な財産の分配を調整し、生徒の性格的特性（推薦書）によって、この希少な財産はもはや個人的な知り合いによって配分されなくなったという事実を補完するものであった。同時に、慈善証明書によって初めて評価の客観化が実現し、その評価規準は、個人的な知り合いではなく、奨学金を受けるに値する性格的特性となった。また慈善証明書は、日常的なものではなく例外的なものであった。つまり多くの生徒（それは国民全体の中では少数なのだが）には慈善証明書が必要なかったのである。実際、それらの生徒たちの家庭は十分な収入があり、こうした家庭に生まれた子どもはラテン語学校に就学することができた。慈善証明書によって希少な財産の配分が可能となったという事実に基づいて、正統化および偽造防止のための特殊なシステムが発達することになった。すなわち社会的に定評のある地位の人間だけが慈善証明書を発行することができた。そして、学校の専門分化の過程において初めて、100年以上もかかるプロセスの中で、この権限が学校に委譲されていったの

第 1 章　ドイツ最初の通信簿

であるが、この当時はせいぜい校長に権限が委譲されたにすぎなかった。

　第二に、カトリック教団によって試みられたように、就学の標準化による前提の下で、生徒の成績および最初の評点の記述がさらに付け加えられたのである。これらは生徒に対して自分の個人成績に関するフィードバックを与え、学年内での個別的な競争を促進した。さらに、慈善証明書はそれぞれの教団のわずかな学校に転校する可能性を拓いたのである。

注

[1] Dohse 1963, S. 11 参照。
[2] 第 1 章第 2 節参照。
[3] Ziegenspeck 1999, S. 66; Dohse 1963, S. 11 参照。
[4] Ziegenspeck 1999, S. 66; Dohse 1963, S. 11-12 参照。
[5] Lundgreen 1980, S. 19 参照。
[6] Ziegenspeck 1999, S. 68; Dohse 1963, S. 13 参照。
[7] Dohse 1963, S. 13 参照。
[8] 原書には、次のように記されている。„Angenommen können nur werden, die ire gutte und gnugsame Gezeugnisse antea actae vitae wohlverhaltens [...] von unsern Pfarrherrn, Amptleuten, Gerichten und Schulmeistern fürzulegen wissen" (出典：Schulordnung von Württemberg aus dem Jahre 1559、Ziegenspeck 1999, S. 66 参照)。
[9] 原書には、次のように記されている。„mit fleiß examinieren, alsdann, vnd so sie den also, wie oblaut, geschickt befinden (darinnen sie gut aufsehens haben sollen, das sie kein vntauglichen, vergeblich in vnkosten füren) jme seines ingenij, eruditionis vnd morum literas testimoniales geben" (出典：Schulordnung von Württemberg aus dem Jahre 1559、Dohse 1963, S. 11 参照)。
[10] 原書には、次のように記されている。„Am andern, weil es nit allein gebreuchig, sondern auch eine notturft ist, daß diejenigen, die von Particular Schuelen entweder auf andere Particular oder hohe Schuelen sich begeben, Ihres fleiß, lebens vnd wandels halben, zu mehrerer ihrer studiorum beförderung, mit warhafften vnd glaubwürdigen Testimonijs außgerüstet werden, deren auch in sonderheit vnd für andern die bedürfen, die nit auff eigenen kosten studieren, sondern anderer Leuthe hülff sich trösten müssen, sollte solchen abreisenden Knaben, wer die auch sein mögen, von keinem Classico Praeceptore, sondern allein von Rectore ihr gebührlich Testimonium erthailt, vnd gegeben werden [...]. Für das Testimonium solle Rector an keinen nichts begern, von Alumnis, da gleich einer sponte was geben wolte, nichts nemen" (出典：Schulordnung für das Gymnasium Poeticum in Regensburg aus dem Jahre 1610、Dohse 1963, S. 12 参照)。
[11] 原書には、次のように記されている。„Das Buchstabiren hat er gut inne und weiß es zu zeigen, warum man so und nicht anderst buchstabiren muß. Schreibt eine gute Handschrift und

注

auch orthographisch. Hat das Christentum wohl inne und weiß selbiges auch anzuwenden. Zergliedert nach erlernten Regeln ordentlich, leicht und deutlich. Singt alle Lieder des hiesigen Gesangbuches fertig. Spielt auch einen mittelmäßigen Choral. Rechnet die Regeldetrie mit und ohne Brüche fertig. In der Geometrie hat er die vorgetragenen 11 Kapitel von Malers Lehrbuch ordentlich inne. Was Consonans, Vocalis, Normen, Substantionen und Adjektionen seyn, weiß er anzugeben und kann auch auf jede Frage den gehörigen Casum setzen. Macht einen ordentlichen Bericht oder Aufsatz, doch muß Übung hierin noch mehrere Vollkommenheit bringen. Aus der Naturlehre hat er das nötigste gut erfaßt. In Sitten und Fleiß ist er recht zu loben" (出典：Staatsarchiv Koblenz, Nr. 33/1332、Ziegenspeck 1999, S. 66-67 参照)。

[12] Hamann 1993, S. 51; Lundgreen 1980, S. 19 参照。
[13] Hamann 1993, S. 43; Lundgreen 1980, S. 20 参照。
[14] Hamann 1993, S. 45f.参照。
[15] Lundgreen 1980, S. 21 参照。
[16] Hamann 1993; Keck 1991 参照。
[17] Breitschuh 1991a, S. 508-509 参照。
[18] Breitschuh 1991a, S. 509; Schneider 1989, S. 8 参照。
[19] Breitschuh 1991a, S. 507-509; Schneider 1989, S. 9 参照。
[20] 原書には、次のように記されている。„PRAEFECTUS INFERIORUM SCHOLARUM IN ARCHIDUCALI, ET ACADEMICO SOCIETATIS JESU GYMNASIO. Lectori Salutem a Domino, Discessurus a nobis Ingenuus Adolescens Josephus Haeshamer Bojus Ingolstadiensis studiorum, morumque suorum testes literas expetiit; cuius desiderio annuentes, testamur, eum in nostro hoc Academico Gymnasio Rhetoricae hoc anno studuisse cum insigni laude et capacissimi Ingenii et Industriae constantis et Profectus inter optimos pariter insignis. Mores exhibuit maturos, probos ac reverentes. In quorum fidem has ei propria manu subscriptas; & Officii nostri Sigillo munitas dedimus. Passavii Mense Septembri die 9 Anno 1779. Joan. Bapt. Schöttl, Soc. Jes. Mpp" (出典：StAA, Bestand Gymnasium Amberg Nr. 9、Breitschuh 1991a, S. 510 参照)。
[21] Keck 1991, S. 69; Schneider 1989, S. 9; Dohse 1963, S, 32 参照。
[22] Breitschuh 1991a, S. 506-507; Keck 1991, S. 82-83 参照。
[23] Breitschuh 1991a, S. 513 参照。
[24] Breitschuh 1991a, S. 507; Keck 1991, S. 82-83 参照。
[25] Breitschuh 1991a, S. 506 参照。
[26] Hamann 1993, S. 47 参照。
[27] Hamann 1993, S. 47 参照。

第 2 章　通信簿の定着（1788〜1858 年）

　16 世紀以降のドイツにおいて特徴的なのは、学校教育制度がさらに拡大したことである。1717 年には、プロイセンで最初に一般就学義務が導入され、1763 年には、就学義務に関する第二の通達が出されるなど、就学義務を定着させるための施策が徐々に実施されてきた。通信簿は、こうした学校の拡大という文脈の中で大きな意味を持つようになった。18 世紀末から 19 世紀中頃にかけて、通信簿は時間の経過とともに少しずつ定着していった。その際、通信簿は異なる 2 種類の形態に分化した。ひとつは成熟証明書（Reifezeugnis）であり、もうひとつは民衆学校の通信簿（Volksschulzeugnis）である。成熟証明書は、大学入学資格としての役割を担うことになった。また民衆学校の通信簿は、一般就学義務を定着させるための道具として展開していった。本章では、第一に成熟証明書の展開について取り上げ、第二に民衆学校の通信簿についての概要を述べる。第三に、これらの通信簿の機能を分析する。

第 1 節　成熟証明書（Reifezeugnisse）

　18 世紀中頃までは、大学入学に関する規定がまったく存在しなかった。大学への入学は当初、身分制社会に対応する形で、階層の属性に左右されるだけであり、それが次第に入学希望者の経済状況によっても左右されるようになった。市民階級がますます増大し、財政的にも豊かになるにつれて、大学に入学できる人たちの数が増加した。それと並行して、産業化に伴って成立した工業会社や大規模な農業企業が発達していった。特に大学を卒業する学生たちに対しては、公務員の需要が増大した。こうした文脈の中で成立したのが、成熟試験（アビトゥア）である。そして成熟試験の結果を証明する成熟証明書が、次第に大学入学を規定するようになっていった。
　成熟試験（アビトゥア）は、プロイセンの勅令「教養学校における試験の

第 1 節　成熟証明書

ための規則（Reglement für die Prüfung an den Gelehrten Schulen）」（1788 年 12 月 23 日）によって導入された。この規則には、「大学での勉学を目指す多くの特定の若者たちが、基本的な準備がなく、未熟で無知なままで大学に急いで入学している（中略）ことが、これまでにさまざまな形で指摘されてきた。それゆえ、将来的には公的な学校に通いながら大学に向けて進学するすべての若者たちがすでに前もって、これまで通った学校で（中略）公的な試験を受け、その後、試験の際に見られた成熟あるいは未熟に関する詳細な証明書を受け取らなければならない（中略）」[1]と書かれている。この規則は、不十分だと感じられる大学入学者の学力（Leistung）問題について触れた上で、中等学校（第 1 章ですでに述べたような教養学校から発展した学校）の修了試験を規定した。

　成熟試験に関する規則が制定されることになった契機は、「王国における学校制度改善への提言」（1787 年）という文書が、中等学校のための担当部局の設置を主張するカール・フォン・ツェドリッツ（プロイセン国務大臣）によって『ベルリン月報』に公表されたことである[2]。これらの改革提言に基づいて、フリードリヒ・ヴィルヘルムⅡ世（プロイセン国王）は、通達「高等学務委員会に関する指令（Instruktion für das Oberschulkollegium）」（1787 年）を公布し、その指令の中で彼は、一般の学校監督を担当する部局である高等学務委員会の設置を命じた。高等学務委員会の最も重要な任務は、プロイセンにおけるラテン語学校の統括であり、特に大学進学に必要な知識を与える学校とそうでない学校を明確に区別することであった。そうすることによってプロイセンは、国家のエリートを形成し、有能な官僚（Beamten）を養成しようとした[3]。成熟試験（アビトゥア）の導入をめぐる議論の際、次の 2 点が反論の余地のないものとして見なされた。第一に、無能な学生が大学に殺到するのを試験によって阻止する国家の権利を承認すること。第二に、この試験はあらゆる身分階層に対して同じように実施されるべきだということであった[4]。これらの両点は重要なものであった。すなわち一方で、それ以前まではまだ強大であった教会の権力と交替した、教育の問題における国家の明確な権限を指摘するものであり[5]、他方では、身分制社会が能力主義社会へと変化していく流れを指摘するものであった。こうした流れは、次の時代にお

いてさらに加速することになる（第 3 章参照）。

　ただし、こうした流れは当初は少しずつ進んでいった。成熟試験が導入されてすぐの頃には、成熟証明書が大学入学資格と結びついてはいなかった。すなわち経済的に恵まれた者は、大学で学ぶことができたのである。実際、成熟証明書において「成熟さに欠ける」と断定されたとしても、親の同意があれば大学に入学できたのである[6]。というのは、旧来の特権階級が、大学への入学を試験の結果に基づいて調整することに反対したためである。それゆえ成熟証明書は、奨学金や無料給食（無料寄宿舎制）のための経済的な就学支援に役立つだけであった。したがって、支援を求める貧しい生徒に対してのみ証明書が重要であるという慈善証明書の伝統は、ここに継承されていると言える。

　成熟証明書における次の展開として重要なのは、それが官職への就職のための前提条件として定められたことである。1812 年、フンボルトによる教育改革の影響のもと、高等学校（Oberschule）からいわゆるギムナジウムが成立した。その後、従来の高等学校ではなくギムナジウムが、成熟試験の合格によって大学入学資格を与えることができるようになった。こうして成熟証明書は、少しずつギムナジウム修了証明書と呼ばれるようにもなった。1812 年 10 月 12 日には「大学に入学する生徒の試験のための勅令（Edikt wegen Prüfung der zu den Universitäten übergehenden Schüler）」が公布された。それにもかかわらず、成熟証明書は、いまだに大学入学のために必要な前提条件ではなかった。旧来の規則との違いは、改訂された規則が成熟証明書を、大学にではなく官職への就職に結びつけたことにあった。成熟証明書が官職と結びつけられた原因は、公務員志願者の数が上述のような 1780～1810 年頃の展開によって増大し、官職の職業教育を終えた者たちが、職のポストが空くのを長期間待機しなければならなかったからである。さらに、その時期にはギムナジウムでの就学期間が短縮され、それに伴い比較的若い生徒が大学に入学するようになった。その結果、学校教育の質の基準および官職を希望する生徒の資格付与（Qualifikationen）の質の基準をめぐる議論が生じた。結局、成熟試験によって学生の成績の質をチェックすることが、この問題に対する

第 1 節　成熟証明書

ひとつの解答として考えられた。

　ブライトシューの研究によれば、成熟証明書はプロイセンのみならず、他のドイツ領邦（付録1参照）においても上級官職への就職のための前提条件となったことが明らかになっている[7]。以下の事例は、それに該当する規則を示したものである。

- 「近いうちに国家の職務に就く意思がないまま、（…）大学に（…）入学する人たちは、そのような証明書の提示に関する義務から（…）除外される。」（ヘッセン・カッセル、1820 年）
- 「大学の勉学を完了した後、国家や教会の職務に雇用されるために試験を受けたい人は誰でも、大学入学前に領邦学校で前述の規則にしたがって試験を（…）受けるということを採用許可の条件として、（…）試験担当部局に成績証明書を提出しなければならない。」（バーデン、1823 年）
- 「自分の専門学科の十分な知識があれば、国家公務員はその職務である義務を果たすことができ、自分の上司の信頼、自分の地位の確保、そしてさらなる昇進を望むことができる。しかし、基本的な証明書がなければ、大学で学問的に十分な知識を学ぶことは不可能である。」（ヘッセン・ダルムシュタット、1824 年）
- 「高校卒業資格証明書を提出しなければならないという義務については、国家の職務や本当に学問的な経歴に貢献する意思がなく（…）、単に自分の精神修養のためだけに（…）大学の講義を聴きたいという人には、将来的にも拘束を受けない。」（ザクセン、1824 年）
- 「若者たちが大学入学に殺到するのをさらに緩和するため、間接的であれ直接的であれ、国家の業務に就くための試験については、ギムナジウムでの学業成績や道徳的態度に関する全般的に優秀な証明書を（…）提出することができる者だけに許可されるということが、1826 年 3 月 20 日付で規定される。」（ザクセン・アルテンブルク、1826 年）
- 「将来的には、大学に進み、国家の職務に献身したいという国内すべての若者たちに、この地域の教養学校や他の地域の学校施設に通った人でも、あるいは単に家庭教師を受けて学んだ人でも、差別することなく、以下の

ようなより詳細な規定に基づいて、高校卒業試験を受けなければならない。」（オルデンブルク、1827 年）
- 「将来的に、国家の職務への就職や大卒者で占められる市参事会員身分の授与、あるいは博士の学位獲得を申請するすべての人たちの場合には、または学部の専門科目の学問的な教師になるためには、さらには、神学者の立候補や、法学的・医学的な、そして高度に外科的な措置を施す人たちを許可するためには、さらにまた、聖職者としての地位を得るためには、3 年間の大学修了証明書以外に、高校卒業資格証明書も提出される必要がある。それがなければ、申請は確実に却下されることになる。」（ハノーファー、1829 年）
- 「ナッサウ公爵のもとで公職に申請したい人たちの全員が従うべき通達が公表されている。（…）申請者たちが大学を受ける前に、公立のギムナジウムで高校卒業資格証明書を取得しなければならない。」（ヘッセン・ナッサウ、1829 年）

これらの規則から、成熟証明書は主として官職を目指す生徒たちに対してのみ必要とされたということがわかる。官職を希望しない生徒たちには、そのような前提資格が必要なかったのである[8]。同時に、注目に値するのは、当時の高校生のうち約 5 分の 1 しかアビトゥアを受験することができず、それゆえ修了者数が少なかったという事実である[9]。

すべての生徒に対する大学入学のための前提条件としての成熟試験（アビトゥア）の意味は、19 世紀前半に拡大した[10]。1834 年以降は、プロイセンにおけるすべての生徒が大学入学のために成熟証明書を提出しなければならなくなった。さらに他の領邦も、それに追従した。というのは、そうすることで政治的に批判的な生徒の入学検査が可能となったためである。当時の学生たちは、増大する民主化運動の扇動的な役割を果たしており、ブルシェンシャフト運動（1815 年）、ハンバッハ祭（1832 年）およびフランクフルト警察本部襲撃事件といった反政府的事件の際には重要な役割を担っていた[11]。これらの暴動に対する政治的措置を行うため、1834 年にはドイツ連邦の議長国

第1節　成熟証明書

として主導権を持っていたオーストリア宰相のメッテルニヒが、ドイツ連邦の枢密評議員をウィーンに招集した。ウィーンの会合では、成熟証明書を定着させることが議論された。というのは、ドイツ連邦が成熟証明書において「未熟（Unreife）」という指摘を用いることで、反政府的な学生の大学入学を禁止できるようにするためである。それに伴い、この時代においては、学生の成績に関する評価よりも態度に関する評価のほうが重要となった。以下で示すように、ウィーンの会合での大学入学のための証明書に関する決議草案（第6～9条）は、この会議の最も重要な決議となっている[12]。

- 第6条：政府は、大学への学籍登録のために、臨時の代理人が出席する独自の委員会を設置する。学生はすべて、学籍登録のために現地に到着した後2日以内に、この委員会に届け出るものとする。これに反した場合、違反者は2倍の登録料を払わなければならない。正規の講義が始まって8日間が経過した後では、政府が定めた官庁の許可がなければ、もはや学籍登録を行うことが認められない。（…）すでに大学に学籍登録をしているが、旅行から帰ってきた学生たちも、学籍登録のために設定された期間に委員会へ届け出て、滞在地での行動に関する証明書をそこで提出しなければならない。
- 第7条：学籍登録を申請する学生は、委員会に以下の書類を提出しなければならない。
  1. 大学での勉学を始める場合には、自分の属する領邦の法律によって定められているような、自らの学力と道徳的態度を証明する証明書（Zeugniß）。これに関する指示がいまだにないところでは、指示を公布すべきものとする。連邦政府は、こうした証明書（Zeugnisse）に関して指示された法律について、それらの情報を連邦議会に通知することによって相互に調整するものとする。
  2. 学生がある大学から別の大学へ移った場合には、以前在籍していたそれぞれの大学によって発行された、勤勉さと道徳的態度の証明書（Zeugniß）。
  3. 大学での研究をしばらく中断していた場合には、その人の態度に関する、その人が以前に長期にわたって滞在していた地域の当局による、その人

が公的な教育機関に通っていなかったという証明書（Zeugniß）。身分証明書の類や私的証明書（Privatzeugnisse）では、不十分であり…(以下略)。
4. 父親あるいは後見人の保護下にある学生の場合は、いずれにせよ、その学生が父親や後見人によって入学を希望する大学に送り込まれるということについて、当局の公証のついた、保護者やその代理人の証明書（Zeugniß）。この証明書は、学籍登録委員会によって、学生の身分証明書とともに卒業まで保管されなければならない。(以下略)

- 第8条：態度に関する証明書には、例えば、認定された刑罰がその原因とともにそこに書き加えられなければならず、しかも、禁止されている学生組合に関することが原因で刑罰を受けた場合は、いかなる場合でも、認定された刑罰がその原因とともにそこに書き加えられなければならない。それ以外の刑罰で、しかも重大な違反ではないと思われるような場合には、当局の判断によって、その刑罰がまったく明示されないか、あるいは一般的に示されるだけでもよい。すべての証明書では、証明書の所有者が、禁止されている学生組合へ参加している疑いがあるのかどうか、あるいはないのかどうか（…）ということが述べられなければならない。

- 第9条：学籍登録が拒否されなければならない場合。
1. 学生が届出に遅れ、それに対して十分な理由づけができない場合。
2. 必要とされる証明書を提出できない場合。大学側からの問い合わせに対して4週間以内に回答できない場合。あるいは、証明書の発行が何らかの理由で拒否された場合。この場合には、到着した者たちは、すぐに大学を去らなければならない。しかし、必要とされる証明書を後に提出できそうな場合、別の方法で届け出るかどうかは、その人の自由裁量に委ねられる。
3. 到着した人たちに対して、禁止されている学生組合、あるいは不認可の学生組合に所属していた、あるいは、現在も所属しているという疑いが濃厚な場合。
4. （省略）

これら4つの条文は、ウィーンでの会合の最終議事録（1837年6月12日）

第 1 節　成熟証明書

の第 42〜45 条として示された[13]。成熟証明書の定着は、ここではもはや官職志望者の職業教育という観点ではなく、急進的な学生に対抗するための措置として政治的な側面から議論された。同時に、各領邦間の成熟証明書に関する規定の調整も行われた。

　では、成熟証明書の中身はどのようなものであろうか。以下では、典型的な成熟証明書の事例として、ザクセンおよびバイエルンの例を示している。第一のザクセンの事例は、成績証明書（Leistungszeugnis）の形式を採る一方で、第二のバイエルンの事例は、道徳性証明書（Sittenzeugnis）の形式を採っている（図 3 および 4 参照）。

　ザクセンの成熟証明書は、ラテン語、ギリシア語、ヘブライ語、歴史、数学といった教科の成績に関する評点（評点 1〜3）のみならず、すべての評点平均からなる総合評点も記載されている。

　これに対して、バイエルンの成熟証明書（いわゆる「ギムナジウム修了証（Gymnasial-Absolutorium）」）は、修了試験の総合評点、全生徒の中での順位、道徳的態度に関する評点から構成されている。

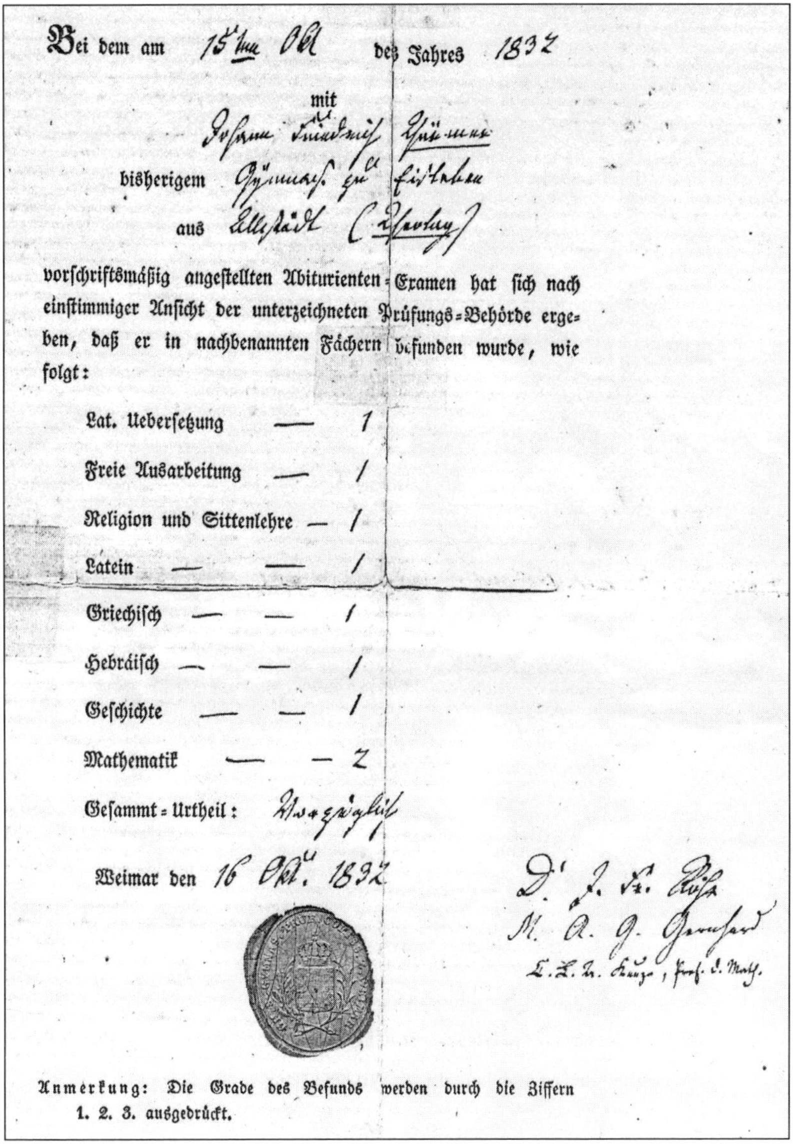

Bei dem am 15ten Okt des Jahres 1832

mit

bisherigem

aus

vorschriftsmäßig angestellten Abiturienten=Examen hat sich nach einstimmiger Ansicht der unterzeichneten Prüfungs=Behörde ergeben, daß er in nachbenannten Fächern befunden wurde, wie folgt:

Lat. Uebersetzung — 1

Freie Ausarbeitung — 1

Religion und Sittenlehre — 1

Latein — — 1

Griechisch — — 1

Hebräisch — — 1

Geschichte — — 1

Mathematik — — 2

Gesammt=Urtheil:

Weimar den 16 Okt. 1832

Anmerkung: Die Grade des Befunds werden durch die Ziffern 1. 2. 3. ausgedrückt.

図３：ザクセンの成熟証明書（1832 年）[14]

出典：Schulgeschichtliche Sammlung der Universität Erlangen-Nürnberg（Nr. 2.2.3.1.11）

第 1 節　成熟証明書

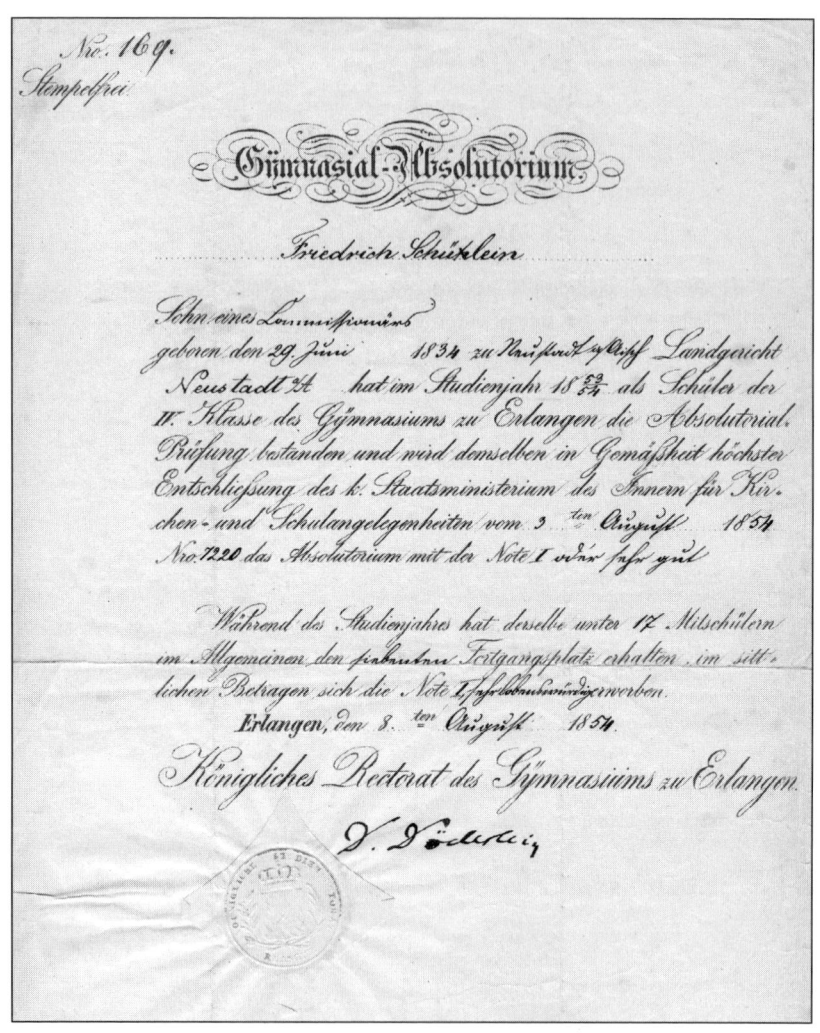

図 4：バイエルンの成熟証明書（1854 年）[15]
出典：Schulgeschichtliche Sammlung der Universität Erlangen-Nürnberg（Nr. 2.3.3.1.1）

なお、実科ギムナジウム（Realgymnasium）[16]および高等実科学校（Oberrealschule）[17]によるギムナジウムとの同格化をめぐる格闘によって、

第 2 章　通信簿の定着

大学入学資格が、まずはプロイセンにおける 1900 年 11 月 26 日の通達によって、実科ギムナジウムおよび高等実科学校の成熟証明書と結びつけられた。他の領邦も、成熟証明書の相互承認に関する政府間協定（1909 年 10 月 22 日）によって、これら 3 種類の 9 年制学校（従来のギムナジウム、実科ギムナジウム、高等実科学校）の成熟証明書の同格化を行った[18]。また、女子が成熟試験を受けるのは、この頃になって初めて一般的に可能となった。

第 2 節　民衆学校の通信簿（Volksschulzeugnisse）

　就学義務制の導入に伴い、特に初等教育機関である民衆学校の就学児童数が増大した[19]。下層階級に対する民衆学校の数は、明確に増大していった[20]。就学義務に関する国家の通達によって、民衆学校の側もまた、国家行政の定めた方向へ照準を合わせていくようになった。民衆学校のルーツは、中世後期の読み書き学校（Schreib- und Leseschule）や算術学校（Rechenschule）および宗教改革期の教会学校（Küsterschule）や日曜学校（Sonntagsschule）にまで遡る。民衆学校という概念のほかにも、小学校（Elementarschule）、領邦学校（Landschule）、村落学校（Dorfschule）、貧民学校（Armenschule）という名称が用いられていた。ドイツの国家として民衆学校の位置づけを最初に強化したのはプロイセンであり、一般就学義務に関する勅令（1717 年）がフリードリヒ・ヴィルヘルム I 世によって出された[21]。その結果、5〜12 歳の子どもが学校に行かなければならなくなり、読み書きができるようになって初めて卒業することができた。このとき、カテキズム（教義問答書）を暗記しなければならなかった。一般就学義務は、ドイツ啓蒙主義の中心的な関心事のひとつであったが、非常にゆっくりと実現されていった。特に田舎に住む子どもたちには、就学によって社会的に高い地位が得られるようになったわけでもなく、自分たちの経済状況が改善されたわけでもなかった。状況は逆であり、子どもの就学によって家庭は農業における重要な労働力を失い、それゆえ就学による経済的損失を受け入れなければならなかった。就学には時間と費用がかかったにもかかわらず、何の資格も得られなかった。学校の教育状況は

第2節　民衆学校の通信簿

悪く、教師が自らきちんと読み書きできないことが多かった。そのため民衆学校は当初、ほんのわずかな意味しか持たなかった[22]。また当時は、国家行政がほんの少ししか発達していなかったことから、就学状況をチェックしたり、義務を遵守しない保護者に対する措置を徹底することができなかった[23]。それゆえ就学義務は実際にはなかなか定着せず、18世紀中頃に再び就学義務が法的に強化された。すなわち就学義務は、プロイセン国王フリードリヒⅡ世による「プロイセン王国一般地方学事規則」（1763年8月12日）において、8年間に定められた[24]。一般地方学事規則およびその後のプロイセン国一般ラント法（1794年）によって、プロイセンの民衆学校制度の組織的展開のための基礎が形成されていったのである。

　一般就学義務が遵守されているかどうかを検査するために、民衆学校の通信簿が（各地域で異なるが）18世紀中頃から19世紀初期にかけて導入された[25]。民衆学校の通信簿は一般就学義務、すなわち就学に関する法的義務の履行を証明するものであった。同時に、それによってさらなる資格を持たない最低限の基礎資格（Sockelqualifikation）が証明された。
　ディオツェーゼのプフォルツハイムにおける学校法（1768年）では、民衆学校の通信簿に関する最初の指摘が見られる。住んでいるところとは別の土地で行われる労働（子どもの労働、いわゆる「丁稚奉公（Verdingung）」）に基づいて就労する子どもたちは、「毎月の教会から評定を受け取る際、その通信簿には、その子どもがまじめに学校に通ったかどうか、当時の勤務地の学校長のみならず、その地の牧師によって署名が施されていなければならない。また、その子が学校で怠けていなかったかどうか判断できるように、その子の出身地で実施される3ヶ月に一度の試験においても、学力の定着状況が示され」[26]なければならない。ここで明確なのは、通信簿が就学義務および成績をチェックするための道具として用いられていたことである。その当時は通例であった民衆学校における教会との共同責任のもとで、地域の牧師が就学義務履行に関する監視を行っていたのである。
　国家の戸籍制度や全国的な官僚制が貫徹し、教員養成制度が大きく進歩するに伴い、一般就学義務の定着が、（ドイツ各領邦で大きな違いが見られるが）、

第 2 章　通信簿の定着

1800 年頃に現実味を帯びてきた。学校運営側は、学校制度を改善するための財源を投入することができるようになった。親たちは行政によって、自らの子どもを学校に通わせることを要請され、ある程度の枠の中でそれが強制されることになった。民衆学校の通信簿は、この文脈において、すべての子どもが十分に就学できるよう喚起し、安定化させるための検査の手段として広がっていったのである[27]。しかし、民衆学校の展開および民衆学校の通信簿の導入に対する関心は、場所によって非常に異なっていた[28]。

　バイエルンでは、例えば 1802 年 12 月 23 日なって初めて、6 年間の教育義務を伴う一般就学義務に関する法律が通達された。すなわちどの子どもも、12 歳になる前に公的試験を受けて初めて学校教育から解放されたのである。学校教育から解放されるためには、学校の視学官による卒業証書（Entlassungsschein）を受け取らなければならなかった。この証書を持っていない子どもは、広範囲にわたる制裁を覚悟しなければならなかった[29]。マクシミリアン・ヨゼフ選帝侯によって公布された通達には、次のように書かれている。「われわれは、就職や結婚または家や財産所有の際、この卒業証書が認可や許可が与えられるための本質的な前提条件として官庁または担当部局から発行されなければならず、合法的に証明できる例外的根拠がないままで、そのような認可が与えられてはならないということを定める」[30]。1803 年 9 月 12 日の通達とともに、日曜日に行われる授業への就学義務（Sonntagsschulpflicht）が導入された。「それゆえ、この日曜日に行われる学校へまじめに通ったということが、キリスト教についてのみならず、（略）、他の必要な分野についても、正当な通信簿や十分な知識によって証明することができなければ、家督を継承することも、結婚を取り決めることもできない」[31]。この卒業証書は、一般就学義務履行を証明する手段を意味している。それは同時に、就学義務の定着をチェックするための手段としても作用している。こうした卒業証明書がなければ、結婚することも、所有地を得ることもできなかった。同時に、民衆学校の通信簿は、大人への移行を示す文書としての意味も備えていた。子どもが学校に通わなければ、学校がその子どもを警察に通報し、その子の親は通常よりも倍の授業料を払わなければならな

53

第 2 節　民衆学校の通信簿

かった[32]。

　これらの規定に基づいて、バイエルンにおける最初の卒業証書が1808年に発行された。卒業証書は、平日学校の卒業生（12〜14歳）および日曜祭日学校の卒業生（16〜18歳）に対して、公的試験に合格した後、教師および地域の視学官（通常は主任司祭）によって授与された[33]。民衆学校の児童生徒が6年間の平日学校への就学義務を果たした上で卒業試験に合格すれば、例えば、次のように記載された卒業証書を受け取る。「（氏名）、（居住地または本籍地）に住む（親の氏名）の息子（または娘）は、当地のカトリック（またはプロテスタント）系の学校に与えられた王国政府の教師に対する通達（昨年7月17日）に基づいて、定められた範囲で適切に授業が行われ、そのことがここでは義務的に証明される。（日付など）、カトリック（またはプロテスタント）教会学校長」[34]。当時の卒業証書の記載事項や形式は、以下の図で示しているように、まだ統一的なものではなかった（図5〜7参照）。

　これら2つの事例から、民衆学校制度の展開過程を窺い知ることができる。例えば、通信簿において評価される授業科目の数が徐々に増えている。また、1826年の卒業証書の場合、証書を得るのに手数料を支払わなければならなかったのに対して、1846年の場合には、もはや手数料を支払わなくてもよくなっている。

第 2 章　通信簿の定着

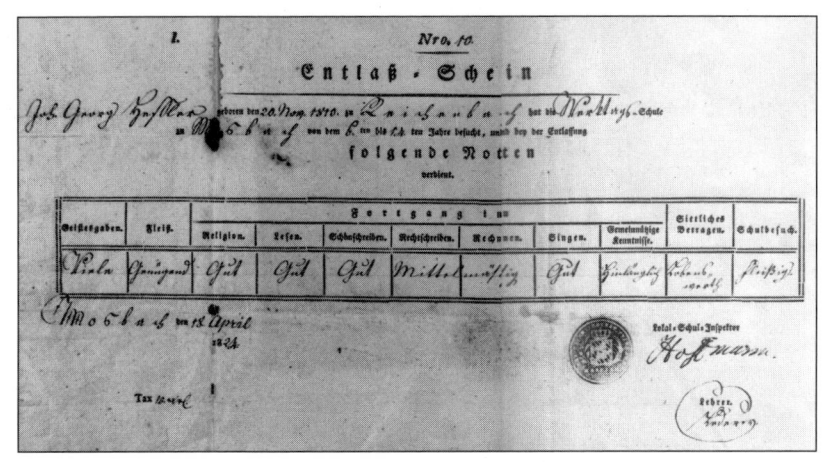

図 5：卒業証書（1824 年）[35]
出典：Schulgeschichtliche Sammlung der Universität Erlangen-Nürnberg（Nr. 2.2.1.6.2）

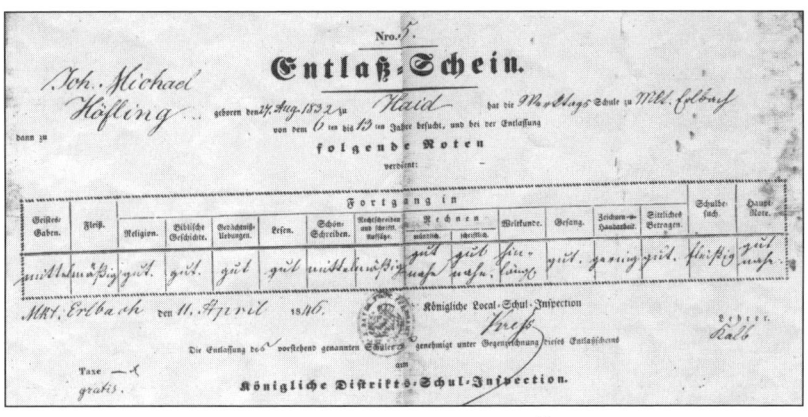

図 6：卒業証書（1846 年）[36]
出典：Schulgeschichtliche Sammlung der Universität Erlangen-Nürnberg（Nr. 2.2.1.6.9）

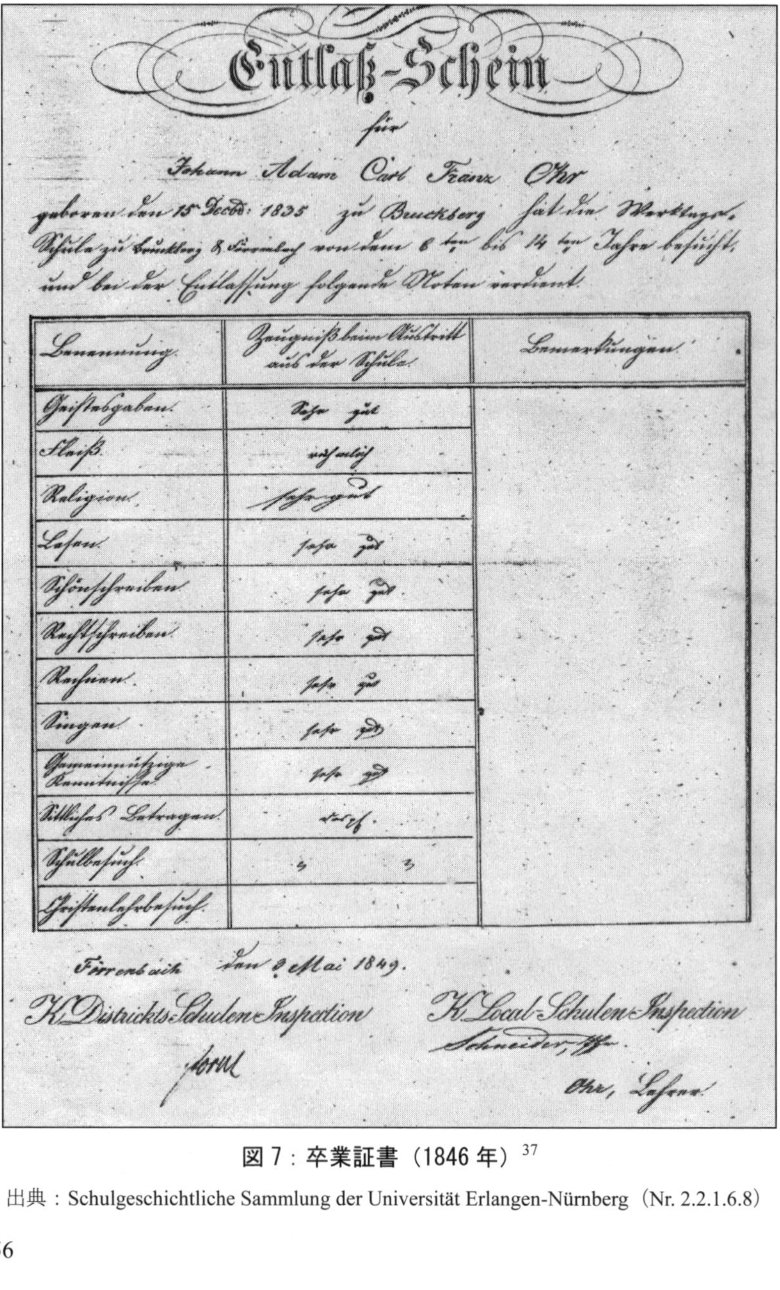

第2節　民衆学校の通信簿

図7：卒業証書（1846年）[37]

出典：Schulgeschichtliche Sammlung der Universität Erlangen-Nürnberg（Nr. 2.2.1.6.8）

この卒業証書（図 7）は、今日の基礎学校の通信簿を想起させるものである（第 5 章参照）。すなわち現在の基礎学校の通信簿の原型は、この時代（1850年頃）に成立したように思われる。

　これらの卒業証書の中では、成績および態度に関する評点が示されている。それらの評点は、国家がどの国民に対しても定着させたいと考えている必要最低限の知識を反映している[38]。それ以前の時代には、通信簿が成績を証明することで何らかの利益が得られるという見込み（例えば奨学金など）があったため、それが生徒や親の希望に応じて発行されていた。これに対して、いまや通信簿は国民をチェックするという国家の必要性から発行されるようになった。また産業化に伴う労働市場の発達とともに、通信簿は少しずつ職業（労働条件）をめぐる競争という状況の中でも意味を持つようになった。

　卒業証書の導入に伴い、教師たちは児童生徒の素質（Anlagen）、勤勉さ、行儀よさ（Betragen）、学習進度を定期的に記録する評定簿（Zensurenbuch）をつけなければならなくなった。そして親たちは、閲覧料を払えば、この評定簿を年に一度だけ閲覧することができた。そこから発展したものが、学年末の通信簿である（第 3 章第 3 節参照）。

　民衆学校の通信簿は、少しずつザクセンやプロイセンなど、他のドイツ領邦にも普及していった。プロイセンでは、通信簿の定着がナポレオン戦争の影響で少し長くかかってしまったが[39]、そこでも通信簿は、上述のように、主として国家が一般就学義務を定着させるための手段であった[40]。

第 3 節　機能分析

　歴史的な考察によって、まずは通信簿の授与が 18～19 世紀にかけて 2 種類に分化していったということが明らかになった。つまり、成熟証明書（アビトゥア成績証明書）および民衆学校の通信簿（卒業証明書）である。これらの通信簿は、性格的に異なるものであったが、重要な社会変化に対応した

第3節　機能分析

ものであった。すなわち就学義務の導入、それに伴う就学児童数や教育を受ける人びとの増加、そして市民階級の拡大による身分制社会の変化である。特に市民階級にとって教育は、ますます重要な役割を担うようになった。また、一般就学義務の導入によって初めて、女子児童も最低限は民衆学校に通うようになり、学校教育制度に組み込まれるようになった。

　事実的次元において、通信簿には各教科の成績が記載されたが、成熟証明書のほうには性格的特性も記入された。成績に関する叙述は、慈善証明書の場合とは対照的に、教会や国家による視学制度が標準化することによって、徐々に学校間で比較可能となっていった。このことは特に、プロイセンのギムナジウムの場合に顕著に見られる。プロイセンの中央集権的な教育行政や教員養成を見れば、学校間の類似性は容易に想像できる。逆に、民衆学校における学校間の形式は、徐々に類似していった。ここでは、評点が非常にわずかな比較可能性を与えているような印象を受ける。このことは、民衆学校においては期待されなかった。というのは、この当時の通信簿はむしろ、就学義務を果たしているかどうかを国家がチェックするための機能を持っていたからである。同時に、民衆学校の通信簿においては（上述のプフォルツハイムの行政文書に見られるように、特に居住地の当局に対して）、教育成果の質に関する叙述が、基礎学力（読み書き）の事実や出席状況に関する叙述ほどには重要視されなかった。逆に、高等学校レベルにおいては、道徳性証明書および成績証明書としての成熟証明書が慈善証明書の伝統をどのように継承したのかが観察されうる。すなわち身分制社会において、成熟証明書は、裕福な階層に属さない生徒たちに対して、よりよい教育機会を拓いたのである。さらに、成熟証明書の中の性格に関する叙述については、伝統的な推薦書の形式（および肯定的記述）が、政治的に健全な学生を選択するための規準として利用された。このことは、成熟証明書のこうした機能がほんのわずかな期間であったとしても、結果的には性格的適性だと思い込まれた規準に基づく選択が実際にはイデオロギー的志向に陥りやすいことを示している。

　成熟証明書は、慈善証明書の伝統において、さらにその後、別の学校に対する情報伝達にも役立った。成熟証明書はさらにますます、別の学校に転校

する可能性を拓いていった。これは当初、成熟試験と官僚への就職資格との結びつきにおいて見られるようになり、続いて大学入学資格との結びつきにおいて見られるようになった。大学入学については、それが必ずしも成熟証明書と結びつけられてはおらず、当初はごく少数の生徒だけが成熟試験を受けたのである。受験者の数は、成熟試験(アビトゥア試験)の意味が増大するとともに継続的に拡大した。そして、試験を受けた生徒(**心的システム**)だけが、成熟証明書を通じて試験の合否や個人成績のフィードバックを受けたのである。同時に、学校システムの児童生徒たちに対する要求水準が直接的にフィードバックされた。すなわちシステム論的に表現すれば、心的システムと教育システムとの間の二重の不確定性が遮断されたのである。これに対して、民衆学校の通信簿は、生徒全員に対する卒業証明書として発行された。民衆学校の通信簿には、一般就学義務の履行状況および基礎学力の定着状況について記載された。この意味で通信簿には、**相互作用システムとしての授業**に関する情報が含まれている。これらの情報は、通年にわたり教師によって記録された。すなわち民衆学校の通信簿には、学校教育の結果としての授業が要約して記録されているのである。同時に、民衆学校およびギムナジウムにおいて、生徒の成績がその学校の修了時に記録されるという事実から、**授業**や**組織としての学校**の到達度をめぐる議論が生じ、これらの議論が逆に教育制度に対して影響を与えるようになった。教員養成や授業の質は、視学官制度や大学での中等教員養成や、教員養成所(Seminar)での初等教員養成を通じて、国家に向けた重要な要求として理解された。また、ギムナジウムの一般的な修了試験は、学期制度の形成を規格化する形で大きな影響を与えた。結局のところ重要なのは、すべての生徒に同一の修了試験を実施したということである。生徒の個人的特徴を記録した慈善証明書とは異なり、いまや国家によって定められた基準と連動する生徒の成績が重要となったのである。**社会**との関係においても、この規格化に向けた推進力が基準を策定しようとする動きの中に見られるようになる。ギムナジウムでは、それが成熟試験にとってどの教科が重要なのかという問いの中で、重要な役割を担うようになった。民衆学校が示した要求水準によって、非識字者が減少するとともに、国家による識字化の要求が定着していった。このような規格化によ

第3節　機能分析

って、その他のシステムにおいて例えば、官僚養成に求められる水準や、大学や企業の要求水準に影響を与えるような学習内容の要求水準に関する社会的な理解が得られるようになった。同時に、これらのシステムは学校の基準にも影響を与え、社会からの要求水準を受け入れさせようとしたのである。

　時間的次元においては、上記2つの通信簿によって修了の時点が示された。成熟試験（成熟証明書）のみならず民衆学校の通信簿もまた学校での学習期間の修了時点を示している。民衆学校の通信簿の場合、その文書とともに法的転換点が示された。つまり、一般就学義務の履行である。児童（**心的システム**）に対しては、別の人生段階への移行も通信簿によって示された。すなわち民衆学校の通信簿によって、新たな段階の生活を始めることが可能となったのである。というのは、結婚する権利や財産購入の権利が通信簿と結びつけられたからである。この機能はさらに、プロテスタント領邦であったプロイセンにおいては、卒業証明書が同時に、大人への仲間入りを示す堅信礼（教会の信仰告白儀式）とともに許可されるということによって強調された[41]。さらに通信簿は、**心的システム**に関して第二の機能を持った。通信簿によって可能となったリズムづけによって、生徒たちは、前もって定められた学習リズムに組み込まれるようになった。学校監督行政によって定められた期日までに、ある特定の内容が学習されなければならなくなった。これによって、個人の発達に対する期待が標準化された。**授業**に関しても時間的制約が影響するようになり、学校的知識の習得がこの時間内に終えられ、ある程度の基準（中等学校では大学で学ぶのに支障のない能力、初等学校では読み書き計算能力）が設けられることになった。この時間的節目は、（それが以前は可能であったように）学習教材の構造や生徒の発達状況に条件づけられるのではなく、制度によって法的に予め定められた学習期間に条件づけられた。生徒数の量的増加によって、通信簿はもはや、これまでのように個人の学習ペースに応じて発行されることはなくなった。むしろ学校の時間的進度を組み立てるのは、もはや行政の仕事になったのである。この流れの中で、通信簿の授与も、もはや生徒の学習ペースではなく行政によって前もって定められた明確なプロセスに基づいて行われるようになった。すなわち通信簿は、

学校を修了したときに授与されるようになった。生徒は、要求水準を学ぶまで学校に在学するというわけではなく、学校の期間が続く限り学校に在学するのである。それに伴い、**社会**的な要求水準およびそれに応える可能性が学校の期間を規定するようになった。この境界の線引きは、さまざまな議論を呼び、大学は大学で勉学できるほどの知的成熟度に達していない若い入学生に不満を示し、民衆学校にとっては、職業教育の期間が農業の要求水準や女子の早期結婚年齢と衝突した。同時に、王の通達による設定によって、通信簿を授与される前と後の生活に変化が見られるようになった。それに伴い、若い人たちを教育制度に囲い込み、就学義務を労働市場の需要に対して柔軟に適応させることが可能となった。このことは次の時代に顕著に見られるようになる。

　社会的次元においてはまず、それ以前の時代とは対照的に、通信簿が少しずつ特定の生徒だけではなく生徒全員に対して授与されるようになったという変化が見られる。ギムナジウムにおいては、こうした通信簿の発達が成熟証明書によって段階的に進んでいった一方で、民衆学校の通信簿は基本的に素早く定着していった。というのは、学校が義務制となり、国家がその定着をチェックしたためである。このことは基本的に、どの生徒にも例外なく適用された。そして国家行政に教育学が継続的に寄与するようになった。**心的システム**に対しては、各自の成績に関するフィードバックが与えられ、社会的序列が生み出された。成熟証明書を持つ人は、民衆学校の通信簿を持つ生徒よりも高い社会的地位を手に入れたのである。多くの領邦では、生徒の序列化が明示的に行われた。例えば、バイエルン領邦では、通信簿に生徒の校内順位がつけられている（図4を参照せよ）。学校が**授業**および学校**組織**の形態や質に関して比較可能になればなるほど、個人競争や（受け入れシステムの側の視点から見れば）生徒の選択可能性がますます拡大することになった。このことは、中等教育においては急速に拡大したが、初等教育においては職業分野の分化や活動領域の多様化によって初めて実現した。本章で考察した時代には、こうした効果は当初、農業や徒弟制職業が支配的であったために、ほとんど重要な役割を果たさなかったが、職業学校制度や専門職業

第3節　機能分析

教育や手工業者の職業教育の成立とともに重要な意味を持つようになった。その際、重要なのは、学校によって特殊な形式の公平性が実現されたことである。すなわちすべての生徒が、本来の知識や才能とは無関係に、同一の要求水準で、また同一の時点で評価されるようになったのである。**社会**的な観点から見れば、通信簿は次第に、人びとが社会的地位を出生に基づいて獲得するような身分制社会から、社会的地位を個人の成績に基づいて獲得するような機能的分化社会へ向けた社会的な変化を追随する機能を果たすようになった。通信簿は、成績に基づいて社会的地位が配分される際の鍵となった。このことは特に、成熟証明書の展開において明確である。特権階級が成熟証明書の導入を無理な要求であると感じ、長期にわたって修了試験を免除させてきた。成熟証明書は社会的に不遇とされた若者たちに対して、学費免除の可能性を与えた。その後、成熟証明書は徐々に、官職に就職するための資格として、そして大学入学資格として一般的に定着した。このことはすでに、その後の時代にさらに明確となる通信簿の社会的包摂としての機能を先取りしている。すなわち修了試験に対して、生徒の出生は（少なくとも名目上は）もはや何の役割も果たさなくなった。同時に、国家は民衆学校の卒業証書によって国民形成という野望を実現させた。国民としての生活には、読み書き能力が必要であり、これらの能力があって初めて結婚することが許可された。それに伴い学校は、マイヤーらが強調しているように、国民に対する要求を伴う近代国家の成立のための重要な装置となり[42]、通信簿はこれら国民国家の成立および発達を促進させ、定着させるための重要な装置となったのである。

注

[1] Reglement für die Prüfung an den Gelehrten Schulen vom 23. Dezember 1788、Schneider 1989, S. 13 参照。
[2] Kraul 1984, S. 22 参照。
[3] Breitschuh 1991b, S. 132 参照。
[4] Hamann 1993, S. 93; Kraul 1984, S. 24 参照。

第 2 章　通信簿の定着

[5] 教会の教育機関の重要性については第 1 章を参照。
[6] Kraul 1984, S. 24-25 参照。
[7] Breitschuh 1991b, S. 133-134; 1979, S. 46-47 参照。
[8] ただし、バイエルン王国の成熟試験（Reifeprüfung）は、1809 年から大学入学のための前提条件となっている（vgl. Schneider 1989, S. 13）。
[9] プロイセンでは 1820 年に 590 名、1863 年に 1803 名の修了者であった（Nipperdey 1998, S, 460 参照）。
[10] ただし、若い男性に限定され、若い女性の大学入学の権利は 20 世紀初めになってから定着した。
[11] Breitschuh 1991b, S. 134-137; 1979, S. 48-49 参照。
[12] 第 6 回会議（1834 年 4 月 25 日）議事録の付録 A。Haus-, Hof- und Staatsarchiv Wien, Staatskanzlei Deutsche Akten, Nr. 89, S. 223ff; Breitschuh 1991b, S. 139-141 参照。
[13] Breitschuh 1991b, S. 141 参照。
[14] ザクセンの成熟証明書には、次のように書かれている。「1832 年 10 月 15 日、ヨハン・フリードリヒ・（…）、アイスレーベンのギムナジウム在学、アルシュテット（…）出身、規定に基づいて実施されたアビトゥア試験によって、署名された試験担当局の満場一致の見解に基づいて、以下で示す教科において彼が次のような状態にあるという結果が得られた。ラテン語翻訳：1、自由作文：1、宗教および道徳：1、ラテン語：1、ギリシア語：1、ヘブライ語：1、歴史：1、数学：2、総合評価：「非常に優秀」。ワイマール、1832 年 10 月 16 日、D. J. Fr.（署名）。註：試験結果の等級は、数字の 1、2、3 によって示されている」。
[15] バイエルンの成熟証明書（ギムナジウム修了証）には、次のように書かれている。「第 169 号、証印省略、ギムナジウム修了証、フリードリヒ・シューライン、問屋の息子、1834 年 6 月 29 日ノイシュタット・アン・デア・アイシュ生まれ、ノイシュタット地方裁判所、1853/54 年度に、エルランゲンのギムナジウムの第 4 学年の生徒として、修了試験に合格し、王国都市内務省の教会および学校業務に対する 1854 年 8 月 3 日付第 7220 号の最高の決定にしたがって、彼は評定 I すなわち「優秀」な成績で修了する。彼は在学中、17 名の生徒のうち第 7 位であり、道徳的な態度において、評点 I（非常に賞賛に値する）を獲得した。エルランゲン、1854 年 8 月 8 日、王国エルランゲンのギムナジウム学校長、D・ドーダライン（署名）」。
[16] ギムナジウムのカリキュラムを模倣するが、ギリシア語の授業を取り入れず、英語の授業を行う 9 年制の中等学校（Lundgreen 1980, S. 71 参照）。
[17] 実科ギムナジウムのカリキュラムに沿った授業を行うが、ラテン語を必修とせず、英語や自然科学の授業を増やした 9 年制の中等学校（Lundgreen 1980, S. 71 参照）。
[18] Dohse 1963, S. 18 参照。
[19] 1828 年のプロイセンにおいて、同年齢の生徒のうち 1.7％が官立中等学校に通い、11.4％が私立学校に通っていた（Nipperdey 1998, S. 459 参照）。
[20] 1816 年のプロイセンでは、就学すべき児童のうち 60％が、1846 年にはすでに 82％が、学校に通っていた（Nipperdey 1998, S. 463 参照）。
[21] ここではまだ一般就学・教育義務については述べられておらず、学校のある地域に

注

おいての就学義務が示されているにすぎない（Lundgreen 1980, S. 33 参照）。
22 Breitschuh 1981, S. 13; 1979, S. 52-53 参照。
23 Breitschuh 1979, S. 53 参照。
24 就学および就学義務について、ここでは第 10〜11 条に、就学は強制されうることになるということが示されているにすぎない（Lundgreen 1980, S. 33 参照）。
25 Breitschuh 1979, S. 53; Dohse 1963, S. 22 参照。
26 Dohse 1963, S. 32 参照。
27 Breitschuh 1981, S. 17; 1979, S. 53 参照。
28 Breitschuh 1981, S. 12 参照。
29 Breitschuh 1981, S. 13; 1979, S.53 参照。
30 Breitschuh 1981, S. 13; 1979, S. 53 参照。
31 Schneider 1989, S. 16 参照。
32 Breitschuh 1993a, S. 263 参照。
33 Schneider 1989, S. 15 参照。
34 Breitschuh 1981, S. 17 参照。
35 この卒業証書には、次のように書かれている。「第 10 号、卒業証書、ゲオルグ・ヘスラー（1810 年 5 月 20 日ライヒェンバッハ生まれ）は、モスバッハの平日学校に 6 歳から 14 歳まで通い、卒業の際に次のような評点を得た。知性（Geistesgaben）：多い、勤勉さ：十分。学力面では、宗教：よい、読解力：よい、清書：よい、正書法：平均的、計算力：平均的、歌唱：よい、総合的知識（Gemeinnützige Kenntnisse）：十分。道徳的態度：賞賛に値する、出席状況：勤勉な。モスバッハ、1824 年 4 月 18 日（証印）、当地視学官：ホフマン、教師：レダラー。税金：15 クロイツ（パン約 3 斤分）」。
36 この卒業証書には、次のように書かれている。「第 5 号、卒業証書。ヨハン・ミヒャエル・ヘフリング（1832 年 8 月 24 日ハイド生まれ）は、マルクト・エアルバッハの平日学校に 6 歳から 13 歳まで通い、卒業の際に次のような評点を得た。知性：平均的、勤勉さ：平均的。学力面では、宗教：よい、聖書の歴史：よい、記憶訓練（Gedächtnisübungen）：よい、読解力：よい、清書：平均的、正書法および作文：平均的、計算力（口述）：ほぼよい（Gut nahe）、計算力（筆記）：ほぼよい、世界科（Weltkunde）：十分、歌唱：よい、図画工作（Zeichnen und Handarbeiten）：劣った（gring）。道徳的態度：よい、出席状況：勤勉な。総合評点：ほぼよい。マルクト・エアルバッハ、1846 年 4 月 11 日。（証印）王国地域学校視学官：ヴァイス、教師：カルプ。上述の生徒の卒業は、この卒業証書の署名のもとで承認される。税金：無料。王国学校担当局」。
37 この卒業証書には、次のように書かれている。「ヨハン・アダム・カール・オーア（1835 年 12 月 15 日ブルックベルク生まれ）に対する卒業証書。彼は、ブルックベルクおよびフェレンバッハの平日学校に 6 歳から 14 歳まで通い、卒業の際に次のような評点を得た。名称、学校を卒業する際の通信簿、註。知性：非常によい、勤勉さ：賞賛に値する、宗教：非常によい、読解力：非常によい、清書：非常によい、正書法：非常によい、計算力：非常によい、歌唱：非常によい、総合的知識：非常によい、道徳的態度：よい、出席状況：非常に優れた、キリスト教教授：（…）。フェレンバッハ、1849 年 5 月 3 日。王国行政区視学官：フォルル、王国地域視学官：シュナイダー、司

祭、教師：オーア」。

[38] Breitschuh 1981, S. 17 参照。
[39] Breitschuh 1979, S. 53 参照。1816年には、例えばザクセンでは、すべての子どものうち80％以上が学校に通っていたのに対し、プロイセンではすべての子どものうち約60％しか学校に通っていなかった（Leschinsky/Roeder 1976, S. 137f）。
[40] Breitschuh 1981; Dohse 1963 参照。
[41] Lundgreen 1980, S. 35 参照。
[42] Meyer/Ramirez/Soysal 1992 参照。

第3章　通信簿の分化（1858〜1938年）

19世紀中頃には、通信簿が少しずつ分化し始めた。成熟証明書からは、軍隊の将校および中堅の職業へ進む資格として中等教育修了資格証明書（Zeugnisse der mittleren Reife）が成立し、それが後には実科学校の修了証明書と呼ばれるようになった。また女子中等学校の成立とともに、女子中等学校においても通信簿（Zeugnisse der höheren Mädchenschule）が発行されるようになった。この時代には、学校の種類に応じた通信簿の分化のみならず、通信簿の時間的分化も見られるようになった。すなわち修了証明書または卒業証明書から、学年末および学期末の通信簿（Jahres- und Halbjahreszeugnisse）が成立した。というのは、親たちが自らの子どもの成績状況を事前に知ることができるように、通信簿はもはや学年末のみならず、学期末においても発行されるようになったためである。

本章では、第一に中等教育修了資格証明書の展開過程を取り上げ、第二に女子中等学校の通信簿、そして第三に学年末・学期末の通信簿の展開について述べる。そして最後に、これらの通信簿についての機能分析を行う。

第1節　中等教育修了資格証明書（Zeugnisse der mittleren Reife）

中等教育修了資格証明書は、19世紀中頃に成熟証明書から分化したものである。それは、中程度の修了資格を証明するものであり、通常では第10学年の修了と結びつけられた[1]。この証明書はもともと、いわゆる一年志願兵制度（Der einjährig-freiwilligen Militärdienst）と呼ばれる軍隊の制度から成立したものである。一年志願兵制度を活用すれば、（若い男子は）通常の3年制兵役義務の代わりに1年間だけ志願兵として兵役に従事するだけでよかった。「志願兵」というのは、宿泊、食事、制服、場合によっては自分の乗る馬まで自ら費用を負担しなければならないという意味であった。一年志願兵制度を利

用するための資格を得るには、第 10 学年以降の学校を卒業するに伴う、いわゆる一年志願兵証明書（Einjährigen-Zeugnis）の取得が、その前提として義務づけられた。この証明書は、それによって兵役を短縮できることから、大学入学を目指さない中等学校の生徒にとって重要な意味を持った。また、この証明書があれば、将校への道が拓かれた[2]。

1858 年 12 月 9 日付の法律（第 126、130、131 条）によって、一年志願兵証明書（Einjährigen-Zeugnis）が初めてプロイセンに導入され、次第に北ドイツ連盟（1866～1871 年）に拡大していった[3]。この法律に基づけば、一年志願兵となる権利は、ある特定の教育水準に結びつけられた[4]。一年志願兵証明書は通常、中等学校に 6 年間通ったときに発行された。この証明書は主に実科学校で発行されたが、例えば、教員養成所（民衆学校教員養成機関）においても発行された。ギムナジウム、実科ギムナジウム、高等実科学校（9 年制の中等学校）では 6 年間就学すれば、この一年志願兵証明書が、例えば、それらの学校を修了する前に退学するような生徒に対して、希望者または試験の結果に基づいて発行された[5]。

この証明書の形式は当初、成熟証明書（ギムナジウム修了証明書）と類似しており、1878 年頃までは書面の頭部に、1878 以降は書面の下部に、軍隊的な資格に関する指摘が記載されていた。その後、ドイツ軍隊法（1888 年 11 月 22 日）が定められるとともに、生徒たちは 1889 年から改定された一年志願兵証明書、すなわち一年志願兵のための学問的能力に関する証明書（Zeugnis über die wissenschaftliche Befähigung für den einjährig-freiwilligen Dienst）を受け取るようになった。この証明書は、人物について、つまり出席状況、行儀よさ、注意力（Aufmerksamkeit）、勤勉さ、身につけた知識量（各教科の評点はない）に関して一般的に報告したものであった[6]。

以下では、一年志願兵のための学問的能力に関する証明書について、3 つの事例を示す（図 8、9、10 参照）。

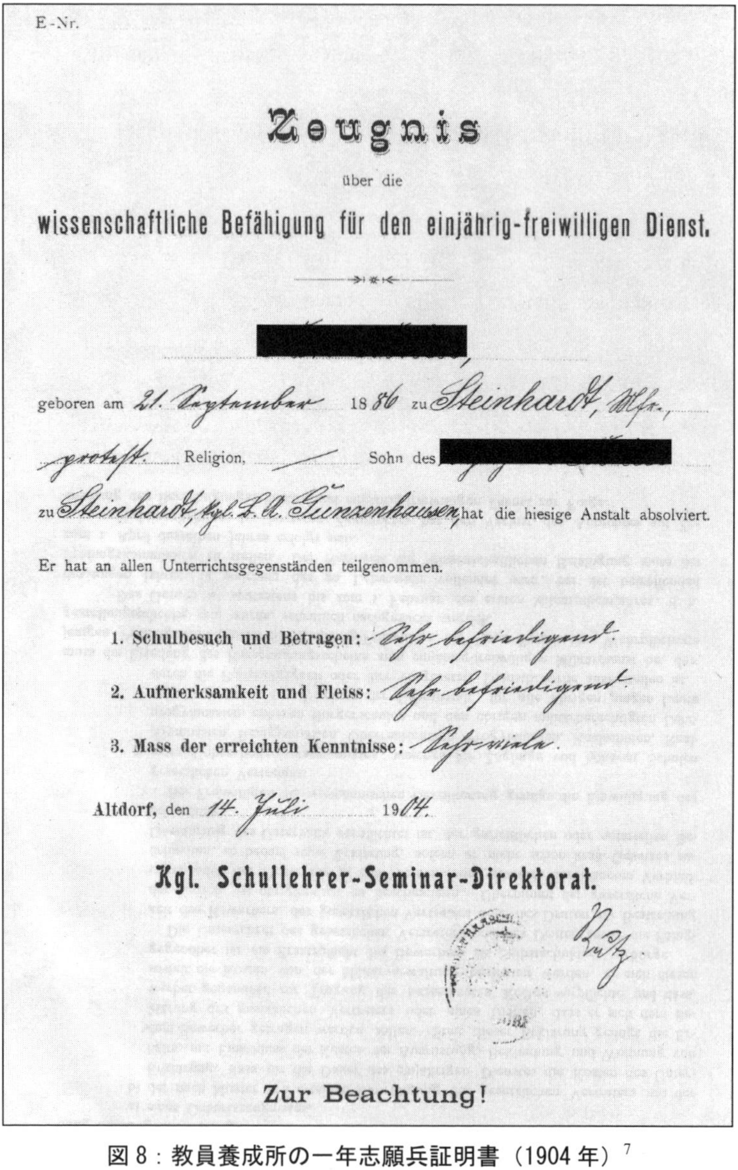

E-Nr.

Zeugnis

über die

wissenschaftliche Befähigung für den einjährig-freiwilligen Dienst.

[redacted],

geboren am 21. September 1886 zu Steinhardt, Mfr.,

protest. Religion, — Sohn des [redacted]

zu Steinhardt, kgl. B.A. Gunzenhausen, hat die hiesige Anstalt absolviert.

Er hat an allen Unterrichtsgegenständen teilgenommen.

1. **Schulbesuch und Betragen:** sehr befriedigend.
2. **Aufmerksamkeit und Fleiss:** sehr befriedigend.
3. **Mass der erreichten Kenntnisse:** sehr viele.

Altdorf, den 14. Juli 1904.

Kgl. Schullehrer-Seminar-Direktorat.

Zur Beachtung!

図 8：教員養成所の一年志願兵証明書（1904 年）[7]

出典：Schulgeschichtliche Sammlung der Universität Erlangen-Nürnberg（Nr. 2.5.3.6.5）

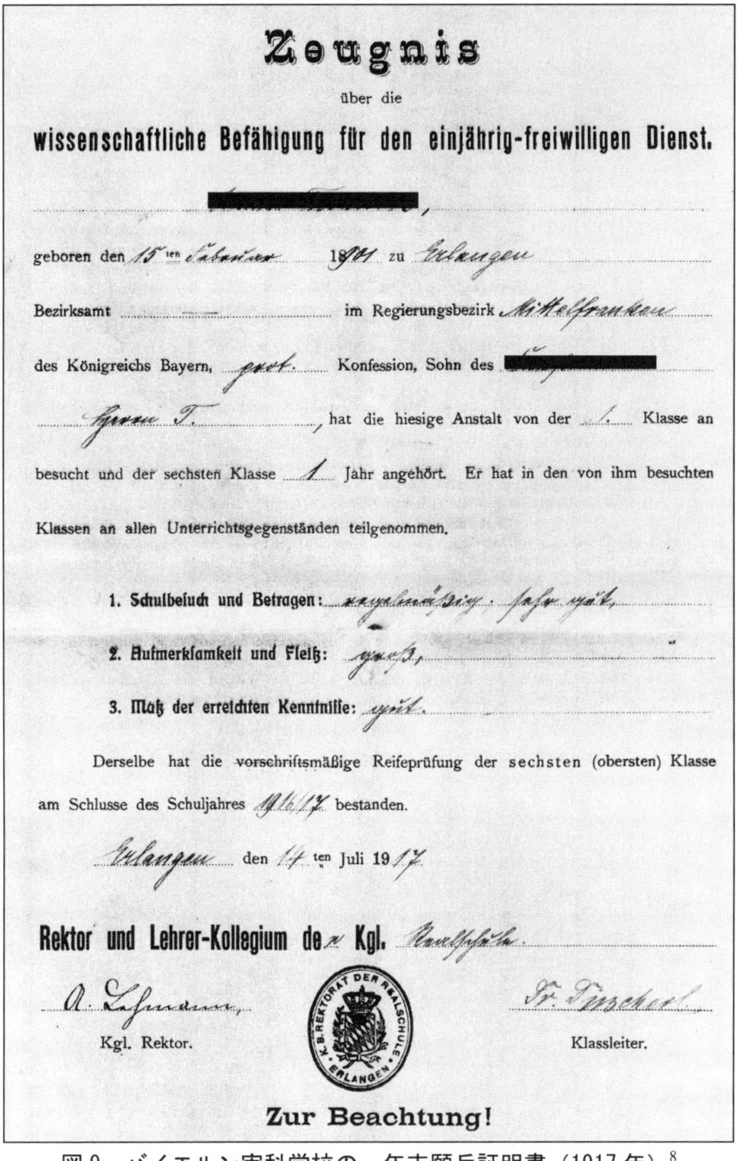

第 3 章　通信簿の分化

図 9：バイエルン実科学校の一年志願兵証明書（1917 年）[8]
出典：Schulgeschichtliche Sammlung der Universität Erlangen-Nürnberg（Nr. 2.5.3.5.2）

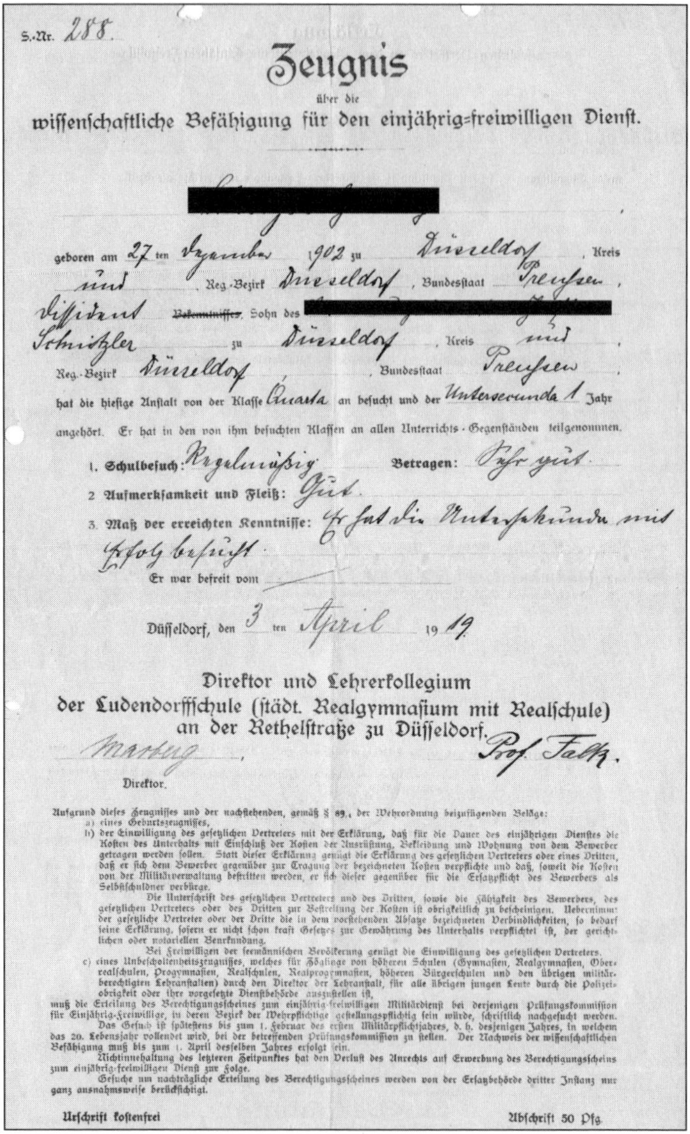

第 1 節　中等教育修了資格証明書

図 10：実科学校の一年志願兵証明書（1919 年）[9]

出典：Schulgeschichtliche Sammlung der Universität Erlangen-Nürnberg（Nr. 2.5.3.6.1）

第3章　通信簿の分化

　この証明書で目立つのは、生徒の専門性（学力）が、ほんのわずかな意味しか持たなかったことである。というのは、道徳面での評価が重視されたため、学力評価が背後に押しやられたからである。
　一年志願兵証明書の下部または裏面には通常、次のような註が付けられている。「この証明書および軍隊法第89条に基づいて添付されるべき証書は、次のとおりである。a) 出生証明書（Geburtszeugnis）、b) 一年志願兵の期間中に、装備、制服、住居の費用負担を含む生活費が志願者によって賄われるという説明のついた法的代理人の承諾書。これらの説明の代わりとして、法的代理人または第三者が志願者に対して上述の費用負担を約束し、費用が軍事行政官によって負担される範囲で、法的代理人または第三者は軍事行政官に対して志願者の自己賠償責任としての賠償義務を保証するという法的代理人または第三者による説明があれば十分である。法的代理人または第三者の署名、さらに志願者、法的代理人または第三者の費用負担能力は、担当局によって証明されなければならない。法的代理人または第三者が上記の段落で示された義務を引き受けるのであれば、彼がすでに法律によって生活費の認可を義務づけられているという場合でない限り、彼の説明には、裁判所または公証人による証明が必要である。船乗りを職とする志願兵の場合、法的代理人の承諾があれば十分である。c) 中等学校（ギムナジウム、実科ギムナジウム、高等実科学校、プロギムナジウム、実科学校、実科プロギムナジウム、高等市民学校、その他の軍隊への資格を持つ学校）の生徒には学校長から、その他の若い人たちすべてには警察当局またはその上位の業務担当局から発行されるべき品行方正証明書（Unbescholtenheitszeugnis）。一年志願兵資格の証明書の授与は、兵役義務がその地域で遂行される予定の一年志願兵のための試験委員会に、文書で申請されなければならない。申請は遅くとも兵役義務の初年度、つまり20歳になる年の2月1日までに、該当する試験委員会で行われなければならない。学術的能力の証明は、その同じ年の4月1日までに行われなければならない。最終期限が守られない場合には、一年志願兵の資格証明書の獲得権を失うことになる」。この註は、一年志願兵に関する規定をうまく要約している（図10の下部も参照せよ）。

71

第 1 節　中等教育修了資格証明書

　1900 年 11 月 26 日のプロイセンにおける通達によって、さまざまな中等学校の修了証明書に関連する資格がドイツ帝国全体で統一的に定められた。成熟証明書が 9 年制中等学校修了後にすべての大学および専門大学への入学資格を与えたのに対して、一年志願兵のための学問的能力に関する証明書は、将校への登用資格のみならず、(特に 9 年制中等学校の 6 年次修了時点で)「初級公務員（Subalternbeamter）」（下級公務員）のための資格を与えたのである[10]。

　第一次世界大戦（1914〜1918 年）後、一年志願兵は、暫定的帝国軍隊教育に関する法律（1919 年 3 月 6 日）によって廃止された。それによって一年志願兵証明書は、その本来の意味を失ったが、中等学校 6 年間の就学を終えた後の修了試験は残されたままであった。一年志願兵証明書の位置には、「中等教育修了資格証明書（Zeugnis der mittleren Reife）」が当てられた。これは商業、製造業および公務員の分野における有利な地位への就職を可能にする役割を果たした[11]。

　1920 年 2 月 24 日の帝国文教委員会（Reichsschulkommission）では、修了試験（オーバーゼクンダ修了試験[12]）合格証明書が導入され、帝国内務省は、すべての領邦政府に対する書簡の中で、1920 年 2 月 24〜25 日の帝国文教委員会決議第 7 項に、特別な価値を置いた。ドーゼの研究によれば、その第 7 項には、次のように書かれている。「将来的には、むしろ当該のポストに対する候補者の特別な才能が特に重要視されなければならない場合には、担当部局または職業集団から公務員または社員のポストが割り当てられる際に、ある特定の学年で優秀な成績を修めたという公式的な証明や、ある特定の学校の試験合格の公式な証明は、それほど重要ではない。したがって、われわれが確信を持ってそう望むように、いまや才能のある適した生徒が大幅に、これまで通常は一年志願兵証明書がなければ出願できなかったようなポストへ就職できるようになる」[13]。それに伴い、通信簿と特定の職業資格または職業教育受講資格との結びつきが再び一時的に緩やかになった[14]。

　私立男子学校および職業準備教育学校の帝国連盟、それらに該当する学校連盟は、これまでの一年志願兵証明書の位置に、帝国連盟試験の合格証明書

(Zeugnis einer bestandenen Reichsverbandsprüfung）を設定しようとした。帝国連盟試験（Reichsverbandsprüfung）は、これまでの一年志願兵のための試験で求められた学力水準を満たすものであり、特定の職業に就職するための最低限の教育水準を要求した。公的に認められていない帝国連盟証明書（Reichsverband-Zeugnis）は、国家から公務員キャリアのための資格も社会的意味もなかったが、この証明書の考え方は、後の中等教育修了資格証明書の形成にとって重要な意味を持つことになる[15]。

帝国内務省における教育制度のための会議（1926年10月21～22日）において、中等第7学年進学資格（Obersekundarreife）が、中等教育修了資格（Mittleren Reife）と区別されるようになった。それゆえ中等教育修了の際に、2つの資格等級が成立した。中等第7学年進学資格証明書がさらなる上級学校や大学への進学資格および中級公務員への就職資格を与えると同時に中等教育修了資格を含むのに対して、中等教育修了資格証明書（Zeugnisse der mittlere Reife）は、中堅の職業への就職資格を持つにすぎなかった[16]。

その後、1927年5月22日および1928年3月10日の通達によって、これら2つの資格等級は最終的に統一された。このとき、中等教育修了資格証明書は、学校教育における資格としてだけでなく、「生活上の資格（Lebensberechtigung）」としても位置づけられた。生活上の資格とは、「ある程度の精神教育、さらなる教育のための出発点の役割を果たすべき、ある程度の基本的な一般教養の習得、公職および民間職の比較的高い地位（いわゆる中堅の地位）において求められるような特定の知識と能力を意味する。さまざまな中等学校の成熟証明書が同格なものと見なされて以来、この生活上の資格という意味で、さまざまな種類の中等第7学年進学資格も同格化される」[17]。中等教育修了資格証明書は、中堅の職業に就職するための基礎知識のみならず、ある程度の一般教養も証明することになったのである[18]。

1931年3月31日には、中等教育修了資格証明書がプロイセンのリーダーシップのもと、その他のドイツ領邦においても統一された。しかしまもなく、1938年3月3日の通達によって、中等教育修了資格証明書は、国家社会主義の影響を受けることで中等教育修了資格という概念が廃止されるとともに、

第 1 節　中等教育修了資格証明書

その姿を消した[19]。ただし、ここで注目すべきは、1931 年の証明書から、各教科の評点が再びつけられるようになったことである。以下で示す 1937 年の証明書は、そのことをよく示している[20]（図 11 参照）。

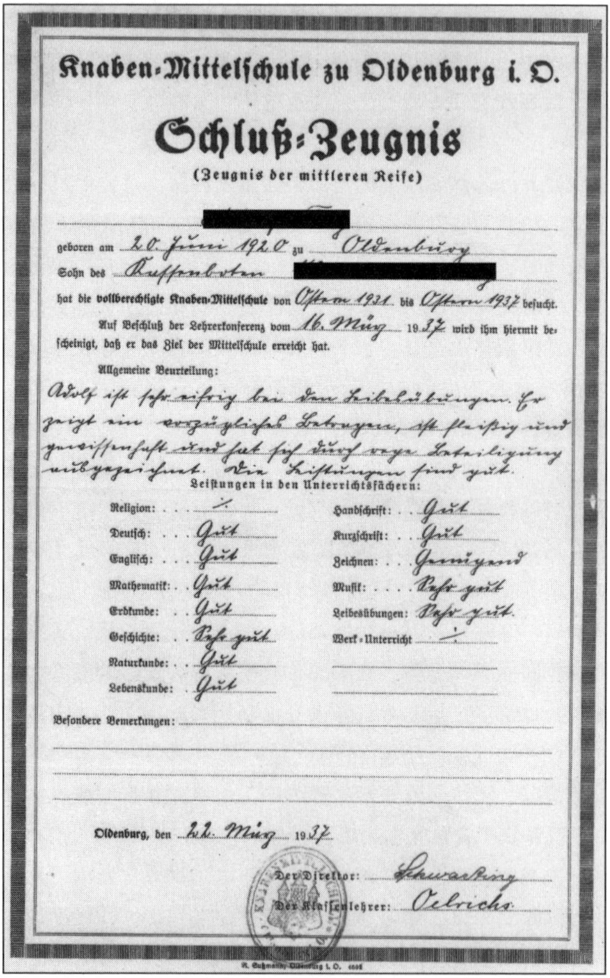

図 11：中等教育修了資格証明書（1937 年）[21]
出典：Schulgeschichtliche Sammlung der Universität Erlangen-Nürnberg（Nr. 2.8.3.5.4）

第 2 節　女子中等学校の通信簿（Zeugnisse der höheren Mädchenschule）

　女子中等学校（höhere Töchter- bzw. Mädchenschule）の通信簿は 19 世紀に、例えばプロイセンやバイエルンにおいて発行された[22]。女子中等学校とは、中等段階における女子のための学校であり、今日の学校制度で言えば、ほぼ第 5～10 学年に相当する。女子中等学校には、女子学校（Töchterschule）のほか、2～3 年制の女子のためのラテン語学校および教養学校である女子高等学校（Lyzeum）が含まれる。これらの学校は、確かに「中等」学校と呼ばれていたが、制度上は「初等」学校として位置づけられていた。というのは、女子中等学校の通信簿には何の資格も付与されていなかったためである[23]。すなわち女子中等学校は、初等学校や民衆学校の普通教育を延長したものとして理解された。ギムナジウムや実科学校のような男子中等学校とは対照的に、女子中等学校においては、大学進学準備のための高等学校段階（今日で言う第 11～13 学年）がなく、大学入学資格を与える成熟試験（アビトゥア）を受けることもできなかった。女子中等学校が中等教育制度に組み込まれるようになったのは、20 世紀になってからのことである。しかしながら、当初は男子学校と同等な教育が提供されなかったとしても、女子中等学校は、女子を中等学校制度に統合するための重要な一歩として理解できる。時代の経過とともに、女子中等学校は法的意味での「中等」学校修了を許可する権利を獲得し、学校の位置づけが変化していった。その際に特に興味深いのは、女子中等学校の通信簿が、形式的には男子ギムナジウムからではなく、民衆学校の通信簿から分化することによって成立したということである。

　女子中等学校は、そもそも教育費を払うことのできる家庭の女子のための私立学校として始まった。19 世紀においては、女子中等学校が多くの都市で、特に「良家」の娘のために設置された。当初は、牧師や失職中の家庭教師が自ら投資リスクを引き受けながら女子学校を設立した。次第に都市の行政が、こうした常に経済的な危機に晒されている学校を引き受けるか、あるいはこれらの学校に助成金を与え、支援し始めた[24]。これらの女子中等学校では、女子生徒に対して宗教や読み書き計算といったような一般的な基礎知識を教

第2節 女子中等学校の通信簿

えた。しかし同時に、主婦としての基礎知識や裁縫のような女性の仕事についての教育も行っていた。特に重要視されたのは、「女子生徒の心に真、善、美を喚起すること」[25]であった。授業科目および授業内容は、学校の財政状況や教員事情に左右されたため、それぞれの学校ごとにさまざまであった[26]。それゆえ女子中等学校の構造は、公立の男子中等学校のそれとは明確に異なるものであった。

女子生徒の動機づけや規律訓練には、賞罰を伴う報奨制度が活用された。例えば1828年には、アンスバッハのテレジア・インスティテュート学校において、賞賛のための「金の書籍（goldenes Buch）」が、さらには罰則のための「黒い書籍（schwarzes Buch）」が導入された。こうした背景のもと、学校では定期的に公的な試験が実施された。学習への動機づけを与えるために、女子生徒の序列化が行われ、非常に優秀な生徒には賞が授与された。この流れの中で成立したのが、いわゆる「道徳性記録簿（Sittenbüchlein）」である。この帳簿には、教師がそれを保護者に知らせるために、定期的に生徒の成績および態度に関する評価が記入された[27]。その後、通信簿の成立とともに、この帳簿は姿を消した。

「プロイセンにおける女子学校制度に関する規則（Bestimmungen über das Mädchenschulwesen in Preußen）」（1894年5月31日）によって、公立の女子中等学校は9年制の学校に移行した。しかしながら、女子中等学校の通信簿には、いまだに将来の職業に対する資格が付与されないままであった[28]。「女子中等学校制度の新秩序に関する規則（Bestimmungen über die Neuordnung des höheren Mädchenschulwesens）」（1908年8月18日）という大臣の通達とともに、プロイセンでは女子の大学入学がようやく認可された。同時に、女子中等学校の通信簿に、初めて資格が付与された。すなわち女子生徒が高等教育機関への入学を希望すれば、女子中等学校の第7～8学年以降に試験を行い、いわゆる「学術施設（Studienanstalt）」（男子ギムナジウムと同等）に進学することができた[29]。ただし、実施された試験を受けても女性が中級公務員に採用されることはなく、基本的には教職に就くことしか許されなかった[30]。

女子中等学校は、ワイマール共和国になって初めて一般の資格付与制度に

第 3 章　通信簿の分化

統合された。女子高等学校（Lyzeum）は 6 年制となり、4 年制の民衆基幹学校（Volkshauptschule）から接続した。この学校は、ほぼ男子の実科学校に相当する。女子高等学校の中には、女子のためのギムナジウムまたは実科ギムナジウムに移行した学校もあり、そこでは 9 年制の中等教育が行われた[31]。

以下では、女子中等学校の通信簿として、4 つの事例を示す。

図 12 および 13 で示した通信簿は、女子中等学校を離れるときに受け取る通信簿である。これらの通信簿は、生徒の成績および態度に関する情報を与え、通常は学校を辞めるとき、あるいは修了するときに発行されたものである。特徴的なのは、男子ギムナジウムとの対比の中で見られる教科の配置の違いである。ここでは学問的な科目（ラテン語の授業など）がほとんど見られない。

第２節　女子中等学校の通信簿

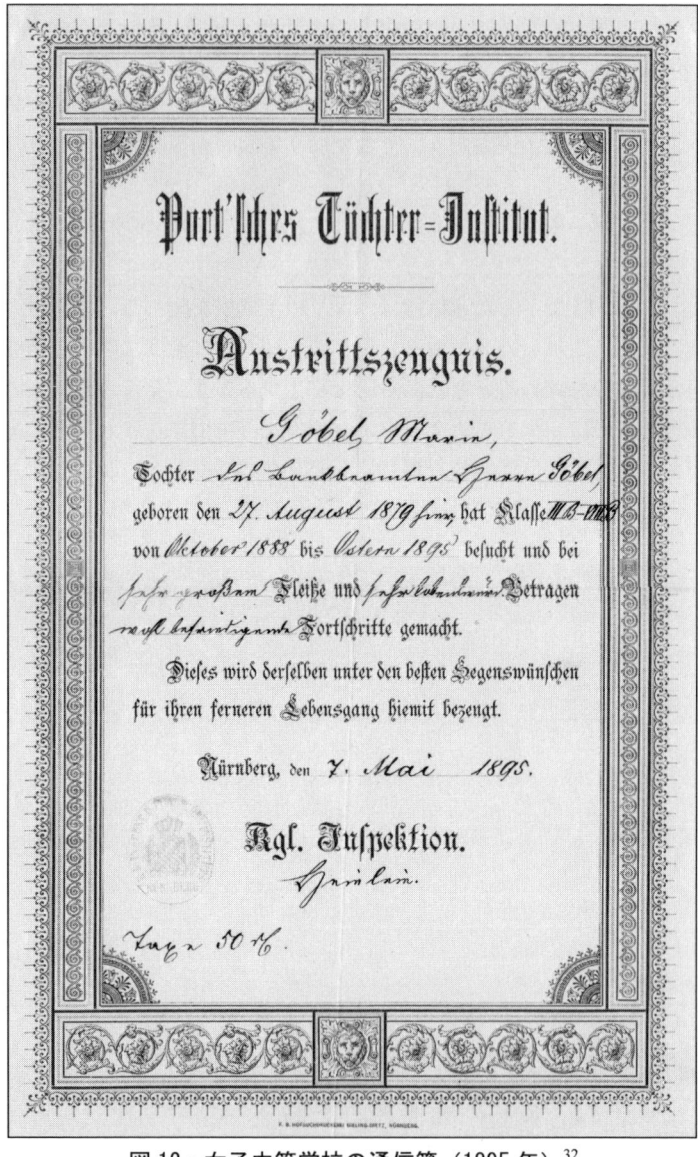

図12：女子中等学校の通信簿（1895年）[32]
出典：Schulgeschichtliche Sammlung der Universität Erlangen-Nürnberg（Nr. 2.4.3.3.8）

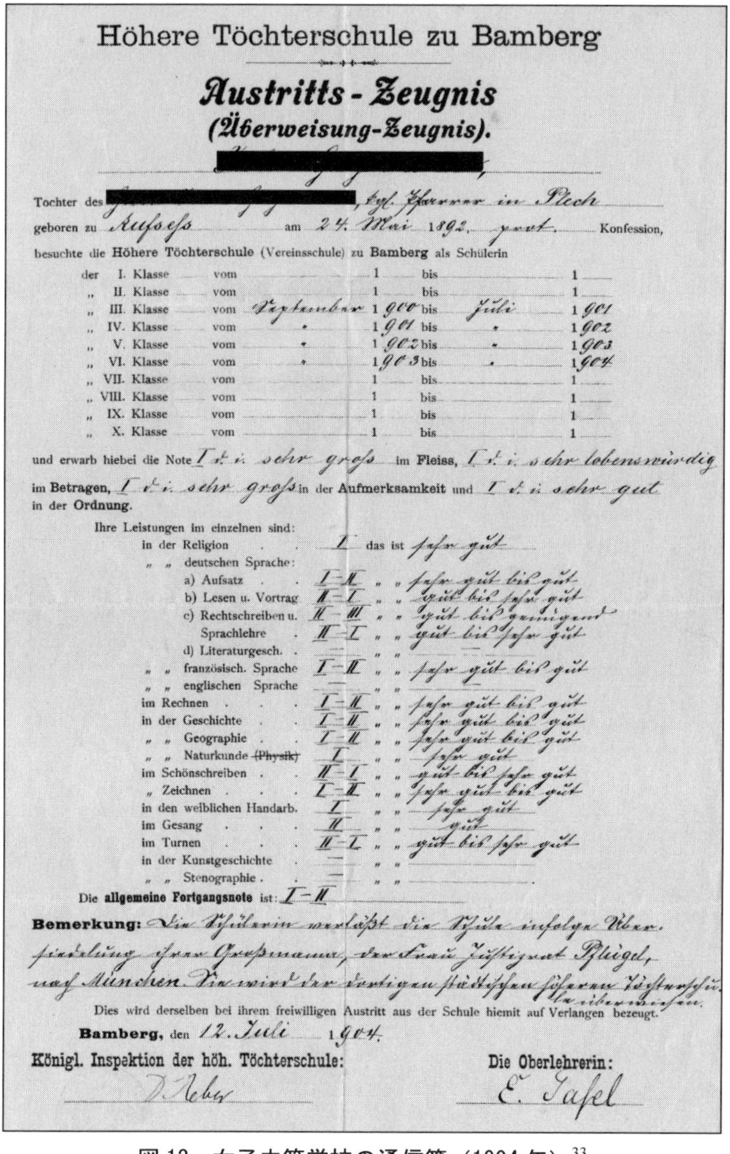

第 3 章　通信簿の分化

図 13：女子中等学校の通信簿（1904 年）[33]

出典：Schulgeschichtliche Sammlung der Universität Erlangen-Nürnberg（Nr. 2.5.3.3.6）

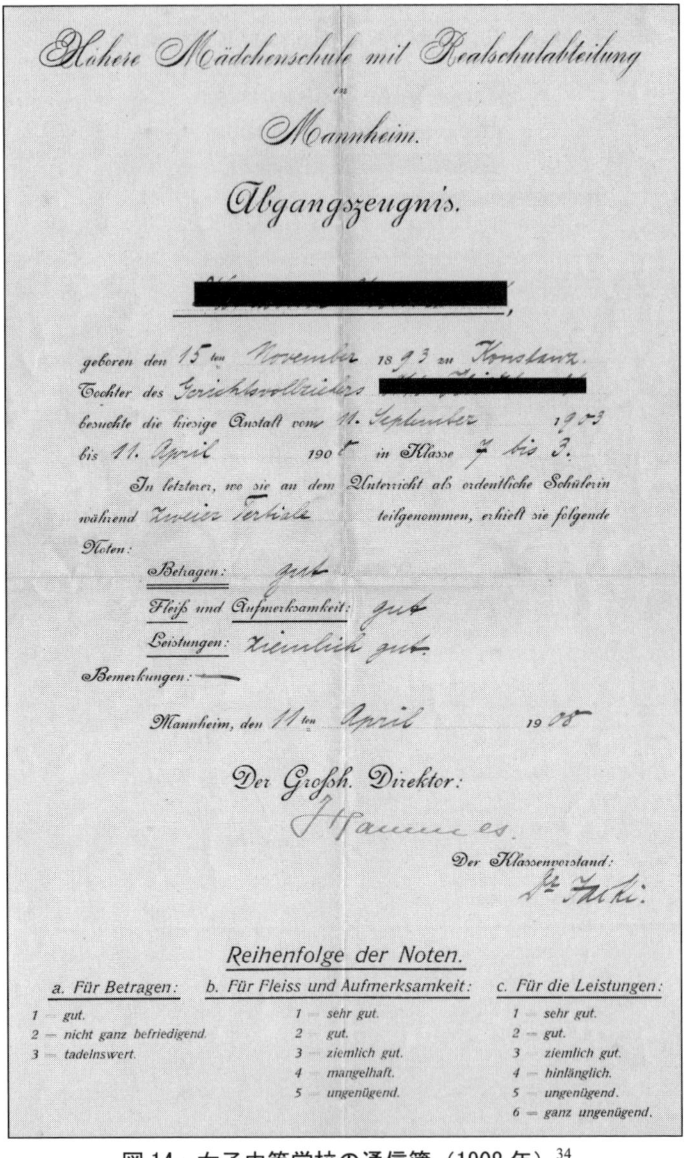

第2節　女子中等学校の通信簿

図14：女子中等学校の通信簿（1908年）[34]

出典：Schulgeschichtliche Sammlung der Universität Erlangen-Nürnberg（Nr. 2.5.3.3.2）

通信簿（図14）に示されているように、評価が少しずつ数字によって示されるようになっていった。ただし、評点尺度の意味はさまざまであった。この頃になって初めて、少しずつではあるが、通信簿の標準化が見られるようになっている。また、ここで示した通信簿には、教科の成績を明示していない。というのは、通信簿は何の資格とも結びついておらず、それゆえ各教科の成績は重要なものと考えられていなかったためであろう。

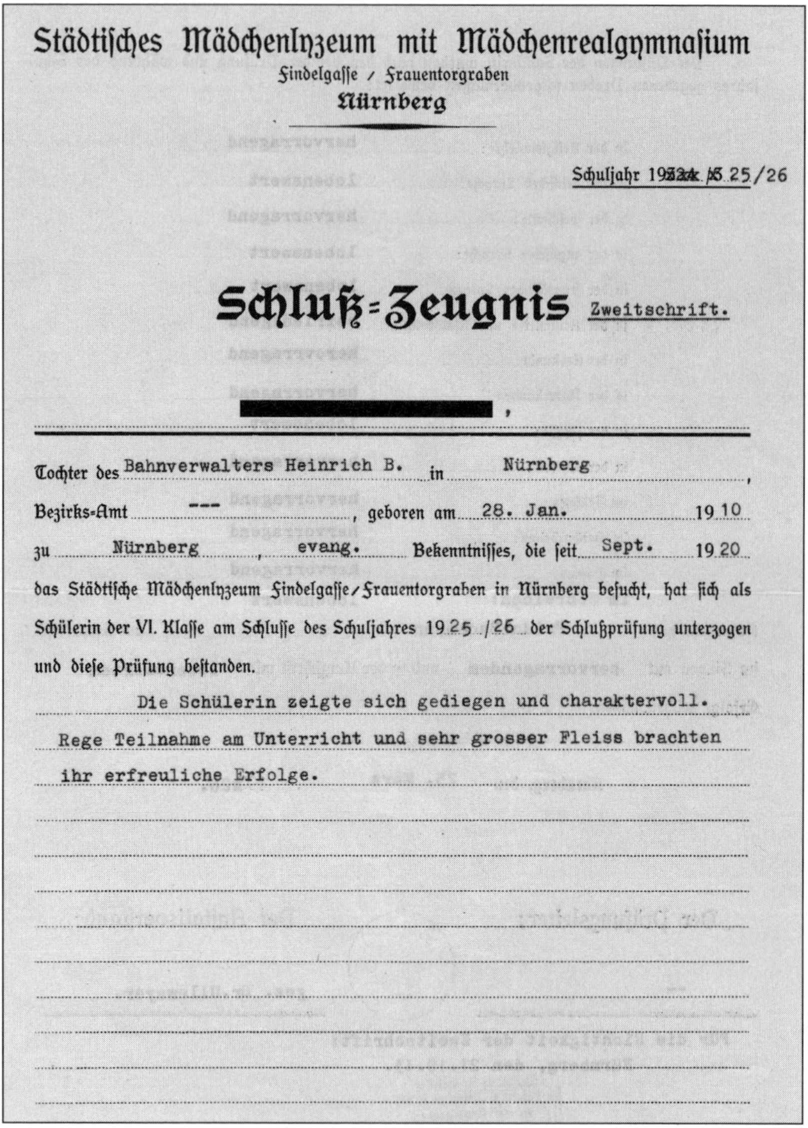

第 2 節　女子中等学校の通信簿

図 15.1：女子高等学校の修了証明書（1926 年：表面）[35]

出典：Schulgeschichtliche Sammlung der Universität Erlangen-Nürnberg（Nr. 2.7.3.3.14）

第 3 章　通信簿の分化

```
Die Leistungen der Schülerin wurden nach den bei der Prüfung und während des Schul-
jahres gegebenen Proben folgendermaßen bewertet:

           in der Religionslehre: ..............hervorragend..............
           in der deutschen Sprache: ............lobenswert................
           in der Geschichte: ..................hervorragend..............
           in der englischen Sprache: ...........lobenswert................
           in der französischen Sprache: ........lobenswert................
           in der Arithmetik und Mathematik: ....befriedigend..............
           in der Erdkunde: .....................herovrragend..............
           in der Naturkunde: ...................hervorragend..............
           in der Physik: .......................lobenswert................
           in der Chemie: .......................hervorragend..............
           im Zeichnen: .........................hervorragend..............
           im Handarbeiten: .....................hervorragend..............
           im Turnen: ...........................hervorragend..............
           im Schreiben:                         lobenswert
Außerdem hat ████████████████████                                    am Unterricht
im Singen mit ....hervorragendem..... und in der Kurzschrift mit ...lobenswertem....
Erfolge teilgenommen.

              Nürnberg, den ...25. März........... 193x26.


    Der Prüfungsleiter:            (    )            Der Anstaltsvorstand:

           --                                        gez. Dr.Ullemayer.

        Für die Richtigkeit der Zweitschrift:
              Nürnberg, den 21.10.43.
```

図 15.2：女子高等学校の修了証明書（1926 年：図 15-1 の裏面）[36]
出典：Schulgeschichtliche Sammlung der Universität Erlangen-Nürnberg（Nr. 2.7.3.3.14）

第3節　学年末・学期末の通信簿

　この女子高等学校の修了証明書はオリジナルの文書ではなく、オリジナルな文書の証印つきコピーである。こうした証明書は、紛失したときに再発行できるように、その記録データが学校にも保管された。この証明書は、図12〜14で示された通信簿とは対照的に、男子ギムナジウムの証明書と類似していることがわかる。

第3節　学年末・学期末の通信簿（Jahres- und Zwischenzeugnisse）

　19世紀中頃には、修了証明書のほかにも学期の経過とともに定期的に発行される、いわゆる定期的通信簿（periodischen Zeugnisse）が普及していった[37]。定期的通信簿には2種類あり、ひとつは学年末に発行される学年末通信簿であり、もうひとつは（2学期制での）中間通信簿（Halbjahreszeugnis）、クリスマス通信簿、イースター通信簿学期末、（3学期制での）期末通信簿、あるいは季刊通信簿（Quartalzeugnis）などのような、いわゆる学期末通信簿である。

　すでに16世紀には、定期的通信簿の存在が、特に競争原理と評点を生徒の動機づけのために導入したイエズス会系学校において指摘されている（第1章第2節参照）。評点の根拠となる試験（Klassenarbeiten）は、この流れの中から発達したものである。多くの教師が、これらの試験に基づいて与えた評点を一覧表に記入することによって、それが次第に評定簿（Zensurenbuch）として成立していった。評定簿には、教師によって児童生徒の評点が、場合によっては素質、勤勉さ、行儀よさ、学習進度に関するメモが定期的に記入された。このような定期的なメモ書きが、後に慈善証明書を発行するときの根拠となるデータとなった[38]。18世紀に一般就学義務が導入されて以降、定期的通信簿には、就学義務の遵守についても記録された。例えば、ヴィスマー（Wismar）においては、教師が「すべての児童生徒ついて、秩序の尊重、勤勉さ、非常に礼儀正しい態度、従順さを顧慮しながら日誌に記入し、コメントを毎月相互に比較し、さらにそこから過去の月の各児童生徒の評価を上述の4つの主要な観点に基づいて合算し、その評価を全生徒の前で読み上げ、

第3章　通信簿の分化

それを保護者または代理人に送り届けなければならない。各児童生徒に対しては、態度評価に基づいて毎月、教室内で上位から下位までの席次が割り振られる」[39]。このプロセスは「順位決定（Lokation）」と呼ばれるものであった。定期的通信簿は、子どもの学業成績を保護者に通知するのみならず、就学義務の遵守を国家や学校担当局に通知するものであった[40]。

評定簿の事例として、図16には民衆学校の評定簿を示している。

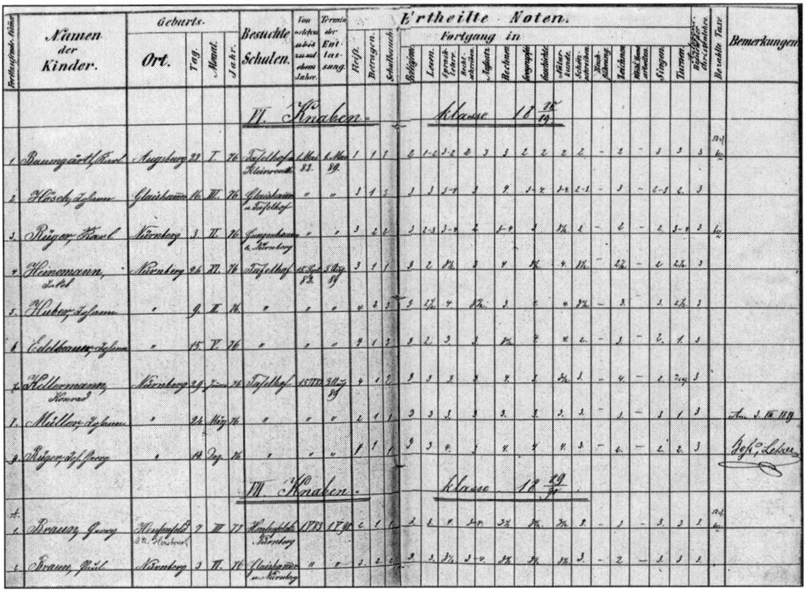

図16：民衆学校の評定簿（1888年）
出典：Schulgeschichtliche Sammlung der Universität Erlangen-Nürnberg（Nr. 2.4.1.5.9）

民衆学校の評定簿には通常、児童生徒の学籍番号、氏名、誕生日・誕生地、これまでに通った学校名、その入学・卒業年月日、態度および成績に関して与えられた評点、授業料の支払いが、定期的に記載された。さらに、注釈について書く欄が設けられている。

この評定簿から最初に発達したのが、民衆学校における週刊・月刊の成績

第3節　学年末・学期末の通信簿

表であり、それは児童生徒の態度および出席状況をチェックするためのものであった[41]。その後、週刊・月刊の成績表は、次第に間隔を空けて（半年ごとに）発行されるようになった。ギムナジウムにおいても、評定表や評定簿に対する親の関心が高まってきた。成熟試験（アビトゥア試験）の合格と大学入学とが結びつくに伴って（第2章参照）、子どもたちの学業成績に対する親たちの関心が高まった。当初は、親たちが閲覧料（12クロイツ）を払えば、評定簿の一部を閲覧することができた。そこから徐々に発達したのが学年末の通信簿であり、その後、学期末の通信簿へと展開していった[42]。

　当初の通信簿の発行頻度は、毎週から年に一度の範囲で揺れ動いた。学期末の通信簿の場合、通信簿の発行頻度は年に2度から4度の範囲で揺れ動いた。学期末の通信簿は一般的に、高学年よりも低学年のほうが、また中等教育段階よりも初等教育段階のほうが、その発行頻度が高かった。例えば、ヴェストファーレン行政区の中等学校に対する規則（1835年4月24日）では、「低学年および中学年の通信簿は季節ごとに、高学年の通信簿は半年ごとに発行されなければならない」[43]と規定されていた。生徒の態度が通信簿における評価の中核に据えられる場合、通信簿の発行頻度は高く、逆に生徒の学業成績を重視する場合、通信簿を発行する間隔が十分に取られていた[44]。

　エルランゲン・ニュルンベルク大学所蔵の通信簿を見れば、所蔵品の数においても1870年以降に学年末・学期末の通信簿の発行が飛躍的に増大していることがわかる。ただし、所蔵品のうちで最古の学年末の通信簿としては、すでに1844年のものが見られる（図17参照）。この通信簿の場合、それは学年通信簿（Klasszeugnis）と呼ばれていた。

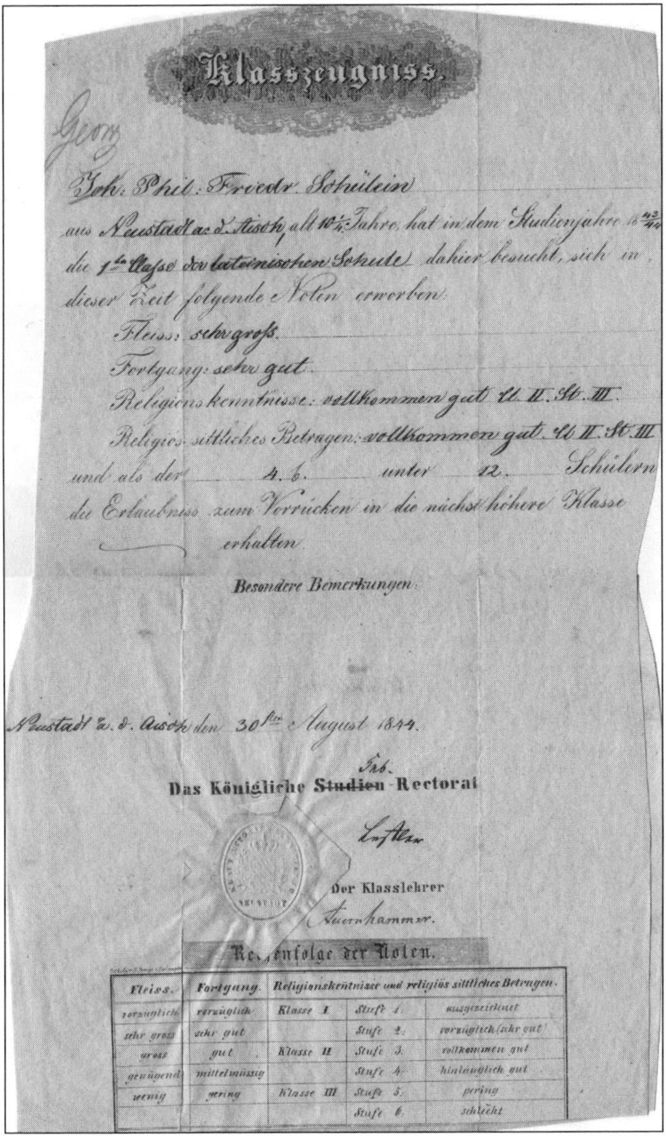

Klasszeugniss.

Georg

Joh. Phil. Friedr. Schülein

aus Neustadt a. d. Aisch, alt 10¼ Jahre, hat in dem Studienjahre 18 43/44 die 1te Klasse der lateinischen Schule dahier besucht, sich in dieser Zeit folgende Noten erworben:

Fleiss: sehr groß.

Fortgang: sehr gut.

Religionskenntnisse: vollkommen gut Cl. II. St. III.

Religiös-sittliches Betragen: vollkommen gut Cl. II. St. III

und als der 4.6. unter 12. Schülern die Erlaubniss zum Vorrücken in die nächst höhere Klasse erhalten.

Besondere Bemerkungen:

Neustadt a. d. Aisch den 30ten August 1844.

Das Königliche ~~Studien~~ Lat.-Rectorat

Der Klasslehrer

Reihenfolge der Noten.

Fleiss.	Fortgang.	Religionskenntnisse und religiös sittliches Betragen.		
vorzüglich	vorzüglich	Klasse I	Stufe 1.	ausgezeichnet
sehr gross	sehr gut		Stufe 2.	vorzüglich (sehr gut)
gross	gut	Klasse II	Stufe 3.	vollkommen gut
genügend	mittelmässig		Stufe 4.	hinlänglich gut
wenig	gering	Klasse III	Stufe 5.	gering
			Stufe 6.	schlecht

図 17：ギムナジウムの学年末通信簿（1844 年）[45]

出典：Schulgeschichtliche Sammlung der Universität Erlangen-Nürnberg（Nr. 2.2.3.1.1）

第3節　学年末・学期末の通信簿

　学年通信簿の内容は、ギムナジウムによってさまざまであった。次に示すギムナジウムの学年末の通信簿の事例では、すべての教科の評点が記載されている（図18 参照）。

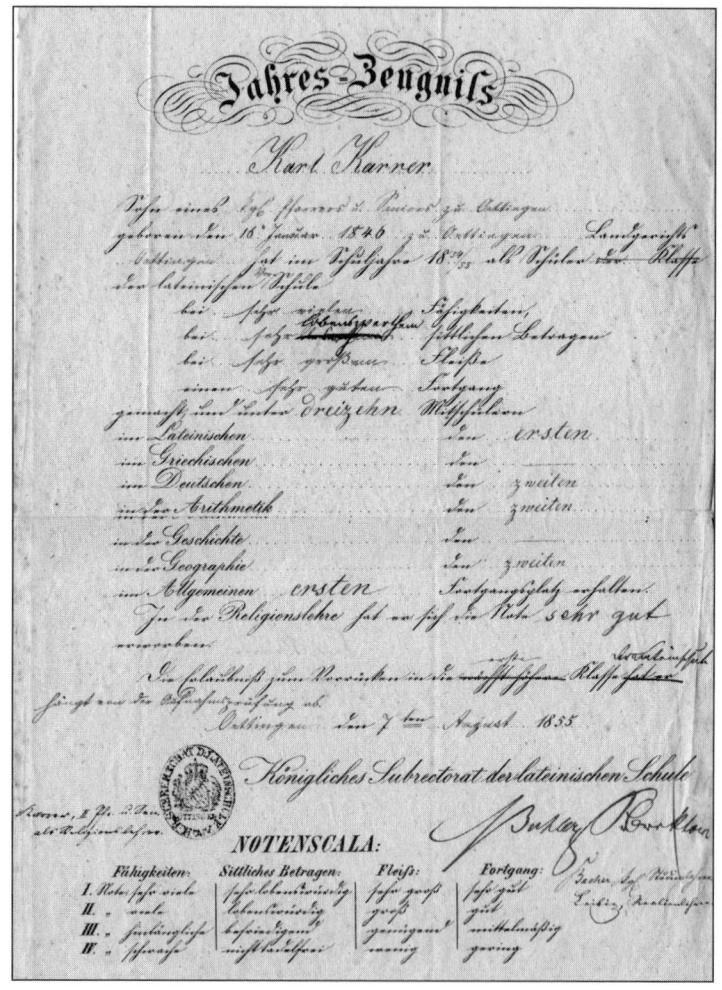

図18：ギムナジウムの学年末通信簿（1855 年）[46]

出典：Schulgeschichtliche Sammlung der Universität Erlangen-Nürnberg（Nr. 2.3.3.1.3）

第3章　通信簿の分化

　1870年頃から次第に、保護者の閲覧を確認するために、保護者が通信簿に署名しなければならなくなった。以下では、学期末の通信簿の事例として、季刊通信簿を示している（図19参照）。

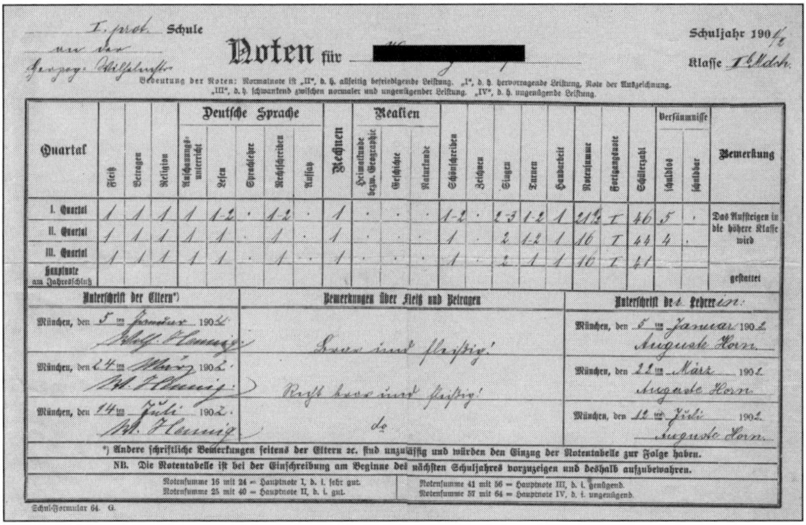

図19：民衆学校の季刊通信簿（1902年）[47]
出典：Schulgeschichtliche Sammlung der Universität Erlangen-Nürnberg（Nr. 2.5.1.5.18）

　学期末の通信簿は、民衆学校のみならず、ギムナジウムや各中等学校においても発行された。以下では、その事例として、まずはギムナジウムの季刊通信簿を提示する（図20参照）。

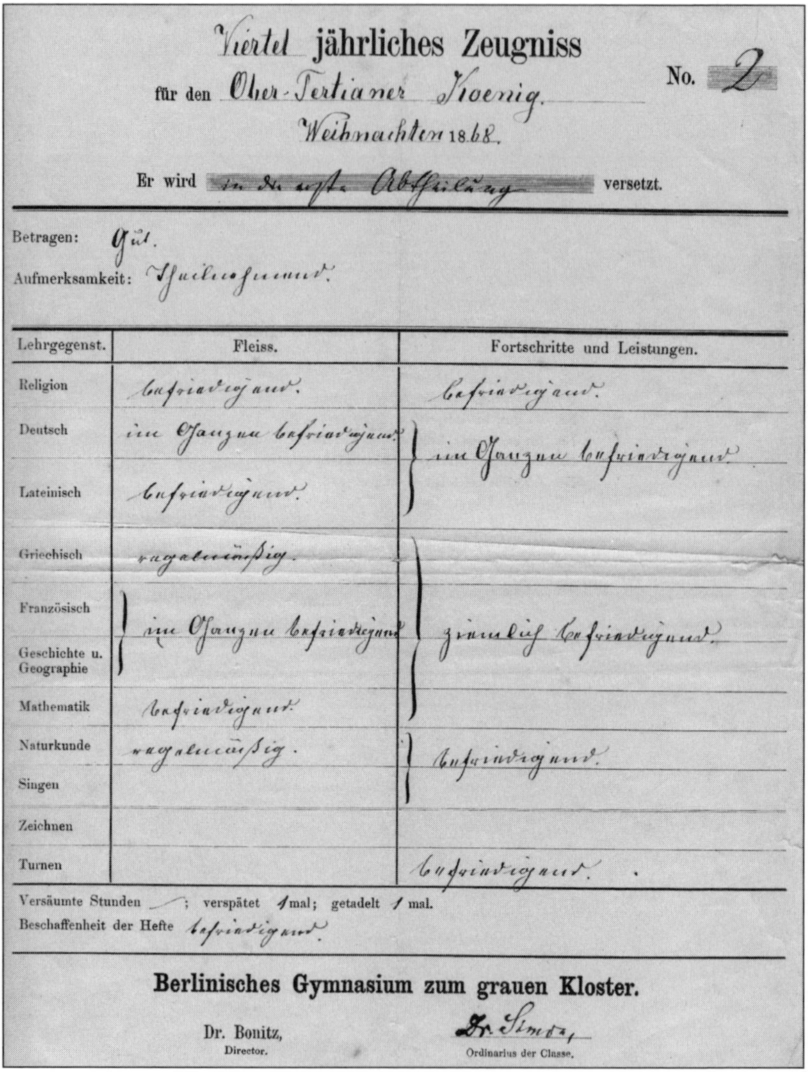

Viertel jährliches Zeugniss No. 2

für den Ober-Tertianer Koenig.

Weihnachten 1868.

Er wird in die erste Abtheilung versetzt.

Betragen: Gut.

Aufmerksamkeit: Theilnehmend.

Lehrgegenst.	Fleiss.	Fortschritte und Leistungen.
Religion	befriedigend.	befriedigend.
Deutsch	im Ganzen befriedigend.	im Ganzen befriedigend.
Lateinisch	befriedigend.	
Griechisch	regelmässig.	
Französisch	im Ganzen befriedigend	ziemlich befriedigend.
Geschichte u. Geographie		
Mathematik	befriedigend.	
Naturkunde	regelmässig.	befriedigend.
Singen		
Zeichnen		
Turnen		befriedigend.

Versäumte Stunden —; verspätet 1 mal; getadelt 1 mal.

Beschaffenheit der Hefte befriedigend.

Berlinisches Gymnasium zum grauen Kloster.

Dr. Bonitz, Director.

Dr. [illegible], Ordinarius der Classe.

図 20：ギムナジウムの季刊通信簿（1868 年）[48]

出典：Schulgeschichtliche Sammlung der Universität Erlangen-Nürnberg（Nr. 2.3.3.1.32）

第 3 章　通信簿の分化

実科学校の学年末・学期末の通信簿の事例として、2 つの例を挙げる。第一に、1891 年の学年末の通信簿である（図 21 参照）。

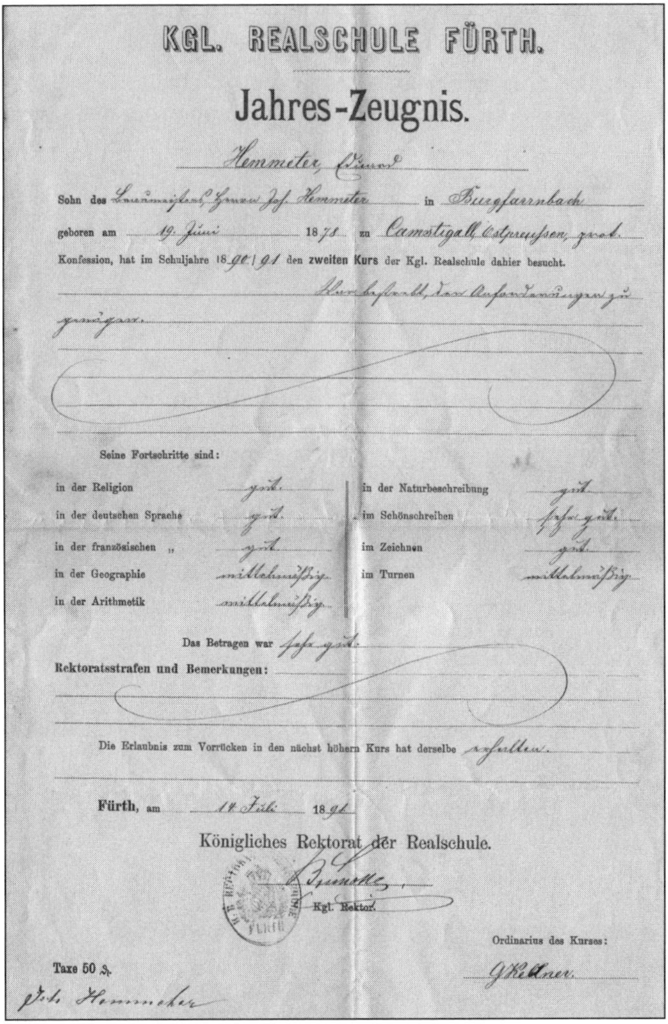

図 21：実科学校の通信簿（1891 年）[49]
出典：Schulgeschichtliche Sammlung der Universität Erlangen-Nürnberg（Nr. 2.4.3.5.9）

学年末の通信簿が修了証明書と類似しているのに対して、次に示す学期末の通信簿は単純化され、簡略化されている（図 22 参照）。

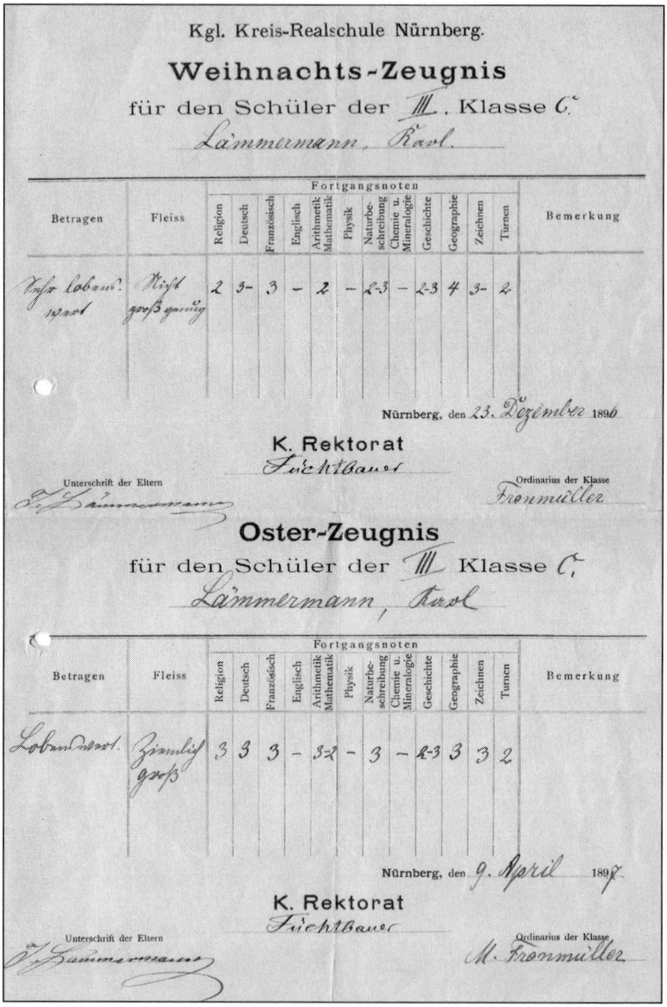

Kgl. Kreis-Realschule Nürnberg.

Weihnachts-Zeugnis

für den Schüler der III. Klasse C.

Lämmermann, Karl.

Betragen	Fleiss	Fortgangsnoten: Religion	Deutsch	Französisch	Englisch	Arithmetik Mathematik	Physik	Naturbeschreibung	Chemie u. Mineralogie	Geschichte	Geographie	Zeichnen	Turnen	Bemerkung
Sehr lobenswert	Nicht groß genug	2	3-	3	–	2	–	2-3	–	2-3	4	3-	2	

Nürnberg, den 23. Dezember 1896

K. Rektorat

Füchtbauer

Unterschrift der Eltern: Lämmermann

Ordinarius der Klasse: Fronmüller

Oster-Zeugnis

für den Schüler der III Klasse C.

Lämmermann, Karl

Betragen	Fleiss	Fortgangsnoten: Religion	Deutsch	Französisch	Englisch	Arithmetik Mathematik	Physik	Naturbeschreibung	Chemie u. Mineralogie	Geschichte	Geographie	Zeichnen	Turnen	Bemerkung
Lobenswert	Ziemlich groß	3	3	3	–	3-2	–	3	–	2-3	3	3	2	

Nürnberg, den 9. April 1897

K. Rektorat

Füchtbauer

Unterschrift der Eltern: Lämmermann

Ordinarius der Klasse: M. Fronmüller

図 22：実科学校のクリスマス通信簿・イースター通信簿（1896/97 年）[50]

出典：Schulgeschichtliche Sammlung der Universität Erlangen-Nürnberg（Nr. 2.4.3.4.5）

第３章　通信簿の分化

　また、次に示す女子中等学校の通信簿の事例では、各学期の評点がひとつの表の中にまとめて記入され、それは学年末の通信簿としても使うことができるようになっている（図23参照）。

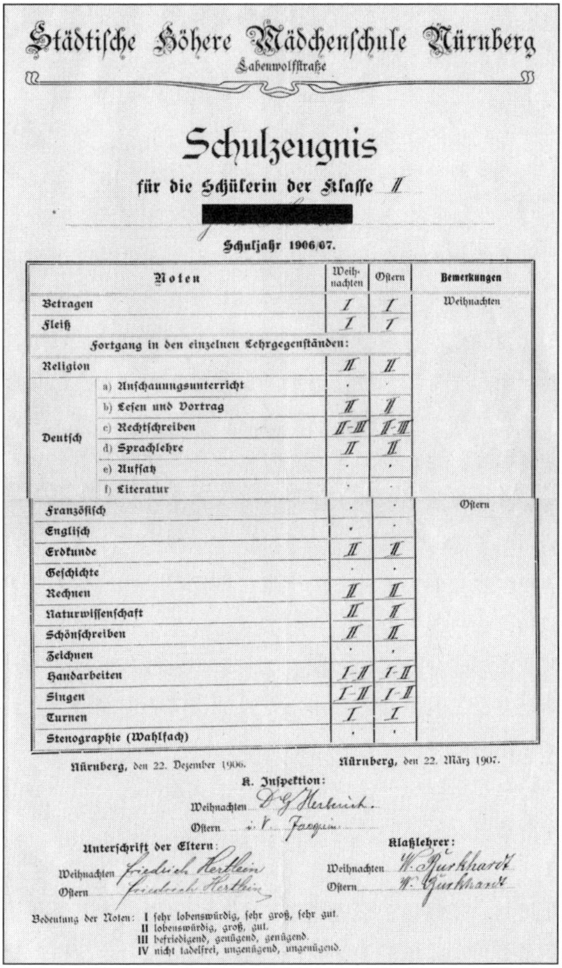

図23：女子中等学校の学期末・学年末通信簿（1906/07年）[51]
出典：Schulgeschichtliche Sammlung der Universität Erlangen-Nürnberg（Nr. 2.4.3.3.2）

93

第4節　機能分析

　本章では、1858年から1938年までの通信簿の展開過程を示してきた。この時代の初期には、「一年(志願兵のための)修了制度(Einjährigen Abschlüsse)」の導入とともに進行した中等教育修了資格の成立が特徴的であった。この時代の末期には、国家社会主義の政権が成立した。この時代には、すでに定着した就学義務が安定することによって、教育制度が大きく拡大していった。また、この時代の政治的な変化にも注目すべきである。プロイセンおよびパプスブルクとのドイツ二権分立政治の終焉によって、1871年に皇帝ヴィルヘルムⅠ世およびビスマルク宰相とともにドイツ帝国が成立した。国民国家の成立によって、各領邦の教育制度は以前よりもさらに強く国家の影響を受けるようになった。1919年にはワイマール憲法が公布され、ドイツは民主主義国家となった。産業化が進み、行政の業務や学術が高度になるに伴って、それぞれに必要な能力を身につけた労働力が求められるようになった。市民階級が増大し、また女性が社会的に解放されることによって、さらなる国民集団が教育制度に巻き込まれていった。ワイマール憲法とともに、裕福な家庭の子どもたちが直接ギムナジウムに進学できるような階級的な学校制度が変革された。それは、成績に準拠した学校制度を確立するためである。まさに、その新しい学校制度において社会的出自に関係なくすべての子どもに共通する基礎学校が教育の基盤となり、さらに成績に基づいて進学できる各種の分化した学校制度が形成されていった。これらの学校制度は、それぞれの段階での要求を満たさなければならなかった。通信簿の展開は、これらの社会的な要求を反映したものであった。

　通信簿のさらなる分化は、まずはこうした文脈において一般的に確認されるべきものである。

　事実的次元においては、中堅の職業につくことができる修了資格（当初は行政職）を与える新たな種類の学校が発達した。この学校は、中等教育から発達し、当初は通信簿に関しては、もっぱら第2章で触れたような成熟証明書（アビトゥア成績証明書）と大学入学資格との組み合わせに対応する形で

発達した。(この学校の通信簿に関して言えば)、ギムナジウムと比べても比較的短い中等教育によって、いまやそれは、行政や軍隊に接続する教育の修了資格となった。その契機は、公的行政において専門的能力が必要とされるようになったことである。これらの修了資格制度の発達と並行して、通信簿は資格を証明し、生徒に関する情報を伝達する修了証明書として発行されるのみならず、学年末や月末、季節末、学期末においても発行されるようになった。その限りにおいて、生徒の保護者(**心的システム**)に対するフィードバックのための通信簿は、学習の進歩を記録するという機能を持たねばならなかった。ただし、この機能は当初、まだ学校種の間で異なるものであった。中等学校における学年末・学期末の通信簿が、ほとんどの場合は卒業時の修了試験に対する不安から、自分の子どもの成績状況に関するフィードバックを期待した(場合によっては閲覧料金を支払った)保護者の要望で導入されるようになったのに対して、初等学校では、通信簿がまずは就学義務履行のチェック装置として理解された。通信簿は、その後ゆっくりと初等教育制度においても児童の成績を継続的にフィードバックする機能を果たすようになった。このことは、民衆学校における特定の成績がさらなる資格をもたらすのではなく、学校に通ったという事実のみが(結婚の可能性や土地を獲得することによって)社会への接続を可能にすることと関連している。しかし、この場合には、次のことにも気をつける必要がある。すなわちシステムが、まずはまだ月刊や季刊の通信簿とともに営まれたが、生徒数が多くなり、また正式なフィードバックとしての通信簿をめぐる教師の負担(それと関連する公文書としての行政的出費)が増大するにつれて、比較的素早くその効率性が見直され、この時代には次第に半年ごとのフィードバックに落ち着いたということである。さらに、半期の通信簿は一覧表として、学習を総括するほどには形成されなかった。半期の通信簿は、評点づけの合理性に、そして通信簿によって与えられる資格の正当化に影響を与えたのである。

この文脈において、さらに分化が見られるのは、女子中等学校での通信簿である。このことはまず、それが男子中等学校に対する社会的期待とは内容的に異なるという点で、女性の生活をめぐる社会的期待を反映している。刺繍、裁縫、家政的知識のような女性に典型的だと思い込まれた能力は、通信

第4節　機能分析

簿の重要項目によって社会的期待として標準化されるとともに、学問的知識や自然科学の知識の習得状況に関する評価は、女子に対する通信簿では、それほど大きな意味を持たなかった。こうした傾向は、ワイマール憲法において女性が同権化されることによって初めて変化していった。中等学校の通信簿の内容が完全に男女平等になったのは、バイエルンでは1980年代末になってからであり、それは女子に対する手芸の必修授業が、男女同権化をめぐっての裁判によって廃止されることによって達成された。

　さらに、通信簿の分化によって、**授業**や**学校組織**がますます統一されるようになった。通信簿に関して、各学校間の通信簿の受け取りのための条件が少なくとも類似していれば、同等の資格が与えられるようになった。本章で扱った時代で言えば、中等教育修了証明書に付与される資格の規準が統一された。また学年末の通信簿の成績が不十分であれば、その学年を再履修しなければならなくなったことによって、学習教材が事実上合理的に配列されるに至った。次に学習する事項は、その前に提示された学習事項を学んで初めて学習できるようになったのである。

　社会的には、通信簿は資格制度への参入を可能にした。中等教育修了資格証明書が導入された当時の支配的な機能は、行政や軍隊における資格付与であった。しかし、ここでも時間の経過とともに、通信簿制度が社会の発達と密接に関わるようになったことがわかる。女子中等学校はまず、通信簿を発行しても、資格を付与する権限を持たなかった。このことは、ワイマール憲法によって女性の大学入学が一般的に認められ、女性が正式に同権化されるようになって初めて可能となったのである。

　時間的次元においては、中等教育修了資格証明書や女子中等学校の通信簿および学年末・学期末の通信簿が導入されることによって、学習期間が統一された。それ以前の時代においても、学年末の通信簿の存在は確認できるが、それはほとんどの場合、生徒の要望に基づくものであり、他の都市へ転校する際に用いられた。しかし、いまや通信簿とともに、ある特定の学習進度が特定の時間的コストと結びつき、すべての生徒に対して拘束力を持つようになった。

第 3 章　通信簿の分化

　それに伴い、生徒（**心的システム**）にとっては、修了に関する学習努力だけではなく、学校に対する継続的な期待が明確となった。就学期間に応じた中等学校の分化、すなわちギムナジウムが「一年（志願兵制度に伴って出現した中等学校）」と区別される中で、就学期間がさまざまな事実的要求と結びつけられた。女子中等学校においても、やや時間的な遅れがあったが、そのようなフィードバックシステムが発達した。このことは、教授法的規準（**授業**）や**学校組織**に関しても適切に反映されている[52]。このような展開の中で、当初の時間的希少性は、その問題解決の中で明確となった。すなわち人口の増大や産業化に直面して、多くの労働力が求められるようになった。必要な能力を適切に身につけた若者たちを労働市場に供給するために、学校は重要な装置であった。労働力不足という状況に直面して、学年末・学期末の通信簿および中等教育修了資格証明書の定着は、重要な意味を持つようになった。その後、世界的な経済危機とともに、この文脈は意味を失い、通信簿の時間的規定との結びつきは、（ワイマール共和国における就学義務の 8 年制から 9 年制への延長との関連の中で）、過剰供給された労働市場に対して、人間が極度に早い段階で社会に出ないように保護している状態として理解できる。

　社会的次元においては、通信簿は社会関係のありうる複雑性を縮減する機能を持った。能力主義社会において、人間は確かに自らの身分的階層から解放されたが、すべての境遇（職業）に意のままに移行できるわけではない。中等修了資格の成立は、成熟証明書（アビトゥア成績証明書）の導入（第 2 章の第 1 節を参照）と共通して、社会関係の縮減における重要な変化を示している。すなわち身分に対して個人の成績が踏み込んでいったのである。行政職や（将校としての）軍隊への就職がそれまでは家庭的な背景（社会的身分）と結びついていたが、いまやこれが（その場合、PISA 調査結果に見られるように、成績と家庭的背景がこれまでドイツにおいて緊張関係を保ってきたということが確認されなければならないが）、個人の成績の問題となった。中等教育修了資格証明書は、生徒（**心的システム**）に対して軍隊や中堅行政職への就職を可能にした。中等学校の通信簿と具体的な資格が結びつけられ、ここでは男子は女子と比べて明確に優遇されている一方で、民衆学校の通信

第4節　機能分析

簿は長期にわたって、よりよく定着しつつある一般的な社会的機能（例えば、結婚の許可）と結びつき、依然として就学義務の履行をチェックするための道具であった（第2章第2節参照）。ただし、若い女性に対しては、通信簿のこの機能がワイマール憲法とともに初めて（多くの領邦ではその数年前から）威力を発揮した。それ以後、女性たちも（出自や婚姻に基づいてではなく）自らの成績に基づいて、自らの身分的階層から解放されたのである。

　学年末・学期末の通信簿の導入は、さらに人間のフィードバックに対する欲求（**心的システム**）を示している。修了証明書が長期間の学習行動の収支決算を行うのに対して、学年末・学期末の通信簿は学習行動に関する素早いフィードバックと詳細な展望を与えている。これらの通信簿は、児童生徒に方向づけを促し、動機づけや失望の契機を与えることになる。場合によっては、システムが主に進級不可という制裁を与える[53]。

　学年末・学期末の通信簿が定着するに伴って、要求水準の統一化がますます進み、それが次第に**組織**内（学級や学校）での比較を強力なものにしていった。このことに関する研究は存在しないが、学校による生徒の心理的負担が全体的に 19 世紀末に増大したということが想像されうる。**社会**的には、中等教育修了資格証明書や女子中等学校の通信簿の導入が、大規模にわたる個人の社会的解放および社会の適切な分化と並行して進んでいったのである。

注

[1] Schneider 1989, S. 24; Dohse 1963, S. 20 参照。
[2] Ziegenspeck 1999, S. 72; Schneider 1989, S. 24; Dohse 1963, S. 20 参照。
[3] 当時のドイツの位置については、付録1の地図を参照せよ。
[4] Dohse 1963, S. 21 参照。
[5] Dohse 1963, S. 22 参照。
[6] Dohse 1963, S. 21-22 参照。
[7] この証明書には、次のように書かれている。「一年志願兵のための学問的能力に関する証明書。（氏名：情報保護のため匿名化）は、1886 年 9 月 21 日、中央フランケン・シュタインハート生まれ、プロテスタント教、中央フランケン・グンツェンハウゼン管区シュタインハートの日雇い労働者ベーラー家の息子であり、当地の学校に就学した。彼は、すべての教科の授業に出席した。1. 出席状況および行儀よさ：非常に満足

第 3 章　通信簿の分化

できる (Sehr befriedigend)、2. 注意力および勤勉さ：非常に満足できる、3. 身につけた知識量：非常に多い (Sehr viele)。アルトドルフ、1904 年 7 月 14 日。王国教員養成所長（証印）プッツ」。

[8]　この証明書には、次のように書かれている。「一年志願兵のための学術的能力に関する証明書。(氏名：情報保護のため匿名化) は、1901 年 2 月 15 日、バイエルン王国中央フランケン・エルランゲン生まれ、プロテスタント信仰、商人の息子であり、当地の学校に第 1 学年から在籍し、第 6 学年に 1 年間ほど就学した。彼は、就学した学年におけるすべての教科の授業に出席した。1. 出席状況および行儀よさ：定期的に出席し (regelmäßig)、非常によい (sehr gut)、2. 注意力および勤勉さ：大きい、3. 身につけた知識量：よい (Gut)。彼は 1916/17 年度の終わりに、規定に基づく第 6 学年用の成熟試験に合格した。エルランゲン、1917 年 7 月 14 日。王国実科学校および教職員団、A・レーマン：学校長（証印）、Dr. D. : 学年主任」。

[9]　この証明書には、次のように書かれている。「S. 第 288 号、一年志願兵のための学術的能力に関する証明書。(氏名：情報保護のため匿名化)、1902 年 12 月 27 日プロイセン・デュッセルドルフ生まれ、異教徒。プロイセン・デュッセルドルフ行政官の息子、彼は当地の学校に第 7 学年から在籍し、第 10 学年に 1 年間ほど就学した。彼は、就学した学年におけるすべての教科の授業に出席した。1. 出席状況：定期的、行儀よさ：非常によい、2. 注意力および勤勉さ：よい、3. 身につけた知識量：彼は第 10 学年をよい成績で終えた。彼は (…) を免除された。デュッセルドルフ、1919 年 4 月 3 日。デュッセルドルフ・レーテル通りのルーデンドルフ学校（実科学校附設の都市実科ギムナジウム）校長および教職員団。マーベルク：学校長、ファルク教授。(註…)。原本無料。複製 50 ペニヒ」。

[10]　Dohse 1963, S. 22-23 参照。

[11]　Ziegenspeck 1999, S. 72; Schneider 1989, S. 24; Dohse 1963, S. 23 参照。

[12]　オーバーゼクンダ (Obersekunda) とは、今日のドイツにおける第 11 学年、中等段階での第 7 学年に相当する。

[13]　1920 年 2 月 24～25 日の帝国文教委員会決議。Dohse 1963, S. 24 参照。

[14]　Dohse 1963, S. 23 参照。

[15]　Dohse 1963, S. 24-26 参照。

[16]　Dohse 1963; 26-27; Lundgreen 1981, S. 54 参照。

[17]　Protokoll der Sitzung – III 13, 210 (Oberschulbehörde, Akte 624b, Band IV, Blatt 288 ff.)、Dohse 1963, S. 27 参照。

[18]　Ziegenspeck 1999, S. 72; Schneider 1989, S. 24; Dohse 1963; 26-27 参照。

[19]　Ziegenspeck 1999, S. 72; Dohse 1963, S. 27 参照。このことについては、第 4 章の第 1 節でさらに詳しく述べることにする。

[20]　ドイツの国家社会主義体制は、すでに 1933 年より始まっているが、中等学校への国家社会主義支配の影響力が通信簿の発行に対して見られるようになるのは、1938 年以降のことであるため、この事例は本章で扱うべきものである。

[21]　この証明書には、次のように書かれている。「オルデンブルク男子中等学校。通信簿（中等教育修了資格証明書）、(氏名：情報保護のため匿名化) は、1920 年 6 月 20

注

日オルデンブルク生まれ、金融職の息子であり、進学資格を持つ男子中等学校に 1931 年のイースターから 1937 年のイースターまで在学した。1937 年 3 月 16 日の教職員会議の決議により、彼が中等学校の目的を達成したことを、ここに証明する。一般的評価：アドルフは身体訓練のとき非常に熱心であった。彼は非常に行儀がよく、勤勉で誠実であり、活発な参加という面で非常に優れている。成績はよい。各教科の成績は、宗教：－、ドイツ語：よい、英語：よい、数学：よい、地学：よい、歴史：非常によい、理科：よい、生活科：よい、書き方（Handschrift）：よい、速記（Kurzschrift）：よい、図画：十分、音楽：非常によい、身体訓練：非常によい、工作：－。特記事項：－。オルデンブルク、1937 年 3 月 22 日。学校長：（署名）、学級担任：（署名）」。

22 Herritz/Hopf/Titze 2001; Schneider 1988 参照。
23 Herritz/Hopf/Titze 2001, S. 93, 105 参照。
24 Herritz/Hopf/Titze 2001, S. 91; Schneider 1988, S. 19 参照。
25 Herritz/Hopf/Titze 2001, S. 91 参照。
26 Schneider 1988, S. 20 参照。
27 Schneider 1988, S. 22 参照。
28 Herritz/Hopf/Titze 2001, S. 97 参照。
29 Herritz/Hopf/Titze 2001, S. 99-103 参照。
30 Kraul 1991, S. 289 参照。
31 Herritz/Hopf/Titze 2001, S. 105; Schneider 1988, S. 23 参照。
32 この通信簿には、次のように書かれている。「第 454 号、ポートの女子学校、通信簿、ゲベル・マリア。銀行員の娘、1879 年 8 月 27 日生まれ。（彼女は）ここに 1888 年 10 月から 1895 年のイースターまで、第 3～8 学年に在学し、非常に勤勉で、態度も非常に賞賛に値し、本当に十分な進歩を遂げた。ここに、彼女に対して、さらなる人生のために最高の祝福の言葉を表明する。ニュルンベルク、1895 年 5 月 7 日。（証印）王国視学官ハインレイ。税金 50 ペニヒ」。
33 この通信簿は、転校するときに発行されたものであり、それゆえ次のような内容となっている。「バンベルク女子中等学校。通信簿（転校のための通信簿）。（氏名：情報保護のため匿名化）、プレヒの牧師ユリウス・グロスマンの娘、1892 年 5 月 24 日アウフゼス生まれ、プロテスタント信仰。（彼女は）バンベルク女子中等学校（法人学校）に、1900 年 9 月から 1901 年 7 月まで第 3 学年に、1901 年 9 月から 1902 年 7 月まで第 4 学年に、1902 年 9 月から 1903 年 7 月まで第 5 学年に、1903 年 9 月から 1904 年 7 月まで第 6 学年に、生徒として在学し、次のような評点を獲得した。勤勉さ：評定Ⅰ（非常に大きい）、行儀よさ：評定Ⅰ（非常に賞賛に値する）、注意力：評定Ⅰ（非常に大きい）、整理整頓（Ordnung）：評定Ⅰ（非常によい）。彼女の各教科の成績は次の通りである。宗教：評定Ⅰ（非常によい）、ドイツ語：a）作文：評定Ⅰ－Ⅱ（非常によいとよいの間）、b）読む力・発表する力：評定Ⅱ－Ⅰ（よいと非常によいの間）、c）正書法：評定Ⅱ－Ⅲ（よいと十分の間）、および語法（Sprachlehre）：評定Ⅱ－Ⅰ（よいと非常によいの間）、d）文学史：－、フランス語：評定Ⅰ－Ⅱ（非常によいとよいの間）、英語：－、計算力：評定Ⅰ－Ⅱ（非常によいとよいの間）、歴史：評定Ⅰ－Ⅱ（非常によいとよいの間）、地理：評定Ⅰ－Ⅱ（非常によいとよいの間）、自然科学：評定Ⅰ（非常によい）、清書（Schönschreiben）：Ⅱ－Ⅰ（よいと非常によいの間）、図画：

評定Ⅰ－Ⅱ（非常によいとよいの間）、女性的手芸：評定Ⅰ（非常によい）、歌唱：評定Ⅱ（よい）、体育（Turnen）：評定Ⅱ－Ⅰ（よいと非常によいの間）、美術史：－、速記：－、一般的な進度の評定：Ⅰ－Ⅱ（非常によいとよいの間）。註：この生徒は、彼女の祖母である司法委員プリューゲル氏の転居のため、この学校を離れミュンヘンに移る。彼女は転居先の市立女子中等学校へ転校する。ここで示す通り、これは自分の意思によって転向する際に、要望に応じて発行されたものである。バンベルク、1904年7月12日。王国女子中等学校視学官：レーバー、教師：E・ターフェル」。

34 この通信簿には、次のように書かれている。「マンハイム実科学校附設女子中等学校。通信簿。(氏名：情報保護のため匿名化)、1893年11月15日コンスタンツ生まれ。執行官の娘。(彼女は)本校に1903年9月11日から1908年4月11日まで第7～3学年（現在の第5～10学年に相当）まで在学した。最近で言えば、彼女は（3学期中の）2学期の授業では几帳面な生徒として、次のような評点を獲得した。行儀よさ：よい、勤勉さおよび注意力：よい、学業成績：ほぼよい（Ziemlich gut）。註：－。マンハイム、1908年4月11日。大公国学校長：J・ハネス。学年委員長：ジャキ博士。評点尺度：a. 行儀よさ：1＝よい、2＝完全には満足できない、3＝非難すべき。b. 勤勉さおよび注意力：1＝非常によい、2＝よい、3＝ほぼよい、4＝欠陥のある、5＝不十分な。c. 学業成績：1＝非常によい、2＝よい、3＝ほぼよい、4＝十分な（hinlänglich）、5＝不十分な、6＝まったく不十分な」。

35 この証明書（表面）には、次のように書かれている。「市立女子実科ギムナジウム附設女子高等学校(学校所在地)ニュルンベルク。1925/26年度。修了証明書（複写版）。(氏名：情報保護のため匿名化)。ニュルンベルクで鉄道管理職に就く父の娘、所轄地区(…)、1910年1月28日ニュルンベルク生まれ、プロテスタント教、1920年9月よりニュルンベルクの市立女子高等学校に在学し、第6学年の生徒として1925/26年の修了時に試験を受け、この試験に合格した。この生徒は、しっかりしており個性的である。授業に対して活発的に参加し、非常に勤勉であったため、優秀な成績を修めた」。

36 この証明書（裏面）には、次のように書かれている。「生徒の成績は、修了試験および学期中のテストに基づいて次のように評価されている。宗教科：卓越した（hervorragend）、ドイツ語：賞賛に値する（lobenswert）、歴史：卓越した、英語：賞賛に値する、フランス語：賞賛に値する、算術および数学：満足できる（befriedigend）、地学：卓越した、自然科学：卓越した、物理：賞賛に値する、化学：卓越した、図画：卓越した、手芸：卓越した、体育：卓越した、書き方：賞賛に値する。さらに（氏名：情報保護のため匿名化）は、歌唱の授業中に、卓越した能力を、速記の授業中には賞賛に値する成績を修めた。ニュルンベルク、1926年3月25日。試験官（…）、学校長（署名）。再発行の証明：ニュルンベルク、1943年10月21日。（証印・署名）」。

37 Dohse 1963, S. 31 参照。

38 Schneider 1989, S. 16; Dohse 1963, S. 31-32; 第1章第2節参照。

39 Schulgesetz vom 25. Juni 1798 in Wismar、Dohse 1963, S. 34 参照。

40 Dohse 1963, S. 32-33 参照。

41 Dohse 1963, S. 35 参照。

42 Schneider 1989, S. 16 参照。

43 Disziplinarordnung für die höheren Schulen in der Provinz Westfalen vom 24. April 1835,

注

§12、Dohse 1963, S. 35 参照。
[44] Dohse 1963, S. 33 参照。
[45] この通信簿には、次のように書かれている。「学年通信簿。ゲオルグ・フィル・シューライン、ノイシュタット・アイシュ、10歳3ヶ月は、1843/44年度にラテン語学校の第1学年に在学し、この年に次のような評点を獲得した。勤勉さ：非常に大きい。学習進度：非常によい。宗教的知識：完璧によい（Ⅱ級Ⅲ等）。宗教・道徳的態度：完璧によい（Ⅱ級Ⅲ等）。12名の生徒のうちの第4位として、次の学年への進級許可を得た。特記事項：―。ノイシュタット・アイシュ、1844年8月30日。王国副校長：レスター（署名）。(証印) 学級担任：アウアンハンマー（署名）。評点尺度：勤勉さ：非常に優れた（vorzüglich）―非常に大きい（sehr groß）―十分（genügend）―少ない。学習進度：非常に優れた（vorzüglich）―非常に大きい（sehr gut）―よい（gut）―わずかな（gering）。宗教的知識および宗教・道徳的態度：Ⅰ級1等：優秀な（ausgezeichnet）、Ⅰ級2等：非常に優れた（vorzüglich）、Ⅱ級3等：完璧によい（vollkommen gut）、Ⅱ級4等：十分よい（hinlänglich gut）、Ⅲ級5等：わずかな（gering）、Ⅲ級6等：悪い（schlecht）」。
[46] この通信簿には、次のように書かれている。「学年末通信簿。カール・カラー、王国エッティンゲン司祭の息子、1846年1月16日エッティンゲン生まれ、エッティンゲンの領邦裁判所、(彼は) 1854/55年度において、ラテン語準備学校の生徒として、非常に多くの能力を持ち、非常に賞賛すべき道徳的態度を示し、非常に勤勉に、学習では非常に大きな進歩を遂げ、13名の生徒のうち、ラテン語が第1位、(ギリシャ語…)、ドイツ語が第2位、(歴史…)、地理が第2位、総合的には第1位を獲得した。宗教科では、非常によい（sehr gut）という評点を得た。次の学年への進級許可は、試験の結果次第である。エッティンゲン、1855年8月7日。(証印) 王国ラテン語学校副校長：(署名)。評点尺度：能力：評点Ⅰ―非常に多い、評点Ⅱ―多い、評点Ⅲ―十分な、評点Ⅳ―非常に少ない。道徳的態度：評点Ⅰ―非常に賞賛すべき、評点Ⅱ―賞賛すべき、評点Ⅲ―満足できる、評点Ⅳ―申し分なくはない（nicht tadelfrei）。勤勉さ：評点Ⅰ―非常に大きい、評点Ⅱ―大きい、評点Ⅲ―十分な、評点Ⅳ―少ない。学習進度：評点Ⅰ―非常によい、評点Ⅱ―よい、評点Ⅲ―中程度の、評点Ⅳ―わずかな」。
[47] この通信簿の上部には、次のように書かれている。「Ⅰ、ヴィルヘルム公爵通りのプロテスタント系学校。(氏名：情報保護のため匿名化) のデータ、1991/02年度、第Ⅱb学年女子。評点の意味：並の評点は「Ⅱ」(満足できる成績) であり、「Ⅰ」(卓越した成績) は栄誉ある評点である。「Ⅲ」は、普通の成績と不十分な成績の間である。「Ⅳ」は、不十分な成績である」。通信簿には、次の項目に関する評点が季節ごとに (年4度) 与えられた。「勤勉さ、行儀よさ、宗教、ドイツ語 (実見教育、読み、語法、正書法、作文)、計算、風物 (郷土科または地理、歴史、自然科学)、清書、図画、歌唱、手芸」。そして、「評点の合計、学習進度に関する評点、欠席日数 (事情あり、無断)、注釈」が記入された。通信簿の中段には、「親の署名、勤勉さおよび行儀よさに関する注釈、教師の署名」が示されている。ここでは勤勉さおよび行儀よさに関する注釈として、それぞれ「行儀がよく勤勉な、本当に行儀がよく勤勉な、同上」と書いてある。通信簿の下部には、次のように書かれている。「保護者の側からのコメントは認めがたく、これが結果となる。この用紙は、次の学期の最初までに保護者の署名を記入し、大切に保管しなければならない。評点合計 16～24 点＝評点Ⅰ (非常によい)、評点合計 25～40 点＝評点Ⅱ (よい)、評点合計 41～56 点＝評点Ⅲ (十分)、評点合計 57～64

点＝評点Ⅳ（不十分）」。

[48] この通信簿には、次のように書かれている。「高等テルチアナ（ギムナジウム第 8 学年生）の季刊通信簿。ケーニッヒ。第 2 号。1868 年クリスマス。彼は第 1 科に進級する。行儀よさ：よい。注意力：参加している。宗教：（勤勉さ：満足できる、学習進度および成績：満足できる）、ドイツ語：（勤勉さ：全体的に満足できる、学習進度および成績：全体的に満足できる）、ラテン語：（勤勉さ：満足できる、学習進度および成績：全体的に満足できる）、ギリシア語：（勤勉さ：定期的な、学習進度および成績：かなり満足できる）、フランス語：（勤勉さ：全体的に満足できる、学習進度および成績：かなり満足できる）、歴史および地理：（勤勉さ：全体的に満足できる、学習進度および成績：かなり満足できる）、数学：（勤勉さ：満足できる、学習進度および成績：かなり満足できる）、自然科学：（勤勉さ：定期的な、学習進度および成績：満足できる）、歌唱：（勤勉さ：－、学習進度および成績：満足できる）、図画：－、体育：（勤勉さ：－、学習進度および成績：満足できる）。欠席時数：－、遅刻 1 回、叱責 1 回。学習ノートの状態：満足できる。ベルリンのグレー修道院ギムナジウム。ボニッツ博士：校長、シモン博士（署名）：学級担任」。なお、この通信簿の裏面には、次のように書かれている。「一般的な通信簿の番号：No. 1＝非常に優れた、No. 2a＝よい、満足できる、No. 2＝全体的に満足できる、かなり満足できる、No. 2b＝少し満足できる、中程度の、No. 3＝満足できない、不十分な」。

[49] この通信簿には、次のように書かれている。「王国フュルト実科学校。学年末通信簿。ヘメター・エドゥアード。ブルクファンバッハのビール醸造職人ヨハン・エドゥアードの息子、1878 年 6 月 19 日東プロイセン・カムスティガル生まれ、プロテスタント信仰、（彼は）1890/91 年度に、王国実科学校の第 2 コースに在学した。彼は要求水準を満たそうと努力した。彼の学習進度は、宗教：よい、ドイツ語：よい、フランス語：よい、地理：中程度の、算数：中程度の、自然科学：よい、清書：非常によい、図画：よい、体育：中程度の成績であった。行儀よさは、非常によい。校長による罰則および注釈：－。彼は次の学年への進級許可を獲得した。フュルト、1891 年 7 月 14 日。王国実科学校長：校長（署名）、税金 50 ペニヒ。ヨハン・ヘメター（署名）、コース長：（署名）」。

[50] クリスマス通信簿（上段）には、次のように書かれている。「王国ニュルンベルク実科学校。第 3 学年の生徒 C・レンマーマン・カールに対するクリスマス通信簿。行儀よさ：非常に賞賛に値する、勤勉さ：十分に大きくはない」。学習進度として、「宗教、ドイツ語、フランス語、算術／数学、物理、自然科学、化学および鉱物学、歴史、地理、図画、体育」の評点が記載されている。また、イースター通信簿（下段）には、次のように書かれている。「第 3 学年の生徒 C・レンマーマン・カールに対するイースター通信簿。行儀よさ：賞賛に値する、勤勉さ：かなり大きい」。さらに、通信簿の下部には、場所および発行日、学校長、保護者、学級担任の署名が示されている。

[51] この通信簿の頭部には、次のように書かれている。「マリー・ゲーベル、ニュルンベルク・ポート女子中等学校第 3 学年 B 組の生徒に対する 1888/89 年度の通信簿」。この通信簿は、2 学期制における通信簿であり、そこには両学期における教科の評点および注釈が書かれている。教科の評点としては、「宗教、聖書の歴史、記憶力訓練、ドイツ語、読解力、正書法、暗算、筆算、地理、自然史、清書、歌唱、女性の仕事、体育、勤勉さおよび注意力、行儀よさ」に関する評点が見られる。通信簿の下部には、視学

注

官、教師、保護者の署名が記されている。評点の意味は、「Ⅰ＝非常によい、Ⅱ＝よい、Ⅲ＝中程度の、Ⅳ＝わずかな」である。
[52] この点について、ここでは若干触れるだけにして、後に詳しく述べることにする。具体的には、終章における考察を参照せよ。
[53] ここでは、フィードバックの道具としての学年末・学期末の通信簿の導入が、20世紀になってもまだ非常に厳しかった体罰の軽減にどの程度まで寄与したのかという研究は、いまだに行われていないことを指摘しておかなければならない。

第4章　独裁国家における通信簿（1938〜1990年）

　ドイツは、これまで近代史において2つの独裁主義的国家形態を経験した。ひとつは国家社会主義（Nationalsozialismus：1933〜45年）であり、もうひとつはドイツ民主共和国（Deutsche Demokratische Republik：1949〜90年）である。

　国家社会主義という指導的国家においては、国家社会主義労働党（NSDAP：Nationalsozialistischen Deutschen Arbeiterpartei）の影響のもと、帝国学術教育国民陶冶省（Reichsministerium für Wissenschaft, Erziehung und Volksbildung）の設置によって、教育制度が中央集権的に管理統制された。第二次世界大戦後には、東ドイツがドイツ民主共和国として、ドイツ社会主義統一党（Sozialistische Einheitspartei Deutschlands）の独裁的な政権のもとに成立した。この時代は、教育制度が中央集権的に管理され、教育問題が侯国や州の管轄ではないドイツ史上唯一の時期である。この時代における通信簿は、国家社会主義または東ドイツ社会主義の各イデオロギーによって強く影響を受けた。

　本章では、まず国家社会主義における通信簿の展開を取り上げ、次いで旧東ドイツの通信簿についての概要を述べる。最後に、これらの通信簿についての機能分析を行う。

第1節　国家社会主義における通信簿
　　　　（Zeugnisse im Nationalsozialismus）

　国家社会主義の基礎をなしているのは、特に民族的人種差別主義および反ユダヤ主義によって特徴づけられる全体主義的世界観である[1]。ヒトラーが1933年に政権を掌握して以後は、教育制度も次第に国家社会主義的イデオロギーの影響を受けるようになった。

第1節　国家社会主義における通信簿

　1934年5月1日の通達によって、帝国学術教育国民陶冶省が設置された。帝国の強力な中央集権化の流れの中で、ドイツでは伝統的に領邦や州の管轄であった学校制度が中央官庁の管轄下に置かれるようになった。中等学校の分野においては、1937年3月20日の通達とともに、（ラテン語、ギリシア語、場合によってはヘブライ語などを教える古典語ギムナジウムを除く）すべての中等学校が高等学校として統一された。1938年3月3日の通達によって、「中等教育修了資格（Mittlere Reife）」が廃止され、中等教育修了資格証明書は実科学校修了証明書となった。1938年7月1日の通達によって、従来の学校形態を統一するという目標のもとに、中等学校制度の新規則が制定された。そこから最初に成立したのが6年制の中間学校（Mittelschule）であり、それが後に基幹学校（Hauptschule）と改称された[2]。

　国家社会主義における成績評価では、知的な能力よりはむしろ身体的、性格的、精神的、民族的な総合的能力のほうが重要であった[3]。国家社会主義的な教育においては、例えば、それ以前のワイマール共和国と比べても、体育の優先度が高かった。このことは、通信簿を見てもよくわかる。例えば、体育科は通信簿の最上位に位置づけられているのに対して、宗教科の位置は最下位であった。それ以前までは、この順序がまさに逆であった。

　以下では、通信簿の事例をいくつか提示している。まずは民衆学校の通信簿の事例を示す。各教科の成績評価に対しては、体育科の例外を除けば6段階の評点制度を採用している。体育科の評価においては、各訓練分野（陸上競技、体操、水泳、球技）の成績が、「0」または「1」から「9」までの点数によって特別に評価された。このとき「9」が最もよく、「0」または「1」が最も悪い成績であった（図24参照）。さらに、国家社会主義のイデオロギーに従って「一般的な身体能力（allgemeine körperliche Leistungsfähigkeit）」に関する評点が与えられた。それは、学期末および学年末の通信簿においても同様であった。児童生徒が学校に対して何度も苦情を言ってきたときには、そのことが学期末の通信簿に書き留められることもあった[4]。

　初等中等教育においては、ほとんどの児童生徒が民衆学校に通った。4年

制の民衆学校を修了すれば、4年制の基幹学校または高等学校に進学しなければならなかった[5]。帝国学術教育国民陶冶省は、基幹学校を学校制度全体の「中核施設（Kernanstalt）」として位置づけた。生徒は基幹学校から、それぞれの中等学校に進学することができた。このとき、ワイマール共和国の場合とは異なり、学業成績だけが考慮されたわけではなかった。むしろ民衆学校の児童は、その学校の校長が進学を認めれば、成績を審査しなくとも基幹学校に進学できたのである。つまり進学は、成績評価に左右されるのではなく、国家社会主義国家の路線に適した性格や態度によって決められたのである。さらに、「家族の共同責任（Sippenhaft）」という国家社会主義のイデオロギーに従って、児童生徒の家族状況およびいわゆる「アーリア人家系（arische Abstammung）」が重要な役割を演じた。例えば、帝国大臣の回覧通達（1941年7月3日）には、次のように書かれている。「性格上の欠陥がある生徒には、（…）基幹学校への進学が認められない。疑わしい場合には、生徒の遺伝生物学的、民族的関係および種族に関する国家社会主義労働党民族政策局の担当者の報告書が取り寄せられなければならない」[6]。国家社会主義労働党民族政策局は、生徒の家族関係をチェックしていた。すなわち処罰されるべき家族を持った生徒は、そのことでさらに進学するチャンスが少なくなった。ユダヤ系の家族あるいはロマ（Roma）およびスィンティ（Sinti）の背景を持つ家族や[7]、反政府的な考えを持つ家族の生徒たちも同様に進学を拒否された[8]。

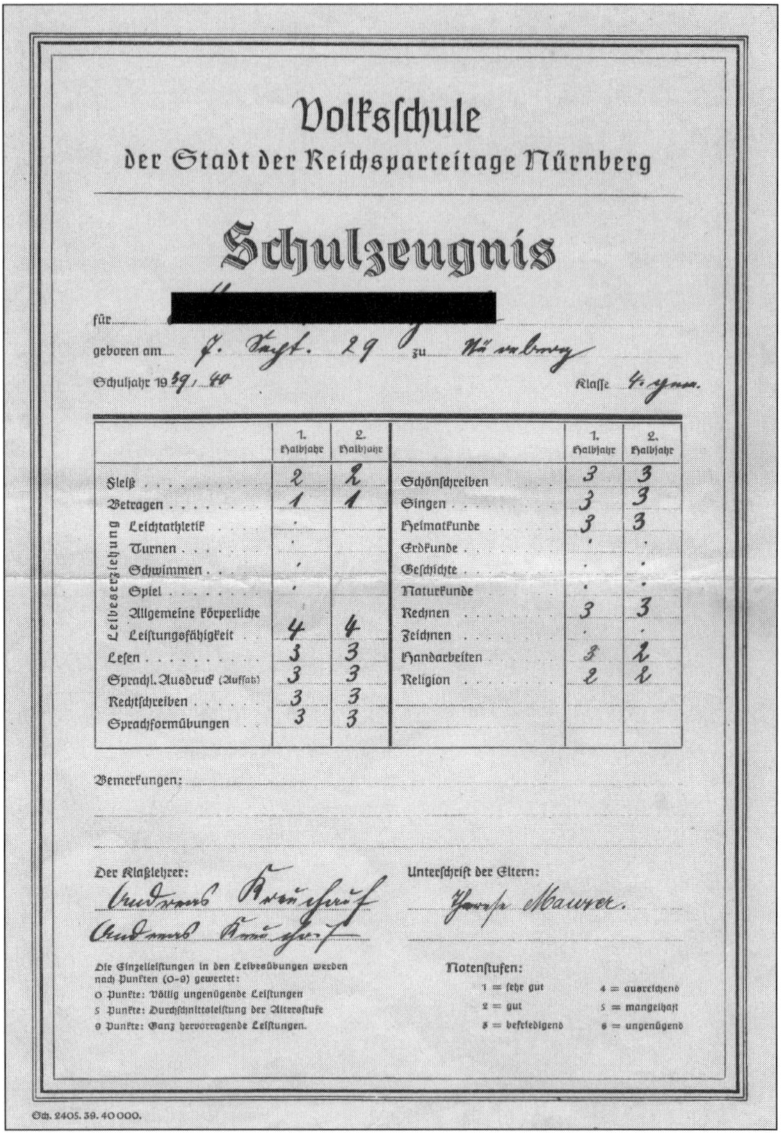

第 1 節　国家社会主義における通信簿

図 24：国家社会主義における民衆学校の通信簿（1940 年）[9]
出典：Schulgeschichtliche Sammlung der Universität Erlangen-Nürnberg（Nr. 2.8.1.6.2）

第 4 章　独裁国家における通信簿

次に、中等学校の通信簿として、以下では 3 つの事例を示す。

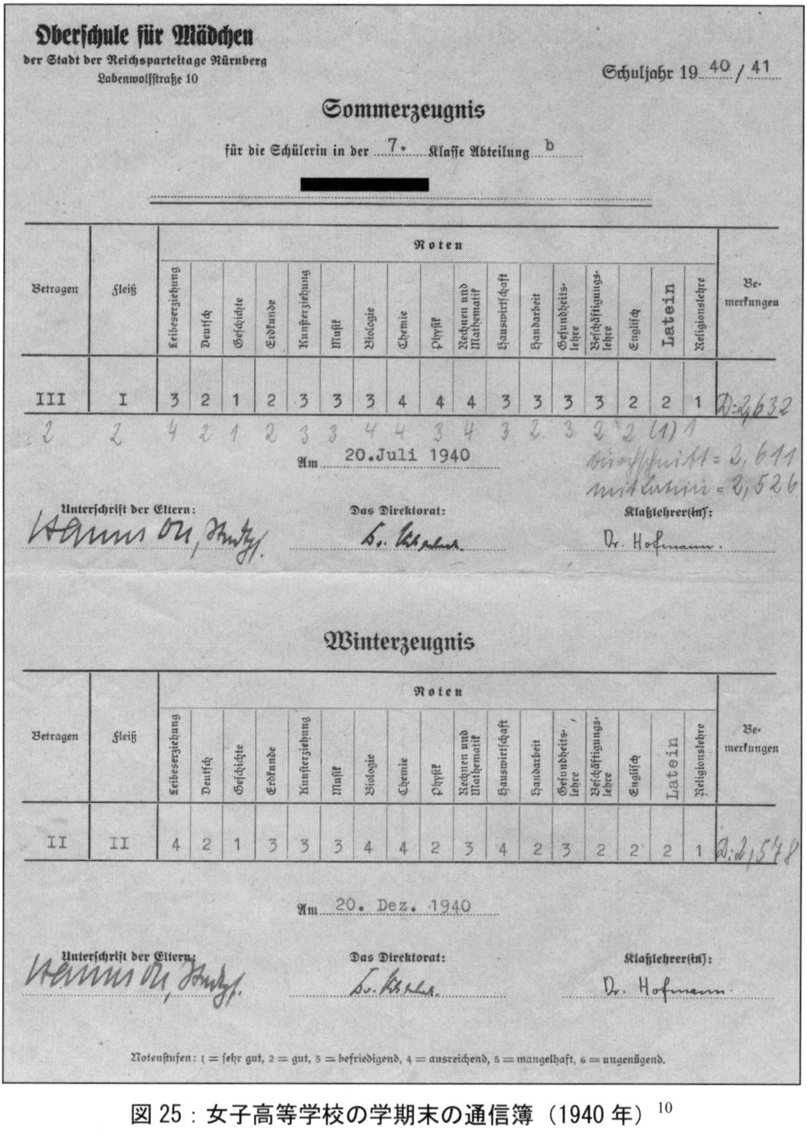

図 25：女子高等学校の学期末の通信簿（1940 年）[10]
出典：Schulgeschichtliche Sammlung der Universität Erlangen-Nürnberg（Nr. 2.8.3.3.26）

109

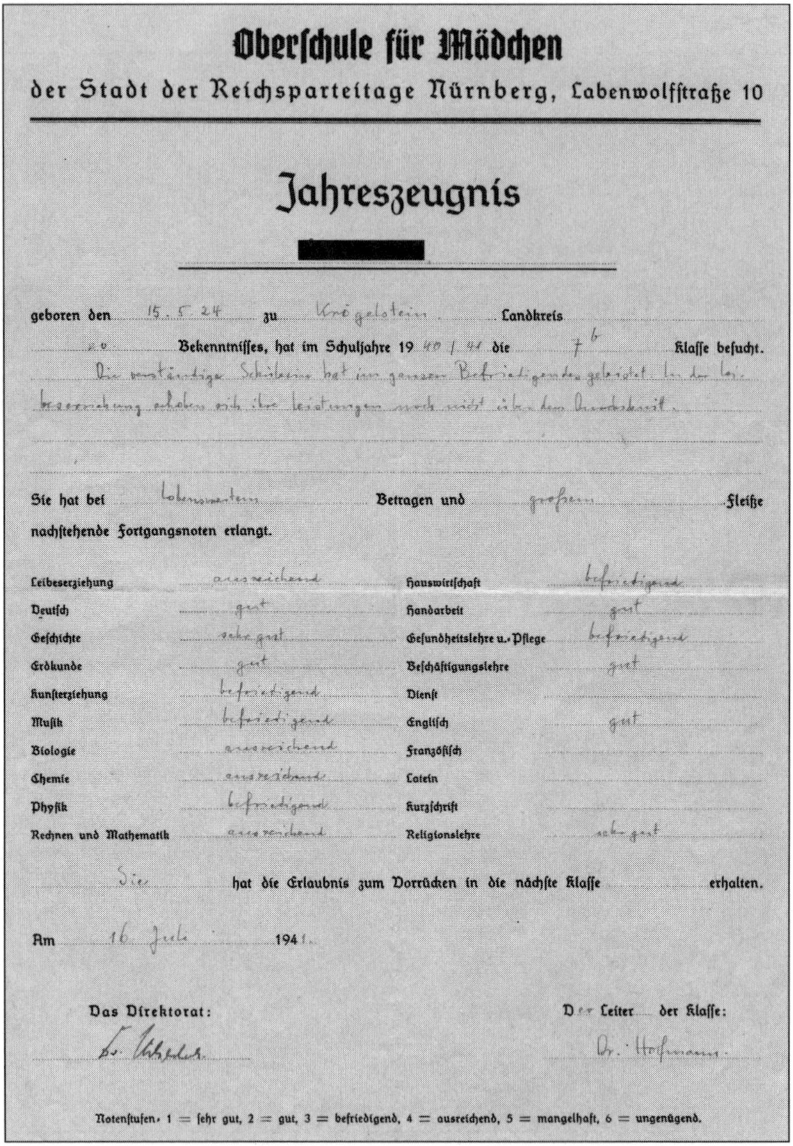

第 1 節　国家社会主義における通信簿

図 26：女子高等学校の学年末の通信簿（1941 年）[11]
出典：Schulgeschichtliche Sammlung der Universität Erlangen-Nürnberg（Nr. 2.8.3.3.15）

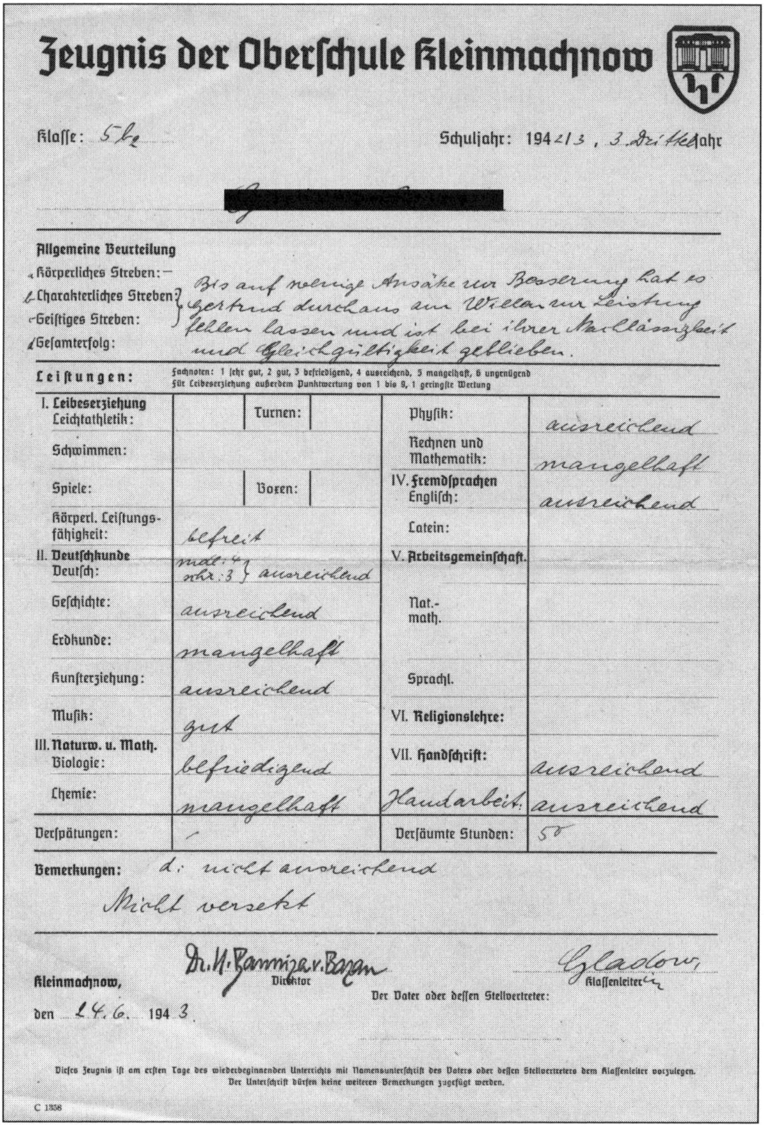

第4章　独裁国家における通信簿

図27：高等学校の学期末の通信簿（1943年）[12]
出典：Schulgeschichtliche Sammlung der Universität Erlangen-Nürnberg（Nr. 2.8.3.5.2）

111

第1節　国家社会主義における通信簿

　これら3つの事例から、通信簿にはさまざまな形式があるということだけでなく、当時は国家社会主義的体育教育の優先度が高かったということがわかる。特徴的なのは、労働や保健といった新たな教科が項目として入ってきたことである。さらに、従来の学校体育（陸上競技、体操、水泳、ゲーム）のほかにも、ボクシングが国家社会主義的体育としての役割を果たしていることがわかる。授業は学問的なものから遠ざかり、自然科学の授業は最小限に抑えられ、中等学校における第二外国語の授業はもはや行われなくなった。

　さらに「中等学校における生徒の選抜（Schülerauslese an den höheren Schulen）」（1935年3月27日）という通達によって、4段階の評点尺度（非常によい／よい／十分／不十分）が教育評価に採用された。しかし、その後すぐに1938年7月29日の通達によって、4段階の評点尺度が6段階になった[13]。同時に、評点尺度が各学校で統一されたが、その一方で、通達が出されることによって知育的な授業が弱まっていった。

　こうした知的な側面の過小評価は、先の通達「中等学校における生徒の選抜」（1935年）において、中等学校への進学に対する選択規準を通じて再び明確にされている。そこでは「身体的」、「性格的」、「精神的」、「民族的」な総合能力、つまりイデオロギー的な考え方が、決定的な進学の規準となっている。「身体的選抜」では重い病気、いわゆる「遺伝性疾患」を持つ生徒、あるいは「この学校に就学してから体を鍛えることに絶えず怯え、あらゆる指導を行ったにもかかわらず改善が見られない」[14]生徒が、中等学校から排除された[15]。「性格的選抜」では、「行儀や礼儀にひどく反する行動や、友好的態度および連帯性に反し、規律や秩序、誠実さに反するような行動が見られる」[16]生徒が、中等学校から排除された。「精神的選抜」では、思考力、精神的成熟、知識が重要であった。「そこで決定的に重要なのは、習得した知識量の総和ではなく、精神面での総合的な成熟であった」[17]。知的な側面の過小評価は、ここでも見ることができる。「民族的選抜」では、いわゆる「非アーリア人」およびユダヤ人が差別を受けた。非アーリア人は、「非正規生（Nichtschüler）」として扱われ、特別な非正規生のための試験

（Nichtschülerreifeprüfung）に合格しなければ、中等学校に通うことが許されなかった。その後、非アーリア人には、中等学校への進学が禁止されるとともに[18]、国家社会主義に基づく人間蔑視的な民族主義が学校に定着していった。

既存の公立学校とは別に、国家社会主義の指導者を育てるためのいわゆる「国家社会主義的エリート学校」が設立された。それらの学校とは「国家政治教育学院」（NPEA：いわゆる NAPOLA）および「アドルフ・ヒトラー学校」（AHS）であった。国家政治教育学院は、10〜18歳までの青少年を収容する全寮制の学校であり、主にナチスの突撃隊（SA：Sturmabteilung）、親衛隊（SS：Schutzstaffel）、警察などの軍事的指導者の養成にあたった。アドルフ・ヒトラー学校は、12〜18歳の青少年を収容する学校であり、国家社会主義労働党によって直接的に管理された。そこでは、主として党の幹部養成が行われた[19]。

国家政治教育学院の通信簿は、通常の高等学校の通信簿と比べてみても、内容的にほとんど違いが見られない。というのは、国家政治教育学院のカリキュラムが高等学校のカリキュラムに対応していたからである。しかし、授業科目の優先度は、さらに強力な国家社会主義のイデオロギーの影響を受けていた。国家政治教育学院においては、学問的教育よりも、身体的教育および芸術的教育のほうが、はるかに重要であった。学年末・学期末の通信簿のほか、国家政治教育学院においても修了証明書や成熟証明書が発行された[20]。

これに対して、アドルフ・ヒトラー学校の通信簿は、まったく違った様相を呈していた。通信簿では教師が成績を、評点ではなく文章で記述した。通信簿は、次のようなカテゴリーからなる。「性格的素質および証明」、「身体的な能力および成績（身体訓練、軍事訓練、特殊訓練、獲得したスポーツ資格および成績証書）」、「才能および各教科の成績（国民的教科、自然科学、言語、美術教育、工作教育、音楽）」および「集中力とリーダーシップ」。通信簿には、さらに総合評価、注釈および署名が記入された[21]。いわば国家社会主義的教育イデオロギーの理念型を体現したこの通信簿からは、精神的な啓蒙の各形式の過小評価や体育の成績の優遇、イデオロギー的考え方が見て取れる。

第2節　旧東ドイツにおける通信簿

　また授業が軍国主義的な特徴を備えていたということは、「軍事訓練」という教科の存在によっても認識できる。教科の成績においては、イデオロギー的な「民俗学（Volkskunde）」が重要な役割を果たしている。教科の成績が通信簿においてほとんど見られないという一方で、イデオロギーに関係する教育活動についての評価が明確に増えている。

　戦争（第二次世界大戦）の進行とともに、ますます多くの兵士および兵役義務従事者が徴兵されるようになった。1941年10月9日および1942年10月19日の両通達によって、最低でも第8学年まで在学し、大学入学前に兵役に就くという生徒には、大学入学資格（Hochschulreife）の取得が容易になった。1941年1月28日の通達とともに、戦争への志願兵は、高等学校第8学年（現在の第12学年）に少なくとも半年間在籍すれば、成熟（大学入学資格）を証明するメモ書き（Reifevermerk）を得ることができた。1942年8月14日の通達によって、戦争への志願兵は、すでに第8学年への進級が決まり次第、成熟（大学入学資格）を証明するメモ書き（Reifevermerk）を獲得した。この流れの中で、兵役に就く生徒が簡略化されたアビトゥア試験に合格すれば、緊急成熟証明書（Notreifezeugnis）が発行された[22]。緊急成熟証明書の内容および構成は、高等学校や国家政治教育学院の通信簿とほぼ一致していた[23]。

　要約すれば、国家社会主義における通信簿には、人間蔑視的なイデオロギーやその反知性的な傾向が目に見える形で反映されていることがわかる。生徒の考え方や身体能力は、知的能力よりも重視されている。それゆえ、通信簿において生徒の考え方や身体能力が評価されたのは、そのためである。

第2節　旧東ドイツにおける通信簿（Zeugnisse in der DDR）

　第二次世界大戦後、ソビエトに占領された地域においては、1949年10月7日にドイツ民主共和国（DDR：Deutsche Demokratische Republik）が成立した。そこでは、ドイツ社会主義統一党（SED：Sozialistischen Einheitspartei

Deutschlands)の強い影響のもと、社会主義社会が構築された。旧東ドイツは、確かに表面的には「反ファシズム党による議会制民主主義国家」として成立したが、例えば、多様な政党の認可、三権分立、政党と国家の分離、市民的基本権の承認といった民主主義の中心的な要素が欠けていた。それゆえ旧東ドイツも独裁国家と呼ばれている。

　社会主義とともに、生産手段の共同所有を特徴とした社会システムの構築が目指された。すなわち、資本主義社会に見られるような社会的不平等を克服するために、階級のない社会が目指されたのである。

　ドイツ社会主義統一党のプログラムでは、「能力や才能が社会主義社会の繁栄に向けて」投入され、「労働を好み防衛の準備を行う」ことによって、「共同体精神および崇高な共産主義の理想に向けた努力」によって際立つような「全面的、調和的に発達した社会主義的人格」の教育および職業教育が目標とされた[24]。社会主義的な教育において特徴的なのは、公立私立を問わず学校における宗教教育の禁止、公立幼稚園を通しての国家の子どもへの介入、「総合技術教育」による教育と物質的生産の結合、授業における「マルクス・レーニン主義」の重要性、第7学年での教科「防衛科（Wehrkunde）」の導入である[25]。

　「ドイツ民主共和国における学校制度の社会主義的展開に関する法律」（1959年12月2日）とともに、普通教育総合技術高等学校（POS：Polytechnische Oberschule）が導入された。この総合技術高等学校は、第1学年から第10学年までを統一学校としてひとつ屋根の下に統合したものであり、それまでの学校種の分化は消滅した。総合技術高等学校を卒業すれば、多くの生徒がアビトゥアまたは職業教育を受けることのできる拡張高等学校（EOS：Erweiterte Oberschule）に進学した[26]。

　社会主義的な学校における成績評価では、「生産協同体（Kollektiv）」による継続的な人格評価が特に重要であった。社会主義側の視点から見れば、資本主義社会の成績評価は支配階級の利害関心に寄与するだけのように見えるのに対して、社会主義社会の成績評価は、「それぞれの能力や成績に応じた」

第2節　旧東ドイツにおける通信簿

支援を「社会的関心と個人的関心の統合（Einheit gesellschaftlicher und persönlicher Interessen）」の中で実現するために行われた[27]。「社会的関心と個人的関心の統合」という目標規定によって、児童生徒の成績がこの規範から逸脱することは、社会に対する矛盾として解釈されるようになった。

　普通教育学校における成績評価については、1979年11月29日の学校規則において定められている。特に学年主任の責務とされたのは、「各児童生徒の発達を注意深く見守ること、児童生徒の記録を誠実に書き留めること、そして教育学的、心理学的な根拠のある児童生徒の評価を行うこと」[28]である。この責務を確実に支援するために、学級担任は「教育的職務の問題に関して、特に児童生徒の成績および態度に関して、その学級の授業を担当する教師たちと協議し、必要な措置を定める」[29]権利を持った。さらに、学級担任は保護者に対して定期的に子どもの人格的発達、成績および態度について報告することになっていた[30]。継続的な成績評価の基本原理として、学校規則の前文には、次のように書かれている。「児童生徒の共産主義的教育を完成し、高い学業成績を安定させるための基本的条件は、教育的職務の計画的、継続的な具現化、教育者たちの生産協同体の統一的な政治的、教育的活動および児童生徒たちの生産協同体の発達と強化である」[31]。つまり、成績評価の核にあるのは、個人主義的な視点ではなく、イデオロギー的な生産協同体であった。

　こうした評価原理は、通信簿においても見られる。すなわち通信簿には、各教科の評点のみならず、人格の総合評価やいわゆる頭部評点（態度に関する評点：行儀よさ、几帳面さ、勤勉さ、授業への積極的参加）が記入された。以下では、総合技術高等学校の通信簿を示す（図28）。

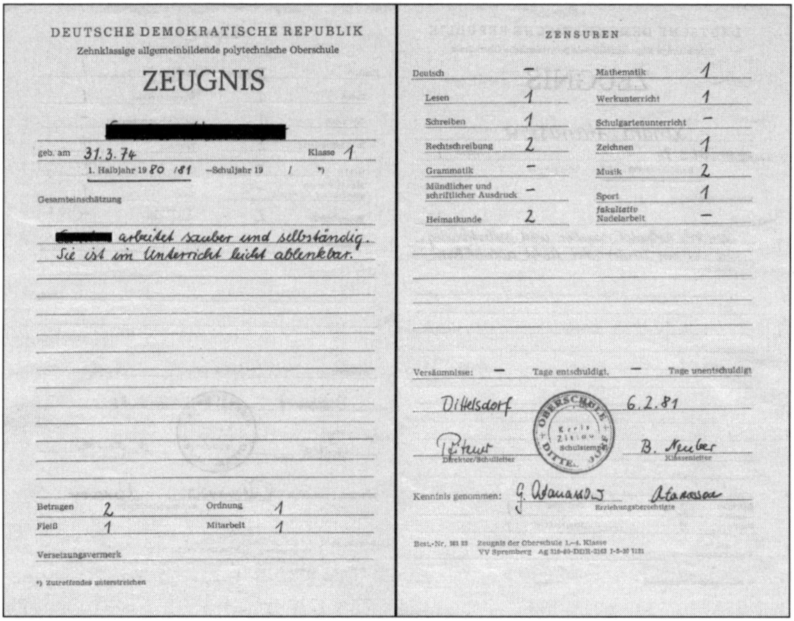

第 4 章　独裁国家における通信簿

図 28：総合技術高等学校第 1 学年 1 学期の通信簿（1981 年）[32]
出典：私的寄贈品

　この通信簿は、総合評価、態度に関する評点（行儀よさ、几帳面さ、勤勉さ、授業への積極的参加）、各教科の評点（ドイツ語：読み、書き、正書法、文法、口述と筆記による表現、郷土科、算数、工作、学校園芸の授業（Schulgartenunterricht）、図画、音楽、体育、自由選択の裁縫）から構成されている。従来の通信簿には見られなかった新しい学校園芸の授業によって、「労働者および農民の国家」という伝統の中で、(総合技術高等学校の高学年において労働者階級との関係性を深めるような) 社会的生産の基本形態が授業の中に組み込まれた。
　通信簿が発行されたのは、年に 2 回である。すなわち 1 学期の通信簿が 2 月に、2 学期（学年末）の通信簿が 7 月に、それぞれ発行された。保護者も通信簿に署名した。このことは教師によってチェックされた。

117

第2節　旧東ドイツにおける通信簿

　エルレバッハの研究によれば、「総合評価」においては、児童生徒の態度に関する一般的記述が示されていたことが明らかになっている。その指針は、国民教育省の「普通教育総合技術高等学校における通信簿の発行および進級に関する指示」（1980年）において、児童生徒の人格的発達のための評価を重要視するという観点から明確に示されている。「総合評価は、児童生徒の人格的発達のための特徴を言葉によって説明するものである。総合評価は、それが子どもたちの発達を支援するように作用し、態度に関してポジティブな面を指摘し、批判的な評価とバランスの取れた教育学的な配慮とともに、児童生徒のさらなる発達のための具体的な示唆を与えるように作成されなければならない」[33]。そこでは、次のような性格的特徴や行動様式が評価されることになっている。

- 「すべての授業および家庭での学習における児童生徒の学習へのレディネスおよび学習における努力、
- 生産労働、社会貢献活動への参加、姿勢および成果、
- ピオニール組織「エルンスト・テールマン（Ernst Thälmann）」または自由ドイツ青年同盟（FDJ : Freien Deutschen Jugend）における児童生徒の活動および積極性、
- 児童生徒の関心、傾向、才能、
- 社会主義的財産、労働する人間、大人および生産協同体に対する考え方」[34]。

　したがって、国家社会主義の場合と同様に、ここで重要なのは、若者たちの社会主義社会に対する考え方である。特に重要視されているのは、児童生徒による校外での党の若者組織（ピオニール組織や自由ドイツ青年同盟）における活動である。

　発達する児童生徒の人格についての状況を教育学的に十分な形で特徴づけるには、評点をつけるだけでは不十分であった。すなわち総合評価を用いることによって、与えられた評定が教育学的に詳しく説明され、評定では把握

されえないような教育的に意義のある発達の方向性が見定められたのである[35]。

態度に関する評点に対しては、次のような規準が定められた。

- 「行儀よさに対する評定に関しては、児童生徒が教師や教育者などの大人たちに対して、また同級生に対してどのように振る舞ったのか、またどのように国民の財産を大切に守っているかをめぐって評価されなければならない。
- 勤勉さに対する評定に関しては、学校で自らに課された責務を果たす際や学習や作業のときの児童生徒の努力、粘り強さ、自主性、引き受けたすべての任務を遂行する上での誠実さが評価されなければならない。
- 几帳面さに対する評定に関しては、児童生徒が自分の教材をどのように扱い、自らの完璧さにどう注意を払うのか、どの程度まで児童生徒が学校での義務を完全に期限を守りながら果たすのか、児童生徒が学校で几帳面さという規範をどのように守るのかをめぐって評価されなければならない。ここでは、児童生徒がどのように自分の体に気をつけ、服装の清潔さや几帳面さにどう配慮しているのかについても含まれる。几帳面さに対する評定に関しては、児童生徒が何のために年齢に応じた責任を負うのかについて理解させなければならない。
- 授業への積極的参加に対する評定に関しては、児童生徒が授業、生産労働および学校行事においてどのような配慮を行っているのか、児童生徒がどのように積極的に参加し、どのように生産協同体の共通目標を達成しようと振る舞っているかをめぐって評価されなければならない」[36]。

態度に関する評点の尺度に関しては、次のような勧告が示されている。

- 「非常によい（1）：要求水準を模範的に満たしている。
- よい（2）：要求水準を欠陥なく本質的に満たしている。
- 満足できる（3）：要求水準を本質的に満たしているが、まだ疑わしく、そ

第2節　旧東ドイツにおける通信簿

れぞれ大きなミスのときに失敗から学んだことが証明されている。
- 十分な（4）：大きなミスが多く、態度を改善するための努力が少ししか見られない。
- 不十分な（5）：要求に対して常に意図的に反している」[37]。

通信簿では、態度に関する評点のみならず、各教科の評点に対しても、この評定尺度が用いられている。

以下ではさらに、総合技術高等学校の通信簿の事例を示している。ここでは、まず学年末の通信簿を示す。

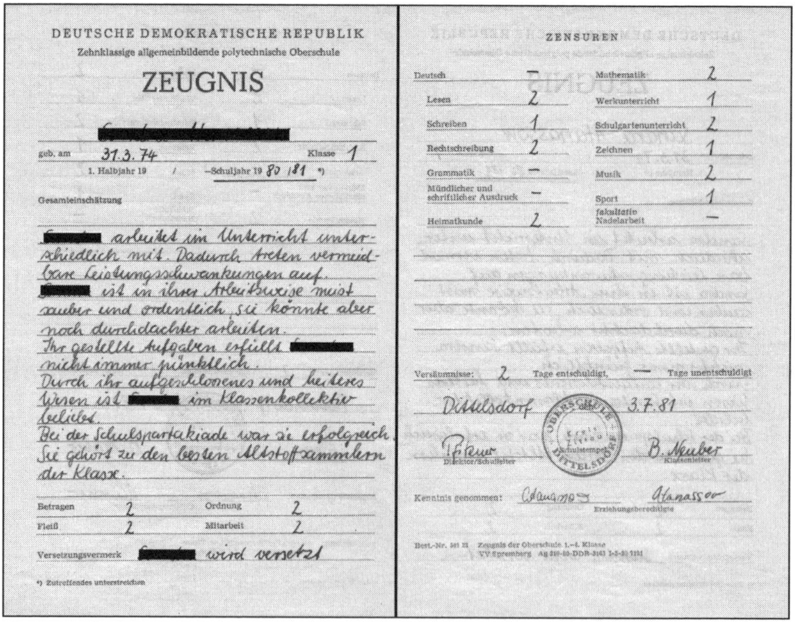

図 29：総合技術高等学校第 1 学年の学年末の通信簿（1981 年）[38]

出典：私的寄贈品

先に提示した1学期末の通信簿と比べてみると、学年末の通信簿には、児童生徒の総合評価について詳細なコメントが記入されている。また学年末の通信簿には、その生徒が次の学年に進級できるか否かについての決定も書かれている。

総合技術高等学校では、第1学年から第4学年までは、同じ書式の通信簿が用いられ、第5学年から第10学年までは、別の書式の通信簿が発行された。以下では、第5学年の通信簿の例を提示する。

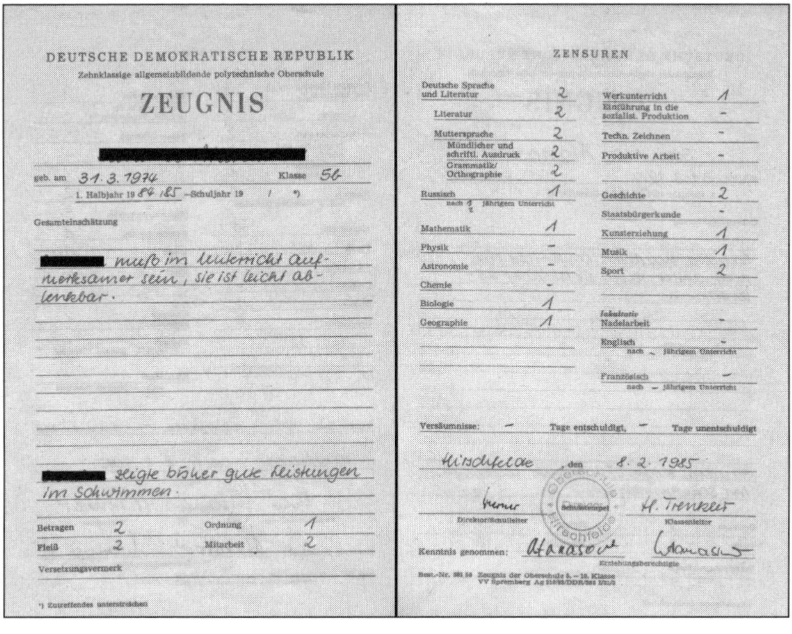

DEUTSCHE DEMOKRATISCHE REPUBLIK
Zehnklassige allgemeinbildende polytechnische Oberschule

ZEUGNIS

[redacted]

geb. am 31. 3. 1974　Klasse 5b

1. Halbjahr 1984/85 – Schuljahr 19 / *)

Gesamteinschätzung

[redacted] muß im Unterricht aufmerksamer sein, sie ist leicht ablenkbar.

[redacted] zeigte bisher gute Leistungen im Schwimmen.

Betragen	2	Ordnung	1
Fleiß	2	Mitarbeit	2

Versetzungsvermerk

*) Zutreffendes unterstreichen

ZENSUREN

Deutsche Sprache und Literatur	2	Werkunterricht	1
Literatur	2	Einführung in die sozialist. Produktion	-
Muttersprache	2	Techn. Zeichnen	-
Mündlicher und schriftl. Ausdruck	2	Produktive Arbeit	-
Grammatik/Orthographie	2		
Russisch nach 1/2 jährigem Unterricht	1	Geschichte	2
		Staatsbürgerkunde	-
Mathematik	1	Kunsterziehung	1
Physik	-	Musik	1
Astronomie	-	Sport	2
Chemie	-		
Biologie	1	*fakultativ*	
Geographie	1	Nadelarbeit	-
		Englisch nach – jährigem Unterricht	-
		Französisch nach – jährigem Unterricht	-

Versäumnisse: – Tage entschuldigt, – Tage unentschuldigt

Hirschfelde, den 8. 2. 1985

Direktor/Schulleiter　Schulstempel　Klassenleiter H. Trenkler

Kenntnis genommen: Atanasov　Erziehungsberechtigte

Best.-Nr. 381 50 Zeugnis der Oberschule 5. – 10. Klasse
VV Spremberg Ag 210/83/DDR/383 131/3

図30：総合技術高等学校第5学年の1学期末の通信簿（1985年）[39]

出典：私的寄贈品

総合評価においては、児童生徒に対するネガティブな評価も見られる。通信簿ではネガティブな表現が教育的助言として記入されなければならなかっ

第2節　旧東ドイツにおける通信簿

たが[40]、この事例においては、そうなっていないことがわかる。さらに、総合評価における記述の中で、校外における党の若者組織への積極的参加についても触れられていない[41]。

　第5学年からは、第一外国語としてロシア語の授業が始まり、第7学年からは、総合技術教育（Polytechnischer Unterricht）が重要な役割を担っている。総合技術教育において重要なのは、「社会主義的労働入門」、「技術的図画」、「生産労働」であった。総合技術教育の目的は、「生徒が科学技術における発展や生産と社会との関係性を認識し、科学技術の進展の基本方針を経済政策や社会政策と同様に理解すること」にあった[42]。さらに「公民（Staatsbürgerkunde）」という教科の授業が行われた。

　第10学年の修了時およびアビトゥア試験の後には、修了証明書が発行された。修了証明書には、その学期の成績および口述試験と筆記試験の成績を組み合わせた総合評点（栄誉ある合格／非常に優秀な成績で合格／優秀な成績で合格／良好な成績で合格／合格／不合格）が記載された[43]。

　このとき総合評価においては、最後に受け取る通信簿が生徒のその後の人生にとって重要であるということに、特に注意しなければならない。総合評価は「生徒の到達した発達状況の評価を示し、学校での発達の間（特に最終年度）における若者の人物像に対して、典型的で特徴的なものとして示されたことを集中的に表現するものでなければならない」[44]。

　総合技術高等学校が定着し始めるとともに、19世紀から20世紀初期にかけて発達したような学業成績による資格付与制度が再び導入されたのではなく、国家社会主義者たちによって始まったような家庭背景およびイデオロギー的信条に基づく選別が、たとえ内容的には別のものであったとしても引き継がれた。そこでは、いわゆる「割合的な機会均等（Proportionalen Chancengleichheit）」の原理が導入された。この原理に基づいて、労働者および農家の子どもたちは「対抗的特権付与の手段（Instrument der Gegenprivilegierung）」として、大学入学および職業教育のポストが優遇的に与えられたのに対して、従来の市民階級に属する家庭の子どもたち、また批

判的な知識人や牧師の子どもたちは、制度的に不利に扱われた。この制度は、1980年代初めまでに形成されていったが、その後は再び（完全に衰退したわけではないが）少しずつ後退していった[45]。

このような社会主義的教育制度は、旧東ドイツでは1989年まで存在した。1989年11月にベルリンの壁が崩壊し、1990年10月3日に東西ドイツが統一されるとともに、旧東ドイツの学校制度は次第に旧西ドイツの教育制度に統合されていった[46]。

第3節　機能分析

以下では、国家社会主義および旧東ドイツにおける通信簿の機能を分析する。これら2つの時代は、政治的な統制の面においては明確に相互に異なるものとして区別されるが、これら2つの時期は、学校のイデオロギー的な影響力が、それぞれ通信簿においても反映されているという点で共通している。

事実的次元においては、このイデオロギー的な影響力が、国家社会主義の時代に入るとともに、通信簿にとって重要な事実的内容が変化したという点に見られる。その際、ごく一般的に確認できるのは、これら2つの独裁国家によって、これまでの教育規準が変化し、それが通信簿においても反映されているということである。国家社会主義時代においては、特にスポーツに関する科目が重要な意味を持つようになり、細分化されたスポーツ種目が通信簿に再現されるだけでなく、その特別な意味についても特殊な評価制度によって表現された。それに伴い、児童生徒（**心的システム**）は、細分化された項目ごとにフィードバックを受けた。しかし同時に、国家からの特別な要求が示された（以下で示す社会的機能も参照せよ）。宗教科は、国家社会主義においてはその意味が薄れ、旧東ドイツでは学習教科の規準から完全に追放された。国家社会主義においては、学校による知的要求が明確に取り消された。旧東ドイツでは、「社会的生産」および「学校園芸」という教科が導入され、また外国語の授業としてこれまで優勢であった英語がロシア語に変化し、フ

第3節　機能分析

ランス語はカリキュラムから完全に姿を消した。ロシア語の授業を導入することで、旧東ドイツの共産主義圏における外交を分担することや旧ソ連の指導的な役割を承認することが示された。**授業**および**学校**は、さらに国家社会主義および旧東ドイツの時代に統一された。この時代は、ドイツの歴史の中で統一的で中央集権的な学校行政が存在した唯一の時期である。それに伴い、国家の要求が統一的に宣言された。国家社会主義においては三分岐型学校制度がさらに分化し、逆に旧東ドイツにおいては統一的な総合技術学校が成立した。**社会**との関連については、通信簿がこれら2つの独裁国家の全体主義的な教育要求を反映している。旧東ドイツの通信簿には、（厳密な意味での）党の若者組織の学校外活動、つまり厳密な意味で学校教育に分類されない活動への参加についても記述されている。図29において明確に示されているように、例えば、リサイクルのための古物回収のような、社会の他の領域での児童生徒の態度が評価されている。そのような社会規範への個人的な適応能力の評価は、これまでの通信簿では通例であったような態度に関する評価とは基本的に異なるものである。これまで通例であったような行儀よさ、勤勉さ、注意力の評価が、教科の成績の前提条件として、全面的に学校の規準に分類されるのに対して、リサイクルのための古物回収や党の行事への参加といったような行動様式は、これまでの学校と関連していたような成績要求の限度を明確に越えて入ってきたものである。ここでは、むしろ学校を経由して、学校と結びついた評価制度によって、国家の要求を国民生活に定着させようとしている。それに伴い、通信簿の任務は明確に過大拡張され、学校がイデオロギーに奉仕するものとして位置づけられていることが明白である。通信簿のこうしたイデオロギー的機能は、1970年代以後の必修科目である軍事教科（Wehrkundeunterricht）とも異なるものである。

　時間的次元においては、すでにこれまで導入された学年末・学期末の通信簿が維持され、継続された。修了証明書も同様に、その機能が維持された。これまでの時代においてもすでに見られたような、就学期間の延長によって労働市場の過剰供給を調整するという傾向は、国家社会主義者たちによって、それとはまた別の違ったかたちで継続された。すなわち第二次世界大戦とい

う状況では、多くの生徒たちが同時に兵役に就く必要があったため、「緊急成熟証明書」を発行するというかたちで、ギムナジウムの就学期間が短縮されたのである。

　旧東ドイツでは統一学校の成立とともに、これまで存在した学校種の区別が廃止された。いまだに存在する区別として、就学期間の**組織**的な側面において見られるだけである。つまり例外的な状況として、総合技術高等学校の卒業が第8学年から可能となっていることである[47]。通常の場合、10年制総合技術高等学校の修了である。

　2つの独裁国家においては、学校に応じて与えられる資格に対して、学校の成績とは別の規準が重要視されるようになった。国家社会主義にとっては、いわゆる「アーリア人の出身」つまり種族的（「民族的」）属性や身体的能力、そして党のイデオロギーへの適応力が特に重要視され、ギムナジウムへの進学は、適切な教科の成績がなくても可能であった。教科の成績の重要性は、通常の学校や党の管理する学校の中では完全に後退していった。旧東ドイツにおいては、割合に応じた（同時に家系による）機会均等原理および党の路線とのイデオロギー上の一致が重要であった。それに伴い、通信簿は**社会的次元**において、身分制社会から能力主義社会への移行の中でできるだけ公平な、つまり成績に基づいた異なる資格配分を可能にしたという、まさにその本質的な機能を失った。これら2つの独裁国家においては、大学入学が非常に制限され、その結果、教科の成績がもはや大学入学のための唯一の規準とはならなかった。旧東ドイツでは、自由な職業選択が制限され、むしろ職業は、学校や党との厳密な取り決めの中で配分された。それゆえ通信簿から、資格付与機能が失われた。通信簿に示される国家忠誠やイデオロギー上の一致の方が（同時にそれだけでないが）、むしろ資格付与のときの決定的な規準となった。したがって、個人の成績をフィードバックするという通信簿の意味も衰えていった。ヴァーターカンプ（Waterkamp）によれば、旧東ドイツの通信簿は、ますます教育的規準に基づいて与えられるようになり、その結果、悪い評点がつけられることもなくなり、学業成績の評点に大きな差が見られなくなった[48]。それに伴い、**社会**的に見れば、すでにワイマール共和国において始まっていた社会分化のプロセスが緩やかになり、社会システムが

第3節　機能分析

固定化してしまった。結局、固定化した社会システムがグローバル化の流れに対応できず、最終的には1989～90年に内部崩壊してしまった。

注

[1] Herbst 1996 参照。
[2] Ziegenspeck 1999, S. 72; Breitschuh 1997, S. 454-456; Dohse 1963, S. 28 参照。
[3] Dohse 1963, S. 18 参照。
[4] Breitschuh 1997, S. 455; Dohse 1963, S. 37-38 参照。
[5] Breitschuh 1997, S. 456 参照。
[6] Der Runderlass des Reichsministers für Wissenschaft, Erziehung und Volksbildung vom 3. Juli 1941、Fricke-Finkelnburg 1989, S. 72 参照。
[7] ロマ（Roma）およびスィンティ（Sinti）とは、主にルーマニアおよびハンガリーにおいて、移動しながら生活する民族集団（ジプシー）である。ドイツでは、ツィゴイナ（Zigeuner）と呼ばれている。ロマが、すべての民族集団の総称であるのに対して、スィンティはロマの下位集団として位置づけられる。
[8] Breitschuh 1997, S. 454-455 参照。
[9] この通信簿の頭部には、次のように書かれている。「帝国党大会都市ニュルンベルクの民衆学校。女子児童（氏名：情報保護のため匿名化）、誕生日、誕生地、1939/40年度、第4学年に対する通信簿」。態度に関する評点として、「勤勉さ」および「行儀よさ」が評価されている。「体育」は「陸上競技、体操、水泳、ゲームおよび一般的な身体能力」で構成されている。その次に、通信簿の中段において「読解力、作文、正書法、文法、清書、歌唱、郷土科、地学、歴史、自然科学、計算、図画、手芸、宗教」についての評点が示されている。通信簿の下部には、「注釈」、「学級担任および保護者の署名」が記入されている。さらに、「体育における各項目の成績は、点数（0～9点）によって評価される。0点：まったく不十分な成績、5点：同年齢児童の平均点、9点：極めて卓越した成績。評点尺度：1＝非常によい（優秀）、2＝よい（優）、3＝満足できる（良）、4＝十分な（可）、5＝欠陥のある（不可）、6＝不十分な（不十分）」。
[10] 夏学期の通信簿（通信簿の上段）には、次のように書かれている。「帝国党大会都市ニュルンベルクの女子高等学校、（所在地）、1940/41年度、第7学年b組女子（氏名：情報保護のため匿名化）に対する夏学期の通信簿。行儀よさ：Ⅲ、勤勉さ：Ⅰ。評点、体育：3、ドイツ語：2、歴史：1、地学：2、美術：3、音楽：3、生物：3、化学：4、物理：4、計算および数学：4、家政：3、家事：3、保健：3、労働：3、英語：2、ラテン語：2、宗教：1、注釈：－。1940年7月10日。保護者署名：(署名)。学校長：(署名)。学級担任：ホフマン博士 (署名)」。冬学期の通信簿（通信簿の下段）には、次のように書かれている。「冬学期の通信簿。行儀よさ：Ⅱ、勤勉さ：Ⅱ。評点、体育：4、ドイツ語：2、歴史：1、地学：3、美術：3、音楽：3、生物：4、化学：4、物理：2、計算および数学：3、家政：4、家事：2、保健：3、労働：2、英語：2、ラテン語：2、宗教：1、注釈：－。1940年12月20日。保護者署名：(署名)。学校長：(署名)。学級担任：ホフマン博士 (署名)。評点尺度：1＝非常によい（優秀）、2＝よい（優）、3＝

第 4 章　独裁国家における通信簿

満足できる（良）、4＝十分な（可）、5＝欠陥のある（不可）、6＝不十分な（不十分）」。
[11] この通信簿には、次のように書かれている。「帝国党大会都市ニュルンベルクの女子高等学校（所在地）の学年末の通信簿。（氏名：情報保護のため匿名化）、1924 年 5 月 15 日（誕生地）、プロテスタント信仰、（彼女は）1940/41 年度に第 7 学年 b 組に在学した。理解力のあるこの生徒は、十分に満足のいく成績を修めた。体育において、まだ平均的な成績には届かなかった。彼女の行儀よさは、賞賛に値し、また大変勤勉であり、次のような評点を獲得した。体育：十分（可）、ドイツ語：よい（優）、歴史：非常によい（優秀）、地学：よい（優）、美術：満足できる（良）、音楽：満足できる（良）、生物：十分な（可）、化学：十分な（可）、物理：満足できる（良）、計算および数学：十分な（可）、家政：満足できる（良）、家事：よい（優）、保健：満足できる（良）、労働：－、英語：よい（優）、フランス語：－、ラテン語：－、速記：－、宗教：非常によい（優秀）、注釈：－。彼女は次の学年への進級許可を得た。1941 年 7 月 16 日。学校長：（署名）。学級担任：（署名）。評点尺度：1＝非常によい（優秀）、2＝よい（優）、3＝満足できる（良）、4＝十分な（可）、5＝欠陥のある（不可）、6＝不十分な（不十分）」。
[12] この通信簿には、次のように書かれている。「クラインマハノフ高等学校の通信簿。第 5 学年 b 組。1942/43 年度 3 学期。（生徒氏名：情報保護のため匿名化）、一般的評価、身体的能力：－、性格的能力および精神的能力：彼は一貫して少しも成績を上げようとせず、だらしなく無関心なままであった。総合成績：－。成績：（教科の評点：1＝非常によい（優秀）、2＝よい（優）、3＝満足できる（良）、4＝十分な（可）、5＝欠陥のある（不可）、6＝不十分な（不十分）、さらに体育に対しては、1 から 9 までの点数評価、1 が最低）、Ⅰ．体育（陸上競技、体操、水泳、ゲーム、ボクシング、身体能力）：免除。Ⅱ．ドイツ関係教科、ドイツ語会話：4、ドイツ語筆記：3、（ドイツ語総合成績：）十分な（可）、歴史：十分な（可）、地学：欠陥のある（不可）、美術：十分な（可）、音楽：よい（優）。Ⅲ．自然科学および数学、生物：満足できる（良）、化学：欠陥のある（不可）、物理：十分な（可）、計算および数学：欠陥のある（不可）。Ⅳ．外国語、英語：十分な（可）、（ラテン語：－。Ⅴ．クラブ活動、自然科学系：－、言語系：－。Ⅵ．宗教：－）。Ⅶ．手書き：十分な（可）、手芸：十分な（可）。遅刻：－。欠席時数：50。注釈：平均：十分ではない。進級不可。クラインマハノフ、1943 年 6 月 26 日。学校長：（署名）、学級担任：（署名）。（父親または保護者：－）。この通信簿は、新学期初日に父親または保護者の署名を書いて担任に提出しなければならない。署名以外に、何のコメントも付け加えてはならない。この生徒は、成績が不十分であるため進級できない」。
[13] Breitschuh 1997, S. 459-460 参照。
[14] Amtsblatt des Reichs- und preußischen Ministers für Wissenschaft, Erziehung und Volksbildung, Jahrgang 1935, S. 125、Breitschuh 1997, S. 459 参照。
[15] 上で示した図 27 の通信簿を参照。
[16] Amtsblatt des Reichs- und preußischen Ministers für Wissenschaft, Erziehung und Volksbildung, Jahrgang 1935, S. 125、Breitschuh 1997, S. 459 参照。
[17] Amtsblatt des Reichs- und preußischen Ministers für Wissenschaft, Erziehung und Volksbildung, Jahrgang 1935, S. 125、Breitschuh 1997, S. 459 参照。
[18] Breitschuh 1997, S. 458-459; Dohse 1963, S. 37 参照。
[19] Breitschuh 1997, S. 468; Lundgreen 1981, S. 23 参照。
[20] Breitschuh 1997, S. 462 参照。

注

[21] Breitschuh 1997, S. 470-471 参照。
[22] Breitschuh 1997, S. 471 参照。
[23] Breitschuh 1997, S. 467 参照。
[24] Erlebach 1986, S. 13 参照。
[25] Hamann 1993, S. 306 参照。
[26] Hamann 1993, S. 320-323 参照。
[27] Erlebach 1986, S. 13 参照。
[28] Die Schulordnung vom 29. November 1979, § 24.2、Erlebach 1986, S. 14 参照。
[29] Die Schulordnung vom 29. November 1979, § 24.3、Erlebach 1986, S. 14 参照。
[30] Die Schulordnung vom 29. November 1979, § 24.4、Erlebach 1986, S. 14 参照。
[31] Die Schulordnung vom 29. November 1979, Präambel、Erlebach 1986, S. 14 参照。
[32] 通信簿の頭部には、次のように書かれている。「ドイツ民主共和国。10 年制普通教育総合技術高等学校。通信簿。(氏名：情報保護のため匿名化)、1974 年 3 月 31 日生まれ。第 1 学年 1 学期（1980/81 年度）」。総合評価（Gesamteinschätzung）の欄には、「(彼女は) きちんと自立的に勉強した。彼女は授業中にすぐに他のことを考える」。態度に関する評点は、次の通りである。「行儀よさ：2、几帳面さ：1、勤勉さ：1、授業への積極的参加：1」。各教科の評点は、次の通りである。「ドイツ語：－、読み：1、書き：1、正書法：2、文法：－、口述と筆記による表現：－、郷土科：2、算数：1、工作：1、学校庭園の授業（Schulgartenunterricht）：－、図画：1、音楽：2、体育：1、自由選択の裁縫：－」。さらに、その下部には、欠席日数、発行地、発行年月日、証印、学校長および学級担任の署名、保護者の署名が記載されている。
[33] Die Anweisung über die Erteilung von Zeugnissen und die Versetzung an den allgemeinenbildenden polytechnischen Oberschulen vom Januar 1980 des Ministeriums für Volksbildung, Punkt 4.1、Erlebach 1986, S. 16 参照。
[34] Die Anweisung über die Erteilung von Zeugnissen und die Versetzung an den allgemeinenbildenden polytechnischen Oberschulen vom Januar 1980 des Ministeriums für Volksbildung、Erlebach 1986, S. 188 参照。
[35] Erlebach 1986, S. 187 参照。
[36] Die Anweisung über die Erteilung von Zeugnissen und die Versetzung an den allgemeinenbildenden polytechnischen Oberschulen vom Januar 1980 des Ministeriums für Volksbildung、Erlebach 1986, S. 189 参照。
[37] Erlebach 1986, S. 189-190 参照。
[38] この通信簿の総合評価の欄には、次のように書かれている。「(彼女は) 授業に必ずしも参加していなかった。それゆえ、避けることのできる成績の変動が生じた。(彼女は) 学習のときに、たいていの場合、きちんとして几帳面であったが、さらによく考えて学習することができる。彼女は、自らに与えられた課題をいつも期限までに仕上げるとは限らない。彼女のオープンで朗らかな性格によって、彼女は学級共同体の中で人気がある。学校競技大会（Schulspartakiade）では、彼女は良い成績を修めた。彼女は学級内で最高のリサイクル収集者であった」。
[39] この通信簿の総合評価の欄には、次のように書かれている。「(彼女は) 授業に集中しなければならない。彼女はすぐに他のことを考える。(彼女は) これまで水泳の成績がよい」。さらに、態度に関する評点として、行儀よさ、几帳面さ、勤勉さ、授業への積極的参加が 5 段階の評点で評価されている。教科の成績としては、ここではドイツ

語および文学（文学、ドイツ語、口述・筆記による表現、文法／正書法）、ロシア語、数学、物理、天文学、化学、生物、地理、工作、社会主義的生産入門、技術的図画、生産労働、歴史、公民、美術教育、音楽、体育、自由選択の裁縫、英語、フランス語の成績が評価された。

[40] Erlebach 1986, S. 194 参照。

[41] そのような規則との不一致から、党の支配に対する抵抗形式が導き出されるかどうかや、教師の自由裁量を全体としてどのくらい見積もることができるのかという問いについては、テノルト（Tenorth 1997）における議論を参照せよ。

[42] Hamann 1993, S. 321 参照。

[43] Döbert/Geißler 2000, S. 114 参照。

[44] Anlage zur „Anweisung über die Erteilung von Zeugnissen und die Versetzung an den allgemeinenbildenden polytechnischen Oberschulen vom Januar 1980" des Ministeriums für Volksbildung, Punkt I、Erlebach 1986, S. 187 参照。

[45] Herrlitz/Hopf/Titze 2001, S. 200; Hamann 1993, S. 323 参照。

[46] Hamann 1993, S. 315 参照。

[47] Döbert/Geißler 2000 参照。

[48] Waterkamp 1987, S.120 参照。

第5章　現代の通信簿

　第二次世界大戦後、連合国の占領下にあった西側のドイツではドイツ連邦共和国（1948年）が成立した。それに伴い、各州の文化高権が回復され、連邦レベルではドイツ連邦共和国常設各州文部大臣会議（KMK：die ständige Konferenz der Kultusminister der Länder in der Bundesrepublik Deutschland）が設置された。この会議の任務は特に、適切な立法的枠組みによって、学校制度に全国的な互換性を持たせることであった。通信簿の評点制度は、この文脈において全国で統一された。また、評点（評定）をつけることに対する断続的な批判の影響を受けて、多くの州の基礎学校第1〜2学年では記述式の通信簿が導入された。さらに近年では、鍵的資質（Schlüsselqualifikationen）および鍵的能力（Schlüsselkompetenzen）をめぐる議論の結果として、多くの州が基礎学校および中等学校において、態度に関する評点（いわゆる頭部評点）が再び導入されつつある。本章では第一に、現代の通信簿の概要について述べる。第二に、基礎学校における記述式通信簿の導入について考察する。その際、1945年以降の旧西ドイツおよび1990年のドイツ統一後の歴史についても触れる。第三に、通信簿に関する近年の動向として、態度に関する評点（Kopfnoten）の再導入および細目別通信簿（Rasterzeugnisse）の試みについて考察する。そして第四に、これらの通信簿の機能を分析する。

第1節　通信簿の標準化

　第二次世界大戦後、連合国占領軍の影響のもと、ドイツの西側ではドイツ連邦共和国が成立した。国家社会主義の時代においては、教育政策が学術教育国民陶冶省によって中央集権的に行われていたのに対して、戦後は州の文化高権が再び保証されるようになった[1]。また連邦レベルでは、各州の教育政策を調整するために、1949年12月2日に「ドイツ連邦共和国常設各州文部

第 5 章　現代の通信簿

大臣会議（KMK : die ständige Konferenz der Kultusminister der Länder in der Bundesrepublik Deutschland）」が設置された。文部大臣会議の決議は、満場一致でなければならないが、各州に対しては、その決議が直接的に法的拘束力を持つのではなく、州議会による州の立法において受け入れられる必要がある[2]。

　ドイツの学校制度の基本事項は、文部大臣会議における採決プロセスを経て制定されている。現行の学校制度の基本構造は、「学校制度の分野における統一に関する連邦共和国各州間の協定（いわゆるデュッセルドルフ協定）」（1955 年 2 月 17 日）および「学校制度の分野における統一に関する連邦共和国各州間の新協定（いわゆるハンブルク協定）」（1964 年 10 月 28 日）によって、州を越えて統一的に規定されている。ドイツには統一的な学校制度が存在せず、州によって非常に多様な学校組織が存立している。例えば、全国では 4 年制基礎学校が標準とされているが、ベルリンでは 6 年制基礎学校制度が採用されている。あるいは、ノルトライン・ヴェストファーレン州のように、従来の三分岐学校制度を統合した総合制学校を一部で導入している州もあれば、バイエルン州のように従来の三分岐型学校制度を終始一貫して維持している州もある[3]。しかし、通信簿については、文部大臣会議の協定によって、その授与形式が統一され、またそれらの相互承認の基準が制定されている。アビトゥア成績証明書がどの州のアビトゥア試験を受けたかに関係なく、どの州でも大学入学資格として通用するのは、そのためである。

　現行の制度では、初等教育は 4 年制または 6 年制の基礎学校（Grundschule）からなる。基礎学校から発行されるいわゆる移行通信簿（Übertrittszeugnis）は、次に進学する学校種（州によって異なるが、基幹学校、実科学校、中間学校、ギムナジウム、総合制学校）のうち、どの学校への進学を勧告するかについて示したものである。このとき、基礎学校の修了証明書（Abschlusszeugnis）は、次の学校への進学資格となる。それゆえ基礎学校の学年末・学期末の通信簿は、どの種の学校を選択するかを診断するための道具として重要な役割を担っている。

　中等教育第 I 段階（Sekundarstufe I）は、基幹学校（Hauptschule）、実科学

第1節　通信簿の標準化

校（Realschule）、中間学校（Mittelschule）、総合制学校（Gesamtschule）およびギムナジウムの第5学年（ベルリンでは第7学年）から第10学年までを含んでいる。第9学年を修了すれば、基幹学校の修了証明書を受け取る。第10学年を修了すれば、実科学校または中間学校の修了証明書（従来のいわゆる中等教育修了資格証明書）が授与される。基幹学校の修了証明書は、一般的に職業教育に移行するための基礎資格となる。また、実科学校または中間学校の修了証明書は、高度な職業学校へ進学するための資格、あるいはギムナジウムや総合制学校の中等教育第Ⅱ段階（Sekundarstufe Ⅱ）へ進級するための資格となる。

中等教育第Ⅱ段階（Sekundarstufe Ⅱ）は、第11学年から第13学年までのいわゆるギムナジウム上級段階および職業教育段階（デュアルシステムの職業学校および職業専門学校）を意味している。ギムナジウム上級段階は、アビトゥア試験によって大学入学資格（allgemeinen Hochschulreife）を取得するとともに修了となる。アビトゥア成績証明書（いわゆる成熟証明書）は、大学および高等教育機関への入学資格となる。ギムナジウム上級段階には、ギムナジウム第10学年の通信簿（進学許可付）または進学のために必修とされる外国語を実科学校で履修したという中等教育修了資格証明書があれば、進学することができる。また、職業学校修了証明書における成績がよければ、職業専門学校への進学資格を得ることができる。さらに職業専門学校の修了証明書は、それぞれの職業分野に応じて、専門大学への入学資格となる。

こうした学校制度の標準化と並行して、通信簿における評点尺度も全国で統一された。評点（評定）については、1968年10月3日の文部大臣会議の決議に基づいて、次のように定められている[4]。

- 「非常によい（優秀）」（Sehr gut＝1）：成績が要求水準を特別に満たしている場合。
- 「よい（優）」（Gut＝2）：成績が要求水準を完全に満たしている場合。
- 「満足できる（良）」（Befriedigend＝3）：成績が要求水準を普通に満たしている場合。

- 「十分な（可）」（Ausreichend＝4）：成績に不十分な点があるが、全体としては要求水準を満たしている場合。
- 「欠陥のある（不可）」（Mangelhaft＝5）：成績は要求水準に達していないが、必要とされる基礎知識はあり、近い将来に不足部分が補われる見込みのある場合。
- 「不十分な（不十分）」（Ungenügend＝6）：成績が要求水準に達しておらず、近い将来に不足部分が補えないほどに基礎知識が不足している場合。

　ギムナジウム上級段階では、評点が点数に換算されることになっている[5]。すなわち15、14、13点が評点「1」に相当し、12、11、10点が評点「2」に、9、8、7点が評点「3」に、6、5、4点が評点「4」に、3、2、1点が評点「5」に、0点が評点「6」に、それぞれ相当する。それぞれの最終評点は、評定平均から算出される。このとき、最終学年の評点および修了試験が、ある特定の比率において相互に関係する。すべての教科の評点が平等に扱われるわけではなく、例えば、重点コース（Leistungskurs）と基礎コース（Grundkurs）のアビトゥア評点は、それぞれ区別される。

　以下では、基礎学校から中等第Ⅱ段階までの通信簿に関して、それぞれいくつかの事例を挙げる。

　まず基礎学校の通信簿を見れば、旧西ドイツにおいては、国家社会主義以前の時代と同様に、宗教の授業が再び重要視されるようになったということがわかる（図31参照）。しかし、学校での宗教教育の価値についての議論が行われるようになったのは、東西ドイツ統一後に、旧東ドイツ地域の世俗化がますます進んでからのことである。また基礎学校の通信簿には、評定と並行して記述式の所見も記入されている。そこでは児童の学校での態度に関する特徴が示されている。さらに通信簿には、次の学年への進級の可否について記入する欄が設けられ、公文書として学校長および学級担任の署名が施されている。さらに、保護者（通常は両親）は、自ら通信簿を見たということが、保護者自らの署名によって確認されなければならない。

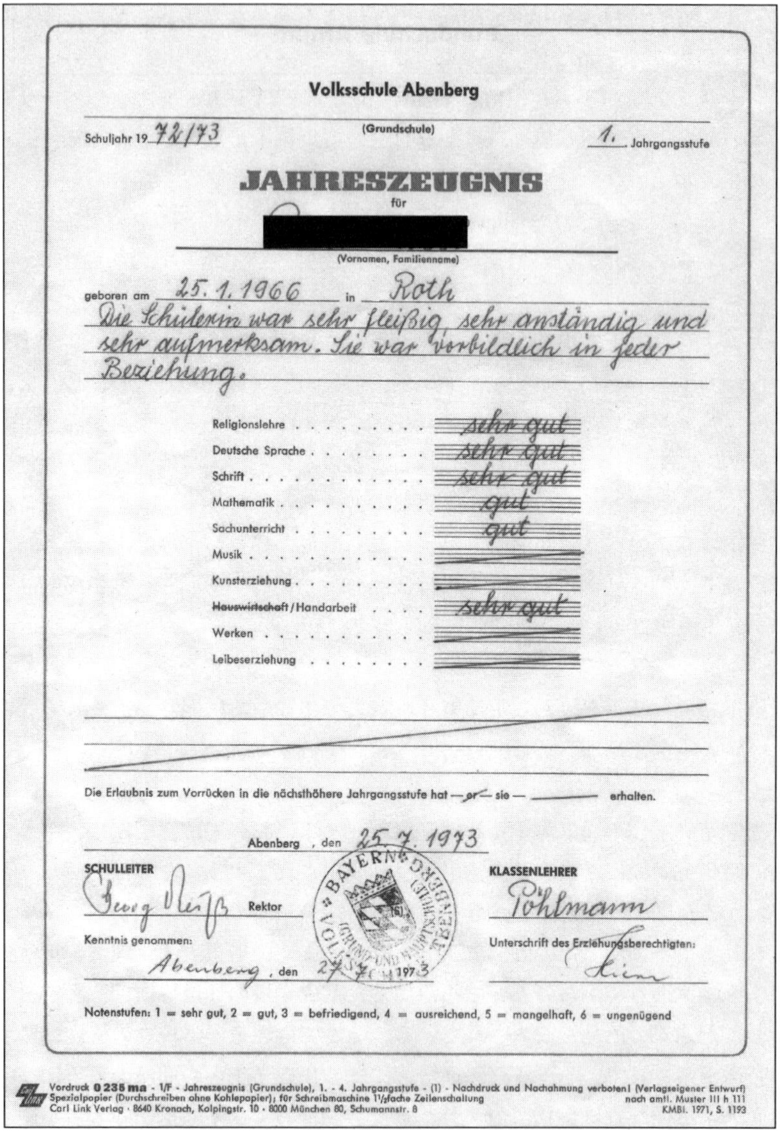

第 1 節　通信簿の標準化

図 31：基礎学校の学期末の通信簿（バイエルン州：1973 年）[6]
出典：私的寄贈品

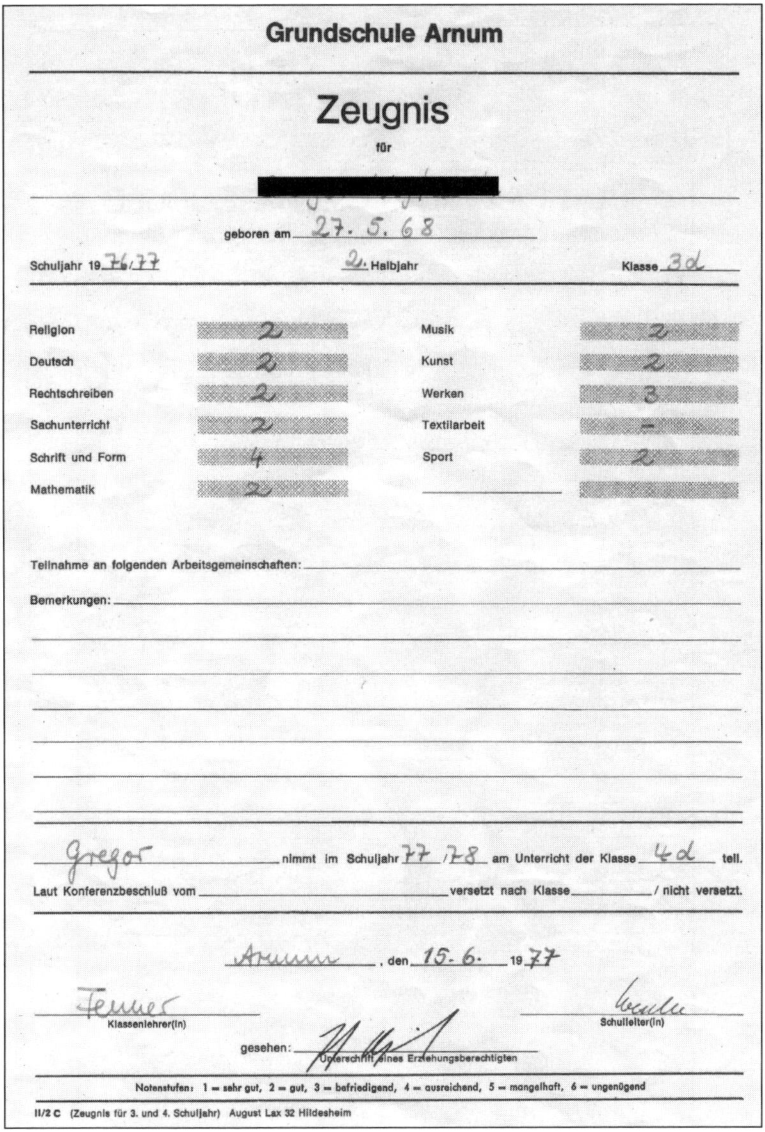

第 5 章　現代の通信簿

図 32：基礎学校の学年末の通信簿（ニーダーザクセン州：1977 年）[7]
出典：私的寄贈品

第 1 節　通信簿の標準化

　この基礎学校の通信簿は、他の州において発行されたものであるが、図 31 と比べても、通信簿の基本構造は類似していることがわかる。興味深いのは、この通信簿には、教師が児童の一般的な態度に関する評価を記入しなければならないにもかかわらず、まったく記入していないということである。

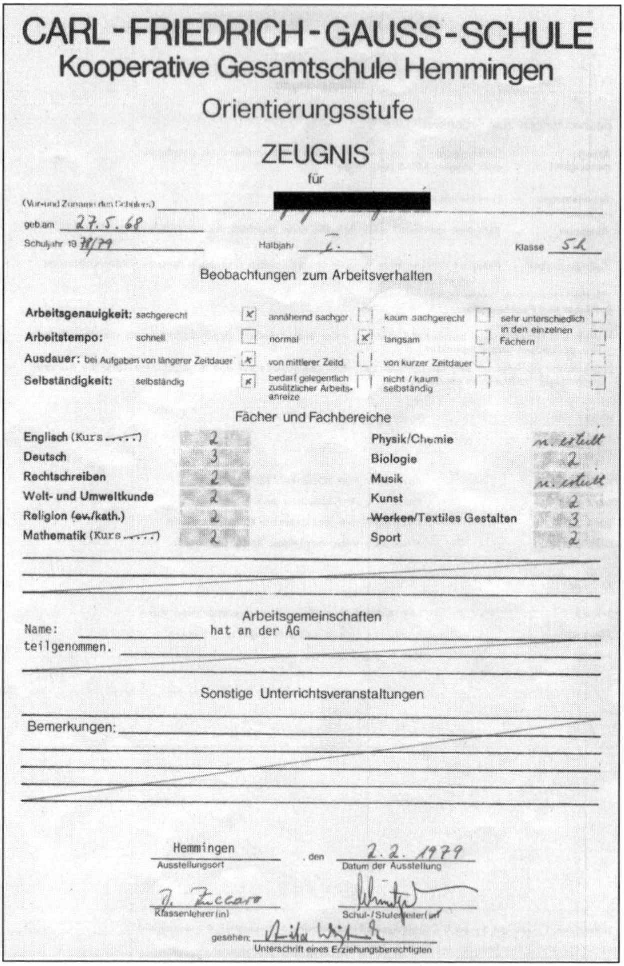

図 33.1：オリエンテーション段階の通信簿（表面）
（ニーダーザクセン州：1979 年）[8]　出典：私的寄贈品

第5章　現代の通信簿

Erläuterungen

Beobachtungen zum Arbeitsverhalten: *)

Arbeits-genauigkeit	–	Sachgerechte Bewältigung der Arbeit unter Verwendung gegebener oder eigener Mittel und Wege
Arbeitstempo	–	Geschwindigkeit der Aufgabenerledigung
Ausdauer	–	Fähigkeit, mit der an einer Aufgabe, ohne abgelenkt zu sein, gearbeitet wird
Selbständigkeit	–	Fähigkeit, sich mit einer gegebenen oder selbst gewählten Aufgabe ohne zusätzliche Anleitungen auseinanderzusetzen

*) Für jeden Aspekt ist eine Kennzeichnung vorgesehen.

B. Fächer und Fachbereiche:

1. Welt- und Umweltkunde beinhaltet Unterricht unter erdkundlichen, geschichtlichen und **sozialkundlichen** bzw. politischen Gesichtspunkten.
2. Die Noten für Englisch und Mathematik beziehen sich jeweils auf den angegebenen Kurs. Die Kursbezeichnungen bedeuten im einzelnen:

Bezeichnung:	Bedeutung:
Englisch:	
Kurs I	: Kurs mit höheren Anforderungen
Kurs II	: Kurs mit geringeren Anforderungen
Mathematik	
A-Kurs	: Der A-Kurs ist der leistungsstärkere Kurs
B-Kurs	: Der B-Kurs ist der leistungsschwächere Kurs

Notenstufen: 1 = sehr gut, 2 = gut, 3 = befriedigend, 4 = ausreichend, 5 = mangelhaft, 6 = ungenügend

図33.2：オリエンテーション段階の通信簿（裏面）
（ニーダーザクセン州：1979年）[9]　出典：私的寄贈品

137

第1節　通信簿の標準化

　この通信簿には、学校制度の社会的選別の問題を行政の施策によってコントロールしようとする1970〜80年代の改革努力が反映されている。一方では、通信簿の記述式の欄（Berichtsteil）に規準が設けられ、通信簿の裏面には、その規準についての詳細な説明が加えられている。教師は予め定められた観点から選択して記述することはできるが、もはや自由に記述することはできない。それに伴い、この記述式評価はやや客観的なものとなり、各教師の記述が相互に比較しやすくなっている。さらに、そうした措置によって教師の負担が軽減されることになる。通信簿においてさらに示されたさまざまなコースのレベルにおける評点についての指針は（裏面の詳述を参照せよ）、この具体的な事例においては用いられていない。この通信簿によって、（それ以前の学期に発行された通信簿および教師の所見とともに）中等学校への進学が自動的に可能となる。図33.1において示された学校の記述は、通信簿を通してその児童の保護者に報告される（図33.3参照）。

第 5 章　現代の通信簿

```
Orientierungsstufe
in der
                     -SCHULE
Hemmingen                              Hemmingen, den 1o. 6. 198o


Herrn und Frau


3oo5 Hemmingen




Betr.: Anmeldung Ihres Kindes ..................... zu einer der
       weiterführenden Schulen

Sehr geehrte Frau ................!
Sehr geehrter Herr ................!

Mit Beginn des neuen Schuljahres geht Ihr(e) Sohn/Tochter
............
in eine der drei weiterführenden Schulen (Hauptschule, Realschule, Gym-
nasium) über. Dabei sind Sie in der Wahl der Schulform frei.
Die Orientierungsstufe empfiehlt Ihnen im anliegenden Eignungsgutachten
den Besuch der/des Gymnasiums. Die Anmeldung bei der zuständigen
Schule der von Ihnen gewünschten Schulform müssen Sie selbst bis zum
25. 6. 198o vornehmen.
Der Anmeldung sind unbedingt beizufügen:
        1. das Eignungsgutachten
        2. die Zeugnisse der Klassen 5 und 6.
Im Falle der nicht fristgerechten Anmeldung wird Ihr Kind von der Orien-
tierungsstufe bei der zuständigen Schule der im Eignungsgutachten emp-
fohlenen Schulform angemeldet werden.
Bitte bestätigen Sie auf anliegendem Formblatt bis zum 25.6.198o den
Empfang des Gutachtens und teilen Sie gleichzeitig der Orientierungsstufe
mit, bei welcher Schule Sie Ihr Kind anmelden bzw. angemeldet haben.
Zu einer Rücksprache stehen Ihnen der Klassenlehrer sowie der Schullei-
ter nach Terminabsprache zur Verfügung.


Anlagen                        Mit freundlichem Gruß

                              -Rektor der Orientierungsstufe-
```

図 33.3：第 6 学年修了時のギムナジウムへの進学に関するオリエンテーショ
ン段階の通信簿（保護者に対する勧告）（ニーダーザクセン州：1979 年）[10]

出典：私的寄贈品

第 1 節　通信簿の標準化

```
               Volksschule  Stadtbergen  (GS+HS)

                        Schuljahr    1989/90

                            ZEUGNIS
                   über den qualifizierenden Hauptschulabschluß
              _____  ▬▬▬▬▬▬▬  _____

                         geboren am   21. März 1975

              hat die Jahrgangsstufe 9 besucht und im Jahresfortgang
              und in der besonderen Leistungsfeststellung folgende
              Gesamtnoten erzielt:

                       Deutsch                befriedigend

                       Mathematik             gut

                       Arbeitslehre           gut

                       Englisch               gut

                       Sport                  gut

                       ------------------     ------------------

                                Er   hat damit den

                       qualifizierenden Hauptschulabschluß

                       mit der Gesamtbewertung    gut

                            (Notendurchschnitt  2,4  ) erreicht.
```

図 34：基幹学校の修了証明書（バイエルン州：1990 年）[11]

出典：私的寄贈品

第 5 章　現代の通信簿

　この事例（図 34）は、バイエルン州の基幹学校の修了証明書である。学校を転校・退学する際に発行される通信簿（Abgangszeugnis）とは対照的に、この修了証明書は、資格を備えた基幹学校の修了（qualifizierender Hauptschulabschluss）を証明するものである。この修了証明書の評点は、その学年の評点と修了試験の評点から算出される。修了試験は、学校間の比較ができるように、その年のすべての生徒に対して同一の問題が出題されることになっている。その学年の評点と統一修了試験の結果の組み合わせというこの手続きは、以下の事例に見られるような中等教育修了（実科学校の修了）に対しても用いられている。資格を備えた基幹学校の修了とは対照的に、中等教育修了（実科学校の修了）の場合に明確なのは、より多くの教科が評価されていることである。さらに、生徒の性格に関する評価が簡潔に示されている。また基幹学校の修了とは対照的に、全教科の公式な評定平均は示されていない。

141

第1節　通信簿の標準化

図35：実科学校の修了証明書（バイエルン州：1990年）[12]
出典：私的寄贈品

第 5 章　現代の通信簿

> **Städtisches ▇▇▇▇▇ Gymnasium Erlangen**
>
> **Zeugnis über den Ausbildungsabschnitt** 13/1 [1)]
> **im Schuljahr** 2002/2003
>
> für den Schüler
> ▇▇▇▇▇
>
> Halbjahresleistungen :
>
> **1. Grundkurse** (jeweils Endpunktzahlen [2])
>
> | Sprachlich-literarisch-künstlerisches Aufgabenfeld | | | | | |
> |---|---|---|---|---|---|
> | Deutsch | 07 | Griechisch | -- | Musik | -- |
> | Englisch | 06 | Latein | -- | | -- |
> | Französisch | -- | Kunsterziehung | 06 | | -- |
>
> | Gesellschaftswissenschaftliches Aufgabenfeld | | | | | |
> |---|---|---|---|---|---|
> | Geschichte | 10 | Wirtschafts- und Rechtslehre | -- | | -- |
> | Erdkunde | -- | Religionslehre (r.-k.) | 12 | | -- |
> | Sozialkunde | -- | Ethik | -- | | -- |
>
> | Mathematisch-naturwissenschaftlich-technisches Aufgabenfeld | | | | | |
> |---|---|---|---|---|---|
> | Mathematik | -- | Physik | -- | | -- |
> | Biologie | -- | | | | |
> | Chemie | -- | | | | |
>
> | außerhalb der Aufgabenfelder | | | | | |
> |---|---|---|---|---|---|
> | Sport | 13 | | -- | | -- |
>
> **2. Leistungskurse** (jeweils Endpunktzahlen, doppelt gewertet)
>
> | | Halbjahres-leistung | | Halbjahres-leistung |
> |---|---|---|---|
> | Mathematik | 14 | Biologie | 15 |
>
> Bemerkungen: [3)]
>
> Erlangen, 3. Februar 2003
>
> Kollegstufenbetreuerin　　　　　　　　　　　Schulleiter
>
> Schülein, StD　　　　　　　　　　　　　　Weichselbaum, OStD

図 36：ギムナジウム第 13 学年 1 学期の通信簿（バイエルン州：2003 年）[13]
出典：私的寄贈品

143

第1節　通信簿の標準化

　このギムナジウム第 13 学年（最終学年）1 学期の通信簿は、ギムナジウム上級段階の改革を反映している。教科は、基礎コースと重点コースに区別される。重点コースは、大学入学準備のために専門教科の学問的な要求水準まで深く学習するコースである。また上述のように、評点尺度は点数によって区分される。

> Städt. ▮▮▮▮▮▮▮▮ Gymnasium Erlangen
> Neusprachliches und Mathematisch-naturwissenschaftliches Gymnasium
>
> ZEUGNIS DER
> ALLGEMEINEN HOCHSCHULREIFE
>
> Dem Zeugnis liegen zugrunde:
> Die „Vereinbarung zur Neugestaltung der gymnasialen Oberstufe in der Sekundarstufe II vom 7. Juli 1972"
> in der jeweils geltenden Fassung,
> die Vereinbarungen über die Einheitlichen Prüfungsanforderungen in der Abiturprüfung (EPA), die
> „Vereinbarung über die Abiturprüfung der neu gestalteten gymnasialen Oberstufe in der Sekundarstufe II
> (gemäß Vereinbarung der Kultusministerkonferenz vom 7. Juli 1972)"
> (Beschluss der Kultusministerkonferenz vom 13. Dezember 1973 in der jeweils geltenden Fassung),
> das „Bayerische Gesetz über das Erziehungs- und Unterrichtswesen (BayEUG)" (BayRS 2230-1-1-UK) und
> die „Schulordnung für die Gymnasien in Bayern (GSO)" vom 16. Juni 1983 (GVBl S. 681) in der jeweils
> geltenden Fassung.

図 37.1：アビトゥア成績証明書（図 37.1 の 1 頁：表紙）
（バイエルン州：2003 年）　出典：私的寄贈品

第 5 章　現代の通信簿

| 2. Seite des Zeugnisses der allgemeinen Hochschulreife |

Städtisches ▓▓▓▓▓▓Gymnasium Erlangen

Herr ▓▓▓▓▓▓▓▓▓▓▓ ,

geboren am ▓▓▓▓▓▓▓▓▓ in Erlangen,

wohnhaft in Erlangen, hat sich nach dem Besuch der Oberstufe des Gymnasiums der Abiturprüfung unterzogen.

I. Einzelergebnisse in der Kursphase

Die beiden Leistungskursfächer sind durch LF gekennzeichnet, Grundkursfächer bleiben ohne besondere Kennzeichnung.
Die Bewertungen von Grundkursen, die nicht in die Gesamtqualifikation eingehen, sind in Klammern gesetzt.

Fach		Zahl der eingebrachten Halbjahresleistungen	Halbjahresleistung [1] in einfacher Wertung im Ausbildungsabschnitt				Note [2]
			12/1	12/2	13/1	13/2	
Sprachlich-literarisch-künstlerisches Aufgabenfeld		–	--	--	--	--	------------
Deutsch		4	10	09	07	08	befriedigend
Englisch		4	08	05	06	05	ausreichend
Kunsterziehung		2	10	08	(06)	(04)	befriedigend
Gesellschaftswissenschaftliches Aufgabenfeld		–	--	--	--	--	------------
Geschichte		4	11	12	10	10	gut
Erdkunde		2	10	08	--	--	befriedigend
Religionslehre (r.-k.)		3	13	10	12	(06)	gut
Mathematisch-naturwissenschaftliches Aufgabenfeld		–	--	--	--	--	------------
Mathematik	(LF)	4	05	07	07	05	ausreichend
Biologie	(LF)	4	08	09	08	10	befriedigend
Physik		2	09	05	--	--	befriedigend
-----------------------------		–	--	--	--	--	------------
Sport		3	12	15	13	(08)	gut
-----------------------------			--	--	--	--	------------
-----------------------------			--	--	--	--	------------
-----------------------------			--	--	--	--	------------
-----------------------------		–	--	--	--	--	------------
-----------------------------			--	--	--	--	

1) Die Punktzahlen werden stets zweistellig angegeben.
2) In die Berechnung der Note sind alle Halbjahresleistungen einzubeziehen.

図 37.2：アビトゥア成績証明書（図 37.1 の 2 頁）
（バイエルン州：2003 年）[14]　　出典：私的寄贈品

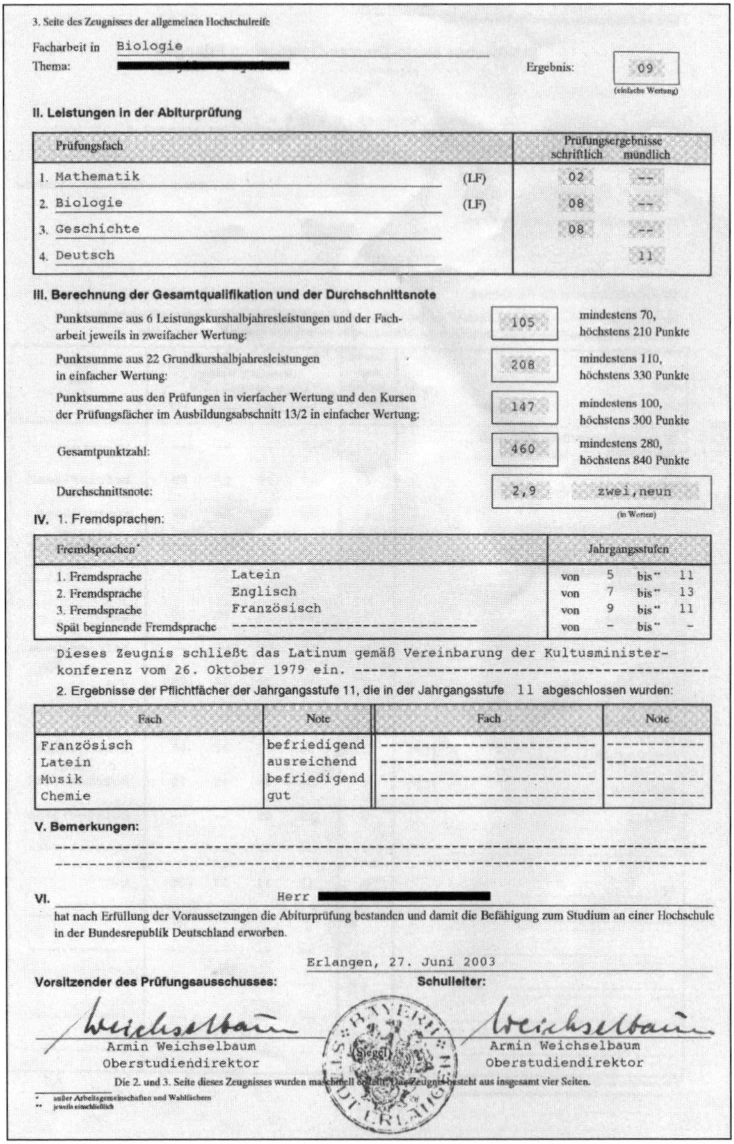

第３節　近年の動向：態度に関する評点の再導入

図37.3：アビトゥア成績証明書（図37.1の３頁）
（バイエルン州：2003年）[15]　出典：私的寄贈品

第 5 章　現代の通信簿

4. Seite des Zeugnisses der allgemeinen Hochschulreife

(Name ~~der Schülerin~~ / des Schülers)

[Siegel]

Für die Umsetzung der Noten in Punkte gilt:

Noten	sehr gut +　1　−	gut +　2　−	befriedigend +　3　−	ausreichend +　4　−	mangelhaft +　5　−	ungenügend 6
Punkte	15　14　13	12　11　10	9　8　7	6　5　4	3　2　1	0

Der Umrechnung der Punktzahl der Gesamtqualifikation in die Gesamtnote liegt Anlage 3 Nr. 1 der Verordnung über die zentrale Vergabe von Studienplätzen (BayRS 2210-8-1-1-WFK) in der zum Zeitpunkt der Zeugniserteilung jeweils geltenden Fassung zugrunde.

図 37.4：アビトゥア成績証明書（図 37.1 の 4 頁）
（バイエルン州：2003 年）　出典：私的寄贈品

第 3 節　近年の動向：態度に関する評点の再導入

　アビトゥア成績証明書（成熟証明書）の場合、上述のような 0 点（評点 6）から 15 点（評点 1+）までの 16 段階の点数制度が全国で用いられている（図 36.4 も参照）。1970 年代におけるギムナジウム上級段階の改革以降、アビトゥア成績証明書はもはやアビトゥア試験の結果だけを示すものではなくなった。アビトゥア試験を統一試験として実施する州もあれば、学校ごとにアビトゥア試験を実施する州もあるが、むしろアビトゥア試験のほかに、卒業前の 2 年間に示された各学期の成績も大学入学資格取得のために重要となった。その結果、一方では卒業時の点数による試験の成績をめぐる圧迫感が弱まり、学校での継続的な成績が結果として考慮された。他方では、いまや教師と生徒が、学校におけるすべての期間がアビトゥア試験をめぐる圧迫感に覆われてしまうという不平を漏らしている。全体的には、一方では継続的な成績が考慮されているが、他方ではこの制度が（統一試験または一部では修正された）試験によって各教師の個人的評価を相対化するという意味で、その満足度は高い[16]。

第 2 節　記述式評価の通信簿（Berichtszeugnisse）

　1970 年代には、評点制度および成績評価制度に対する根本的な見直しが行われるようになった。すでに 1920 年代には、通信簿の弊害に対する批判が確認できるが[17]、1960 年代中頃になると、通信簿の内容的正しさや発言力に対する疑念がますます主張されるようになった。結局、通信簿によって将来的な職業機会が配分されていることに注目が集まり、その結果、通信簿の評点の妥当性が社会的公正という観点から議論されるようになった。この時代には、経験科学的な研究によって、次のことが明らかにされた。すなわち教師が評点を常に客観的につけているわけではなく、評点づけにおいて、例えば、家庭的背景、児童生徒の社会適応、児童生徒の外見の良し悪しといったような別の要因が教科に関係のない規準として無意識のうちに評価に影響を与えているのである。経験科学的な研究によって、こうした問題が初めて指摘され、客観性という観点についての懐疑が強まった[18]。さらに、成績に対する

児童生徒たちの不安に対して配慮がなされるようになった。

　こうした社会的な文脈において、ドイツ教育審議会（Bildungskommission）の教育委員会（Deutsche Bildungsrat）は、1970年に学校の成績原理について、次のような説明を行った。「社会的競争において重要であるような成績原理は、若者や子どもたちの教育プロセスには転用できないものである。むしろ競争は年齢に応じて、一生涯の不利益や社会的敗北といった脅迫がないような（…）形式で導入されなければならない。学校における教育学的な成績の原理（不安を生まない挑戦の原理）の有効性は、細分化された学習内容との関連において理解されなければならない（…）。たとえ特殊な学業成績がすべて重要なものであっても、生涯学習への準備のための基礎となるような本質的な学習目標は、学習プロセスの中で理解されなければならないものである」[19]。ドイツ教育審議会の教育委員会はこのように、学校での評点（評定）づけによる競争志向的、比較志向的な成績評価を批判したのである。

　この批判を受けて、文部大臣会議（KMK）は1970年に、次のような勧告を出した。「第1〜2学年では、この学校段階の目的の観点から見れば、授業の各分野における見せかけの詳細な評価よりも、子どもの成績に関する一般的な叙述のほうが重要である。それゆえ第1〜2学年では、それぞれ学期末に子どもの一般的な評価が自由形式で通信簿に示されるべきである」[20]。すなわち文部大臣会議は、初等教育段階の第1〜2学年における評点（評定）づけを廃止するよう勧告したのである。

　この文部大臣会議の勧告に伴い、1970年代には旧西ドイツにおけるほとんどの州で、第1〜2学年の評点が廃止され、いわゆる記述式通信簿（Berichtszeugnis）に切り替わっていった。記述式通信簿では、保護者には子どもの学習について、子どもには学習の発達について、教師自らが伝えたいことを自由に記述する。それゆえ、教師の記述が非常に多様なものになる場合もある。一般的に、記述式通信簿には、さまざまな学習分野についての報告とともに、学習態度および社会的態度についての助言が示された。また記述式通信簿の書き方や構成をめぐって、教育学分野の専門家たちは激しく議論するようになった[21]。ただし、あまり教育を受けていない階層の親たちが、

第 3 節　近年の動向：態度に関する評点の再導入

そもそもどの程度までこうした通信簿の形式を適切に理解することができるのかという問いも重要である。

　ここでは、基礎学校における記述式通信簿の事例を 2 つほど提示する（図 38 および 39 参照）。

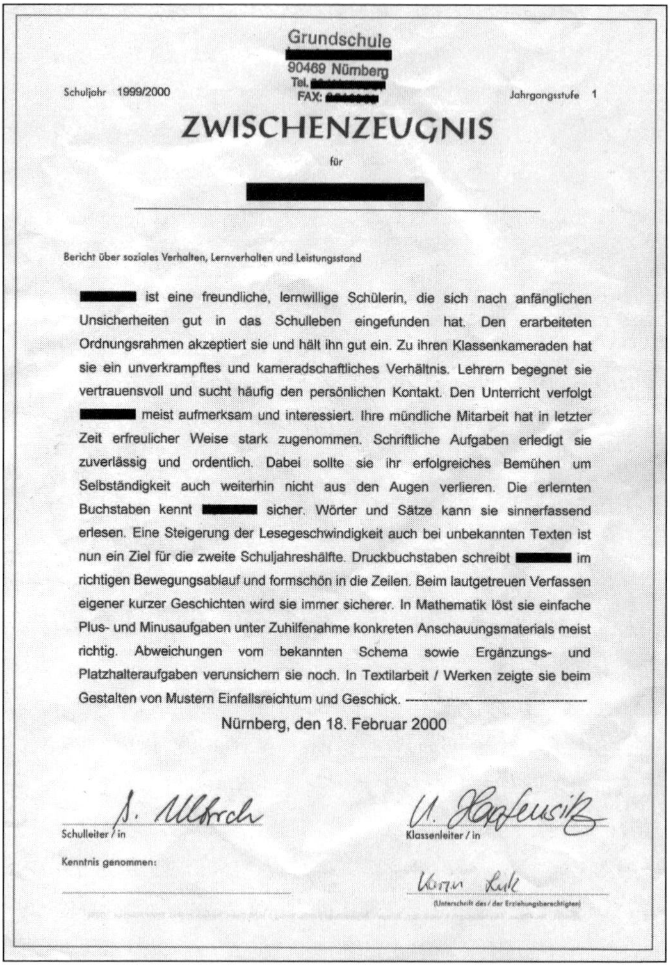

図 38：基礎学校第 1 学年の記述式通信簿（バイエルン州：2000 年）[22]
出典：私的寄贈品

第 5 章　現代の通信簿

Grundschule
■■■■ Nürnberg

Schuljahr 2000/2001　　　　　　　　　　　　　　　　　　　　　　Jahrgangsstufe   2

JAHRESZEUGNIS

für

_____

geboren am ___ 10. Februar 1993

Bericht über soziales Verhalten, Lernverhalten und Leistungsstand

Lehrern und Schülern gegenüber verhielt sich ■■■■■ im Unterricht stets hilfsbereit und zuvorkommend. In den Pausen gelang es ihr jedoch nicht immer, Meinungsverschiedenheiten mit Klassenkameraden konfliktfrei zu lösen. Dennoch war sie diesbezüglich Ratschlägen von Seiten der Lehrkraft immer aufgeschlossen. Am schulischen Geschehen beteiligte sich die Schülerin regelmäßig mit richtigen Beiträgen. Die Erledigung ihrer Aufgaben nahm ■■■■■ ehrgeizig in Angriff. Dabei bemühte sie sich um Selbständigkeit, erbat aber auch oft die Hilfe der Lehrerin oder ihrer Mitschüler. Neue Lerninhalte fasste sie mitunter zögernd auf. Nach einiger Übung jedoch konnte sie diese anwenden und mit bereits vorhandenem Wissen verknüpfen. Ihre Hefte und Arbeitsblätter gestaltete sie übersichtlich und ordentlich. ─────
■■■■■ trug unbekannte Lesestücke fließend mit sinngemäßer Betonung vor. Sie war in der Lage, den Inhalt wiederzugeben. Die Wörter aus dem Grundwortschatz konnte ■■■■■ oft fehlerlos wiedergeben und in veränderter Form aufschreiben, wenn sie sich konzentrierte. Bei der Anwendung in eigenen Texten oder Diktaten hatte sie manchmal noch Schwierigkeiten. In Mathematik konnte ■■■■■ Plus- und Minusaufgaben, sowie Aufgaben aus den erlernten Einmaleinsreihen lösen. Bei Abweichungen vom geübten Schema und bei Platzhalter- und Sachaufgaben war sie sehr unsicher. In Phasen des Kopfrechnens kam sie zuweilen nicht rasch genug zum richtigen Ergebnis. Ihre Mitarbeit in Heimat- und Sachkunde war lobenswert. Besonders engagiert war sie beim Thema „Hund". In Textilarbeit/Werken zeigte sie wenig Ausdauer und arbeitete oft oberflächlich und unkonzentriert. Auch im Religionsunterricht ließ sie sich leicht ablenken und hatte Mühe, anderen im Klassengespräch zuzuhören. Gerne beteiligte sich ■■■■■ am Singen, Basteln und Malen. Im Sportunterricht zeigte sie Freude und bemühte sich um gute Ergebnisse. ─────

Nürnberg, den 25. Juli 2001

i.V. Gabriele ■■■　　　　　　　　　　U. ■■■■■
Schulleiter/in　　　　　　　　　　　　　Klassenleiter/in

Kenntnis genommen:

_____
(Unterschrift des/ der Erziehungsberechtigten)

図 39：基礎学校第 2 学年の記述式通信簿（バイエルン州：2001 年）[23]

出典：私的寄贈品

第3節　近年の動向：態度に関する評点の再導入

　州によっては、記述式通信簿が第1～2学年だけでなく、第3～4学年においても導入されている[24]。以下の表は、各州における基礎学校の第1～4学年の通信簿の形式を示したものである（表3参照）。

表3：各州の基礎学校における通信簿の形式

州	第1学年 1学期	第1学年 2学期	第2学年 1学期	第2学年 2学期	第3学年 1学期	第3学年 2学期	第4学年 1学期	第4学年 2学期
バーデン・ヴュルテンベルク	…	記述式通信簿	記述式通信簿	評点つき記述式通信簿	評点通信簿	評点通信簿	評点通信簿	評点通信簿
バイエルン	記述式通信簿	記述式通信簿	記述式通信簿	記述式通信簿	コメントつき評点通信簿	コメントつき評点通信簿	コメントつき評点通信簿	コメントつき評点通信簿
ベルリン	…	記述式通信簿	…	評点通信簿または記述式通信簿	評点通信簿または記述式通信簿	評点通信簿または記述式通信簿	評点通信簿または記述式通信簿	評点通信簿または記述式通信簿
ブランデンブルク	…	記述式通信簿	…	記述式通信簿	コメントつき評点通信簿または記述式通信簿	コメントつき評点通信簿または記述式通信簿	コメントつき評点通信簿または記述式通信簿	コメントつき評点通信簿または記述式通信簿
ブレーメン	…	記述式通信簿	…	記述式通信簿	評点通信簿または記述式通信簿	評点通信簿または記述式通信簿	評点通信簿または記述式通信簿	評点通信簿または記述式通信簿
ハンブルク	保護者面談	記述式通信簿	保護者面談	記述式通信簿	評点通信簿または記述式通信簿	評点通信簿または記述式通信簿	評点通信簿または記述式通信簿	評点通信簿または記述式通信簿
ヘッセン	…	記述式通信簿	…	記述式通信簿	評点通信簿または記述式通信簿	評点通信簿または記述式通信簿	評点通信簿	評点通信簿
メクレンブルク・フォアポンメルン	記述式通信簿	記述式通信簿	記述式通信簿	コメントつき評点通信簿	コメントつき	コメントつき	コメントつき	コメントつき
ニーダーザクセン	…	記述式通信簿	記述式通信簿	記述式通信簿	評点通信簿	評点通信簿	評点通信簿	評点通信簿
ノルトライン・ヴェストファーレン	…	記述式通信簿および保護者面談	…	保護者面談および記述式通信簿	コメントおよび保護者面談つき評点通信簿	コメントおよび保護者面談つき評点通信簿	評点通信簿	評点通信簿
ラインラント・プファルツ	…	記述式通信簿	…	記述式通信簿	評点通信簿または記述式通信簿	評点通信簿または記述式通信簿	評点通信簿または記述式通信簿	評点通信簿
ザールラント	保護者面談	記述式通信簿および保護者面談	記述式通信簿および保護者面談	記述式通信簿および保護者面談	評点通信簿	評点通信簿	評点通信簿	評点通信簿
ザクセン	記述式通信簿	記述式通信簿	記述式通信簿	独語・数学の評点つき記述式通信簿	評点通信簿	評点通信簿	評点通信簿	評点通信簿
ザクセン・アンハルト	記述式通信簿	記述式通信簿	記述式通信簿	コメントつき評点通信簿	コメントつき評点通信簿	コメントつき評点通信簿	コメントつき評点通信簿	コメントつき評点通信簿
シュレスヴィッヒ・ホルシュタイン	保護者面談	記述式通信簿	記述式通信簿	記述式通信簿	コメントつき評点通信簿	コメントつき評点通信簿	コメントつき評点通信簿	コメントつき評点通信簿
チューリンゲン	記述式通信簿	記述式通信簿	記述式通信簿	コメントつき評点通信簿	コメントつき評点通信簿	コメントつき評点通信簿	コメントつき評点通信簿	コメントつき評点通信簿

出典：Ziegenspeck 1999, S. 83

　各州の通信簿の形式に関しては、各州の規則によって、それぞれ次のように定められている[25]。

第 5 章　現代の通信簿

表 4 : 初等教育段階の通信簿に関する規則

州	第1～2学年	第3～4学年	註
バーデン・ヴュルテンベルク	●記述式通信簿（第1学年学年末および第2学年1学期末・学年末）:態度項目、作業項目、学習項目および児童の個性に関する補足的なコメント。 ●第1学年から第2学年へ：進級決定なし。 ●第2学年2学期以降：ドイツ語および算数の評点が示される。	●評点通信簿；ドイツ語および算数に関する筆記テスト、学期末・学年末の通信簿および修了証明書において、文章および構成についての評点（進級を左右するものではない）。	●1995/96年度から：第3～6学年では、「態度および授業への積極的参加」という「態度に関する評価」の代わりに、教室や学校における児童の学習態度（Arbeitsverhalten）、自立性（Selbständigkeit）、協調性（Bereitschaft zur Zusammenarbeit）に関する一般的な記述式の評価。
バイエルン	●評点なし、言葉による記述式通信簿、学習目標のチェック。 ●第2学年から：記述式通信簿の中での成績に関する評価（および態度に関する評点）。	●評点通信簿（記述式での助言も可）。	●評点のない評価も可（例えば、家政専門学校、養育施設、社会施設など）。
ベルリン	●第1学年：記述式評価 ●第2学年：教師および保護者（賛成過半数）の決議に基づいた評点または記述式評価。	●第3学年：教師および保護者（賛成2/3以上）の決議に基づいた評点または記述式評価（以前の学年で記述式評価を採用した場合）。 ●第3～4学年：転校・修了または進級の場合には、評点通信簿が授与されなければならない。学期末（半期）の場合、保護者と協議の上で記述式通信簿を発行してもよい。	●記述式で評価する教師による観察および判断は、評価期間中には定期的に文書で記録されなければならない。 ●転校の際の通信簿および修了証明書には、「所見」欄に児童の肯定的な面に関する記述しか書いてはならない。
ブランデンブルク	●第1～2学年：学年末の通信簿は記述式。	●第3学年から：成績確定のための筆記試験。 ●第3～4学年：学期末および学年末の通信簿；学校会議の決議に基づいて評点をつけなくてもよい。	●進学規則：可能な進路に関する保護者の個人的な助言；助言のための懇談に基づく勧告を付した所見（根拠：子どもの発達、得意な才能、得意分野の成績、診断）。
ブレーメン	●発達に関する記述形式の学年末通信簿。	●記述式の学習発達レポートおよび評点通信簿は、いずれも同等な進級の根拠となる。 「(3)第3学年開始時に、各学級会議が、次の学年の通信簿の形式に関して決定する。記述式の学習発達レポートを採用するには、学級担任の同意がなければならない。その決定の前提には、各学級の児童の保護者の賛成がある。」（出典：Gesetzblatt der Freien Hansestadt Bremen, Nr. 17, 23. 3. 1993）	●学校は、（オリエンテーション段階に対して）規定外の評価形式について（個別に）申請を行うことができる。
ハンブルク	●基本的には、記述式の通信簿。	●保護者は、記述式通信簿か評点通信簿かについて、過半数の賛成に基づいて決定できる。	●審議中の新学校法によっては、第6学年まで拡大する可能性がある（早くとも1996年に決まる）。
ヘッセン	●記述式の評価。	●第3学年：基本的には評点（記述式の評価は、学校会議の決定による）。 ●第4学年：評点（記述式評価は、学校による試行の枠内に限る）。	
メクレンブルク・フォアポンメルン	●第1学年および第2学年の1学期：記述指揮の評価。 ●自動進級。 ●「第2学年2学期の開始とともに、成績評価が評点形式でも行われる」（文部大臣通達1991年5月23日第3/91号） ●第3学年への進級は、学級会議での決定に従う。	●評点。 ●第4学年への進級は、学級会議の決定に従う。 ●「2学期の開始とともに、第4学年の学級担任は、第4学年の授業を担当する各教員とともに、各児童に対して所見を作成する。所見は、進学先についての勧告を明記し、保護者や進学先の学校のための指針の一助となるようなものでなければならない。児童の教室での学習発達、学習態度、耐久力、社会的態度に関する情報も存在する。」（文部大臣通達1993年1月25日第5/93号）	●高学年での数字による評価の廃止については、当面は検討しない。

153

第3節　近年の動向：態度に関する評点の再導入

州	第1〜2学年	第3〜4学年	註
ニーダーザクセン	●記述式の通信簿。	●評点。	●1995年12月末から、ヴェルンシュテット文部大臣による「通信簿に関する通達」が議論されている。通達で予定されているのは、学校会議が、基幹学校、実科学校およびギムナジウムの第8学年1学期の通信簿まで、記述形式の学習発達レポートを作成するという決議を行うことができるということである。このとき、進級決定は除く。
ノルトライン・ヴェストファーレン	●学年末の通信簿は評点なし；個人的な学習進度を確認するために、簡潔な筆記試験が許可される。 ●第1学年から第2学年への進級は、自働的に行われる。	●学期待つ・学年末の通信簿は評点あり；数学およびドイツ語については、筆記試験。 ●第3学年から「児童は進級・落第によって、それぞれ自分の成績に適した学年へ割り振られる」（出典：Verordnung über den Bildungsgang in der Grundschule, SGV.NW.223, 30. 5. 1979)）。 ●進学：「保護者が実科学校またはギムナジウムへの進学を希望し、基礎学校の見解が一致している児童全員に対して、所見が作成されなければならない。（…）基礎学校の総合的な評価に反して、実科学校またはギムナジウムへの進学を希望する児童は、試行授業（Probeunterricht）に参加しなければならない」（出典：同上）。	●1989年から、第3〜4学年で「評定団塊を用いない成績評価」の指定を受けた基礎学校による試行が実施されている。
ラインラント・プファルツ	●評点なし；記述式の評価。	●評点通信簿；保護者と教師の同意が得られれば、継続して記述式評価を行ってもよい。保護者が希望すれば、各教科の評点のついた補足的文書を発行してもよい。 第4学年1学期や転校の際にも同様である。	
ザールラント	●第1〜2学年：学年末・学期末の通信簿は、評点の代わりに記述式の通信簿。	●第3〜4学年：学習態度、社会的態度および成績に関して自由な形式で示した記述式の通信簿でもよい。	●成績評価の根拠は、筆記試験、口述試験および日頃の成績である。筆記試験を行う教科についての通信簿の評点は、授業における積極的な参加によっても重大な影響を受ける。
ザクセン	●第1学年：評定のない成績評価。 ●第1学年末および第2学年1学期：評点のない記述式レポート（文部省が示した見本の場合には、激励的な教育のコンセプトに基づいた学校レポート）。 ●第2学年から：評定づけに向けた漸次的移行；算数およびドイツ語における評定。 ●第2学年末：算数およびドイツ語に関する評定のついた記述式の学校レポート。	●第3学年から：1学期末の情報提供（各教科の成績）。 ●第3学年：記述式の学校レポート、ドイツ語・算数・郷土科／事実教授・工作に関する評定；その他の教科については、評点または式の評価。 ●第4学年から：宗教／倫理および外国語以外のすべての教科に関する評点；学年末には、通信簿（国家の公文書）および進学先に関する勧告。 ●第1〜3学年：記述式の評価の中で、態度および授業への積極的参加についての評価。	●評定づけの根拠は、児童の筆記試験、口述試験および日頃の成績のすべてによるものである。児童が引き起こした態度による成績の不十分さは、第4学年までは言及されない。第7学年からは一般的に「不十分」という評定がつけられる。 ●ザクセン州文部省では、基礎学校における成績確定のための手引きを特別に作成している（評点のない評価について）。
ザクセン・アンハルト	●第1学年：評点の代わりに「学習態度、社会的態度および成績に関するレポート」、第1学年から第2学年への自働的な進級。 ●第2学年：いくつかの教科に対する評点通信簿、評点をつけない教科の成績評価は記述式。 ●第1〜2学年：筆記試験なし。	●第3学年から：ドイツ語、算数、郷土・事実教授についての筆記試験；「多様な形式の成績確定が行われる」（公報1993年7月29日）。	●評定づけの根拠は、児童の筆記試験、口述試験、教科に特有の実技能力すべてによるものである。

154

第5章 現代の通信簿

州	第1〜2学年	第3〜4学年	註
シュレスヴィッヒ・ホルシュタイン	●第1〜3学年：成績状況および発達状況に関する記述式の通信簿；第2〜3学年の成績については、進級に関する決定も含む。 ●第1学年から第2学年へ：進級決定なし。 ●第2学年から第3学年へ、第3学年から第4学年へ：学年末に進級決定。	●第3学年：保護者との協定に基づいて、(特に他の州に転校する場合には)評点通信簿を発行してもよい。 ●第4学年：進学先に向けた進学決定を行わない。	●シュレスヴィッヒ・ホルシュタイン州学校法第35条：「児童は学年末に、また転校の際に、授業で身につけた能力についての成績および獲得した修了資格を明記した通信簿を受け取る必要がある」。 目標：支援と要求は、このとき選抜よりも支援が重視される！
チューリンゲン	●第1学年：評点なし。 ●第2学年：評点の漸次的導入。 ●第1学年および第2学年1学期の通信簿は、記述式の所見。	●評点。	●評定づけの根拠は、児童の筆記試験、口述試験、教科に特有の実技能力すべてによるものである。不十分な成績であれば、第2学年から「不十分」という評定をつけてもよい。

出典：Bartinitzky 1996, S. 131-135

　すべての州が記述式通信簿を導入しているが、詳細な規則は州によって大きく異なっている。第5学年からは一般的に、どの州においても評点通信簿が発行されている[26]。

第3節　近年の動向：態度に関する評点の再導入

　1999年頃から多くの州において、態度に関する評点（いわゆる頭部評点）が通信簿において再び用いられるようになっている。頭部評点という枠の中では、児童生徒の態度（たとえば、授業への積極的な参加など）が評点形式で評価される。実際、態度に関する評点では、児童生徒の教科の成績ではなく学習態度および社会的態度が評点形式で示されている。この評点が「頭部評点（Kopfnoten）」と呼ばれるのは、それが一般的に通信簿の頭部に記載されているためである。多くの州では、こうした態度に関する評点が主に第2〜10学年の通信簿において示されている[27]。
　旧西ドイツでは、態度に関する評点が1970年代まで（旧東ドイツでは1990年まで）通信簿に記載されていた。当時の態度に関する評点では一般的に、行儀よさ（Betragen）、勤勉さ（Fleiß）、注意力（Aufmerksamkeit）、几帳面さ（Ordnung）について評価された[28]。しかし、これらの評点は1970年代に（旧東ドイツでは1990/91年度から）廃止された。その当時の議論では、態度に

第3節　近年の動向：態度に関する評点の再導入

関する評点によって、一方では根拠のない選別や、場合によっては管理統制（教化）につながっていることが、他方では態度評価の客観性や測定可能性が疑わしいことが問題となった[29]。その結果、通信簿における態度評価は、記述式の一般的な評価へと転換していった。

しかし近年になって、態度に関する評点の再導入をめぐる賛否の議論が行われるようになってきている。そして現在では、多くの州が態度に関する評点の導入に踏み切っている[30]。2006年現在において、態度に関する評点をすでに導入している州は、次の通りである（表5参照）。

表5：態度に関する評点を再び導入している州

州（導入年）	評価項目	評点段階
バイエルン（2005）	社会的態度、学習態度	4
ヘッセン（2000）	学習態度、社会的態度	6
ニーダーザクセン（2000）	学習態度、社会的態度	5
ラインラント・プファルツ（1989）	授業への積極的参加、態度	5
ザールラント（2000）	授業への積極的参加、態度	5
ザクセン（1999）	行儀よさ、勤勉さ、授業への積極的参加、几帳面さ[31]	5
ザクセン・アンハルト（2003）	学習態度、社会的態度	4

出典：筆者作成

評価される態度の項目としては、大きく二つの柱に分かれている。すなわち、ひとつは「学習態度または授業への積極的参加（Arbeitsverhalten/Mitarbeit）」であり、もうひとつは「社会的態度または態度（Sozialverhalten/Verhalten）」である。学習態度の場合には、教師に対する態度という文脈で、また社会的態度の場合には、他の児童生徒に対する態度という文脈で理解されている[32]。評点尺度に関して言えば、ヘッセン州を除けば[33]、いずれの州でも4～5段階評価となっている。

第 5 章　現代の通信簿

　これに対して、児童生徒の態度に評点をつけず、一般的な記述式の評価を行っている州もある。態度に関して評点をつけない州は、バーデン・ヴュルテンベルク、ベルリン、ブランデンブルク、ブレーメン、ハンブルク、メクレンブルク・フォアポンメルン、ノルトライン・ヴェストファーレン、シュレスヴィッヒ・ホルシュタイン、チューリンゲンである。ここで明確なのは、態度に関する評点の再導入が政権党の政策に左右されるものではなく、政治的陣営を越えて多様に議論されていることである。

　以下では、ニーダーザクセン州およびバイエルン州を事例として、通信簿における態度に関する評点の現状を示している。ニーダーザクセン州では、態度に関する評点が、2000 年に再び導入された。州の回覧通達（Runderlass）に基づく現行の規定では、次のように定められている。「学習態度および社会的態度の評価は、教師の提案のもと、学級会議の決議にしたがって実施される。学習態度の評価は、特に次の観点から行われる。すなわち、学習への準備および授業への積極的参加（Leistungsbereitschaft und Mitarbeit）、目標達成および成果志向（Ziel- und Ergebnisorientierung）、協調性（Kooperationsfähigkeit）、自立性（Selbstständigkeit）、注意力（Sorgfalt）、忍耐力（Ausdauer）、信頼性（Verlässlichkeit）である。また社会的態度の評価は、特に次の観点から行われる。すなわち、反省能力（Reflexionsfähigkeit）、コンフリクトへの対応能力（Konfliktfähigkeit）、規則の遵守（Vereinbaren und Einhalten von Regeln）、公平性（Fairness）、他人に対する配慮（Hilfsbereitschaft und Achtung anderer）、責任感（Übernahme von Verantwortung）、共同生活に向けた協力（Mitgestaltung des Gemeinschaftslebens）である。学級会議は、学習態度および社会的態度に関する評価を要約する。このとき、次のように標準化された形式での 5 段階評価が行われ、それぞれの観点を強調しながら補足されなければならない。つまり、『特別な賞賛に値する』、『期待される条件を完全に満たしている』、『期待される条件を満たしている』、『不満はあるが期待される条件は満たしている』、『期待される条件を満たしていない』の 5 段階である。総合会議（Gesamtkonferenz）は、学校保護者会（Schulelternrat）および児童会・生徒会（Schülerrat）と協議の上、学級会議が（…）それぞれの観点を強調するこ

157

第3節　近年の動向：態度に関する評点の再導入

となく評価するのか、あるいは自由記述式の評価にするのかということを原則的に決定する」[34]。

　ニーダーザクセン州では、2000年から2003年までは4段階の評定が用いられていたが、2004年からは5段階の評定が用いられるようになった。この評定は、ニーダーザクセン州の通信簿では、その下部に示されているが、依然として「頭部評点」と呼ばれている。

　バイエルン州の通信簿は、態度に関する評点の再導入の最も新しい事例である（図40参照）。この通信簿では、態度に関する評点が通信簿の頭部に示されている。バイエルン州では2005年から、態度に関する評点が第2～4学年の学期末および学年末の通信簿に導入されている。態度に関する評点は、2つの項目から構成される。すなわち、社会的態度および学習・作業態度である。社会的態度には、社会的責任（soziale Verantwortung）、協調性（Kooperation）、コミュニケーション（Kommunikation）、コンフリクトに対する態度（Konfliktverhalten）が含まれる。学習態度には、児童の興味関心および動機（Interesse und Motivation）、集中力および忍耐力（Konzentration und Ausdauer）、学習・作業の方法（Lern- und Arbeitsweise）が含まれる。また、それぞれの項目について、次のような4段階の評定（評点）がつけられている。すなわち、A（卓越して現れている）、B（明確に現れている）、C（部分的に現れている）またはD（極端に少なく現れている）である。教科の評点とは明確に異なるのは、態度に関する評点が数字ではなく、アルファベットで示されていることである。また評点と並行して、教師がさらにコメントを書き加えている。同時に、この通信簿には、各教科の成績についても評点だけでなく、詳細な記述が示されている。そのため、保護者に対する情報が改善され、教師の診断能力が求められる。このことは、図40.2の通信簿の事例において明確である。ここでは児童の成績は、詳細に記述されているため、今後どこをどのように伸ばせばよいのかが非常によくわかる。この通信簿の導入の背景には、PISA（OECD生徒の学習到達度調査）、PEARLS/IGLU（IEA児童の読解力調査）のような国際的な学力比較調査において、ドイツの子どもの学力が低かったことがある。これらの調査で明らかになったのは、外国と比べてドイツ

の教師には、わずかな診断能力しか備わっておらず、児童生徒ひとりひとりの学習の進歩に対する関心が非常に低いということである[35]。

Volksschule

Schuljahr **2005/2006**　　　　　　　　　　　　　　　　　　　Jahrgangsstufe **2**

JAHRESZEUGNIS
für

Sozialverhalten		▇▇▇▇ war ein frohgemuter Schüler, der in seiner humorvollen Art bei den Mitschülern sehr beliebt war. Er kam mit allen problemlos aus, benötigte keinerlei Hilfe bei der Konfliktbewältigung. Dienste für die Gemeinschaft erfüllte er von sich aus, gerne und zuverlässig. ▇▇▇▇ ging offen auf Lehrer und Schüler zu, die Zusammenarbeit war aber noch nicht zielgerichtet. Während des Unterrichts fiel es ihm sehr schwer, die Gesprächsregeln einzuhalten. Oft störte er durch Zwischenbemerkungen.
Soziale Verantwortung	A	
Kooperation	B	
Kommunikation	C	
Konfliktverhalten	A	
Lern- und Arbeitsverhalten		An allen schulischen Bereichen zeigte er sich interessiert und lernwillig. Im Unterricht beteiligte sich lebhaft und manchmal übermütig, wartete mit seinen Beiträgen oft nicht, bis er aufgerufen wurde. Sich über den erforderlichen Zeitraum zu konzentrieren, fiel ihm schwer. Bei den Aufträgen benötigte er oft Hilfestellung. Schriftliche Arbeiten bemühte er sich zu fertigen.
Interesse und Motivation	B	
Konzentration und Ausdauer	C	
Lern- und Arbeitsweise	C	
Religionslehre (r.-k.) *		3
Deutsch		5
Sprechen und Gespräche führen		erzählte aus seinem Erlebnisbereich freudig und lebhaft und konnte Begriffe sehr gut erklären
Texte verfassen		Texte und Geschichten wurden gemeinsam gefertigt
Richtig schreiben		Prägte sich die erlernten Wortbilder nicht dauerhaft ein, schrieb Texte bei großem Zeitaufwand fehlerhaft ab
Sprache untersuchen		geringe Kenntnis der Wort- und Satzarten
Lesen und mit Literatur umgehen		erliest kurze Texte langsam und mit geringem Sinnverständnis
Mathematik		4
Geometrie		geringe Kenntnis der Körper- und Flächenformen
Zahlen und Rechnen		llöste bei geringer Zahlvorstellung einfache schematische Rechenoperationen
Sachbezogene Mathematik		löste einfache Sachaufgaben kaum

*) Religionslehre (__); für Schüler, die nicht am Religionsunterricht teilnehmen, Ethik

図 40.1：態度に関する評点を示した基礎学校の通信簿（表面）（2006 年）[36]
出典：Volksschule Utting am Ammersee

第 3 節　近年の動向：態度に関する評点の再導入

> **Seite 2 des Jahreszeugnisses**
> von ▇▇▇▇　　Schuljahr: 2005/2006
>
> | Heimat- und Sachunterricht | 2 |
> |---|---|
>
> Für die Themen des Sachunterrichts begeisterte sich ▇▇▇ sehr. Vor allem im Bereich Biologie verfügte er über sehr detailliertes und umfangreiches Wissen.
>
> | Werken / Textiles Gestalten | 1 |
> |---|---|
> | Kunsterziehung | 1 |
> | Musikerziehung | 2 |
> | Sporterziehung | 1 |
>
> **Individuelle Lernfortschritte / Förderansätze / Ergänzende Bemerkungen:**
> Es fiel ▇▇▇ sehr schwer, sich während des Unterrichtes zu konzentrieren. Er lenkte sich und die Klassenkameraden oft ab. Schwierigen Anforderungen versuchte er durch Gespräche auszuweichen. Durch sehr großen häuslichen Fleiß konnte in Mathematik in den Lernzielkontrollen die Note ausreichend erzielt werden Das mathematische Verstehen ist mangelhaft, es zeigte sich eine Rechenschwäche. Zur Geläufigkeit der Einmaleinssätze bedarf es weiterhin der Übung.
> Im Bereich Deutsch zeigte sich eine Lese- Rechtschreibschwäche. ▇▇▇ nahm am LRS- Kurs an der Schule teil.
> In den Fächern Deutsch und Mathematik sind die begonnenen Fördermaßnahmen fortzusetzen.
>
> ▇▇▇, 28. Juli 2006
>
> Schulleitung:　　　　　　　　　　Klassenleitung:
> Monika Zintel, Rin　　(S)　　　　Gabriele Bruckner
>
> Kenntnis genommen:
>
> Ort, Datum　　　　　　　　　　Unterschrift des/der Erziehungsberechtigten

図 40.2：態度に関する評点を示した基礎学校の通信簿（裏面）（2006 年）[37]

出典：Volksschule Utting am Ammersee

態度に関する評点が再び導入されることになった背景には、本質的には、次のような 3 つの議論がある。第一に、従来の教科の枠を越えた授業（fachübergreifender Unterricht）の拡大に伴い、自立的に学習することが児童生徒に対してますます求められたこと。第二に、従来行われてきた記述式の評価が形式主義的な記述になってきたこと。第三に、教師たちが、怠惰で規律の守れない児童生徒に対抗する手段を必要としたことである。以下では、これらの議論について、さらに詳しく説明する。

1990 年代に入ると、教育政策のレベルにおいて、21 世紀の教育のあり方を探る学校教育改革の議論が行われるようになった。児童生徒に対しては、国際化や情報化や環境問題の深刻化といったような現代的課題に対応できるように挑戦することが求められるようになった。社会の変化に直面して、児童生徒たちは、現代社会における新たな問題に対応できるだけの能力を身につけなければならない。その際、これまで学校で学んできた事実的知識や能力だけでは不十分であるため、教科の枠を越えたカリキュラムおよび授業が学校において重要な意味を持つようになってきた[38]。

教科の枠を越えた授業では、従来の試験で測定されてきた学業成績だけでなく、現代の諸問題に直面した場合に、ある程度は対応できるような一般的な基本的な資質や能力も身につけなければならない。こうした基本的な資質や能力の評価は、態度に関する評価の枠内で行われることとなった。それに伴い、そうした能力や資質を評価するためのモデルが必要となってきたのである[39]。その手がかりとして特に注目されたのが、「鍵的資質（Schlüsselqualifikationen）」という概念である。鍵的資質とは、「変化する専門知識をすばやく円滑に開発するための鍵を形成する、教育すべき優先度の高い資質」である[40]。職業的な知識や能力の有効期限（Haltwertzeit）が早まるとともに、事実的知識の一方的な教え込みではなく、ますます複雑になりつつある将来の社会の中でも生きていけるような資質や能力の獲得が求められるようになった。

鍵的資質という概念は、もともと経済の分野から導入されたものであり、学校教育においては 1970 年代の特に学校での一斉授業における事実的知識の詰め込みに対する批判との関連の中で取り上げられた。すなわち経済界は

第3節　近年の動向：態度に関する評点の再導入

学校に対して、幅広く応用のできる鍵的資質および能力の育成を求めたのである[41]。経済界からの要求を受けて、教育界においても（例えばドイツ教育審議会ではすでに1974年に）、鍵的資質をめぐる議論が行われるようになった。1990年代には、ノルトライン・ヴェストファーレン州の教育審議会(1995)が、鍵的資質について、次のように定義した。すなわち鍵的資質とは「問題解決の際に、また能力の獲得の際にできるだけ多くの利益となるような内容領域であり、個人的な必要性だけでなく社会的要求も満たすことができるような行動力を喚起するような、獲得可能な一般的能力・態度・戦略・知識の要素」である[42]。ただし、この審議会は、鍵的資質が具体的にどのようなものなのかについて、明確に示すことができなかった[43]。それゆえ態度に関する評点の導入が、鍵的資質の獲得を学校で推進するという目標に本当に寄与するのかどうかは疑わしい。態度に関する評点のもともとの管理統制としての役割を考えれば、態度に関する評点によって鍵的資質を獲得するという目標が達成できることは、ほとんど想定できない。そのため現在に至るまでにも、態度に関する評点において教科統合的学習の評価ができるような能力モデルが議論されてきた。教育心理学の分野においては、例えば、鍵的資質の下位項目として、次のような項目が提示されている。すなわち、教科的資質（Fachqualifikation）、方法的資質（Methodenqualifikation）、社会的資質（Sozialqualifikation）、人格的資質（persönliche Qualifikation）である[44]。しかしながら、これらの項目を態度に関する評点に対してどのように用いるのかについては、まだ議論されていない。

　態度に関する評点が通信簿に再導入された第二の理由として、一般的な記述式の評価が少しずつ形式主義化してしまい、それぞれの児童生徒ごとに明確なコメントがほとんど見られなくなっていることが指摘されている。記述式の一般的な評価は、児童生徒たちを比較することなく個性に応じた態度評価を実現するために導入されたものである[45]。こうした傾向は、児童生徒の態度だけではなく、各教科の成績評価にも影響を与えている（本章第2節参照）。ところが、記述式の一般的な評価は教師に対して、時間的にも、内容的にもかなりの負担を強いることになる。それゆえ通信簿における記述において、次第にどの子に対しても似たような表現が見られるようになり、それほ

ど重要な意味を持たなくなってしまった[46]。

　態度に関する評点の再導入をめぐる第三の要因は、態度に関する評点の考え方をめぐる変化である。1970年代においては、教師は自らが児童生徒の態度を評価することそのものに対して不満を抱いていた。しかしながら、時代の経過とともに教師たちは、学ぼうとしない児童生徒、暴力的な児童生徒、また学校を無断で欠席してしまう児童生徒の態度を記録する必要性をますます感じるようになった。その結果として、教師たちは、通信簿に再び態度に関する評点を導入することを受け入れるようになったのである[47]。態度に関する評点は、主として規律訓練の道具として解釈された。また、主に教師や保護者を対象としたさまざまなアンケート調査では、回答者のうち80％以上が、児童生徒に対して態度に関する評点の再導入に賛成していることが明らかになっている。例えば、ベルリン州では84.2％、ノルトライン・ヴェストファーレン州では89.5％が、態度に関する評点の再導入に賛成している[48]。

　また、ブレーメン州およびチューリンゲン州では、鍵的資質を評価するために、いわゆる細目別通信簿（Rasterzeugnis）が試験的に導入されている。細目別通信簿とは、いわゆる「学習発達状況に関するレポート（Lernentwicklungsberichte）」または「観察記録簿（Einschätzungsbögen）」である。例えば、チューリンゲン州の細目別通信簿では、鍵的資質をさらに具体的に操作できるように試みられている[49]。以下では、第5学年から第10学年までの評価用紙を示す（図41参照）。この評価用紙は、通信簿の一部として発行されている。

第3節　近年の動向：態度に関する評点の再導入

> Anlage zum Zeugnis (5. - 10. Schuljahr)
> Im Rahmen des Projekts zur Schulentwicklung
> „Einschätzungsbogen Lernprozess" in Thüringen
>
> _____
> Schule
>
> **Einschätzungen zum Lernprozess,
> zur Arbeitsweise und zum sozialen Verhalten**
>
> Klasse: _____   Schuljahr: _____/_____   1. Halbjahr / Schuljahr
>
> Name: _____   Vorname: _____
>
> geb.: _____
>
> Die Einschätzungen wurden auf Beschluss der Klassenkonferenz vom _____ getroffen.
>
> Für die Klassenkonferenz: _____
>
>   Gespräch mit dem Erziehungsberechtigten dringend empfohlen ja/nein
>
> Kenntnis genommen: _____
>   Erziehungsberechtigte
>
>   Gespräch mit Lehrern gewünscht ja/nein
>
> Die Einschätzungen wurden im Hinblick auf das weitere Lernen besprochen am _____
>
> _____   _____
> Schüler/in   Klassenlehrer/in

図41：チューリンゲン州における評価用紙（2001年）[50]

164

第5章　現代の通信簿

Auffassen und Verstehen
Du fasst den Unterrichtsstoff schnell auf, stellst
sachbezogene Fragen und verstehst Zusammenhänge

o Es gelingt Dir.
o Du machst deutliche Fortschritte.
o Du verbesserst Dich mit Unterstützung.
o Du brauchst noch viel Hilfe,
　wir werden daran arbeiten.

Hinweise:

Übertragen und Problemlösen
Du überträgst dein Wissen auf neue Aufgabenstellungen. Du bringst eigene Ideen in den Unterricht ein, erkennst selbstständig Probleme und schlägst Lösungswege vor.

o Es gelingt Dir.
o Du machst deutliche Fortschritte.
o Du verbesserst Dich mit Unterstützung.
o Du brauchst noch viel Hilfe,
　wir werden daran arbeiten.

Hinweise:

Methodisches Vorgehen
Du bist in der Lage, dir Informationen zu beschaffen, auszuwählen und zu bewerten. Du arbeitest gezielt und fragst, wenn du etwas nicht verstehst. Du teilst deine Zeit effektiv ein

o Es gelingt Dir.
o Du machst deutliche Fortschritte.
o Du verbesserst Dich mit Unterstützung.
o Du brauchst noch viel Hilfe,
　wir werden daran arbeiten.

Hinweise:

Sorgfalt
Du gehst sorgsam mir Lehr- und Lernmitteln um, achtest bei eigenen Arbeiten auf Vollständigkeit, angemessene Darstellung und Gestaltung. Du bist bei Absprachen verlässlich.

o Es gelingt Dir.
o Du machst deutliche Fortschritte.
o Du verbesserst Dich mit Unterstützung.
o Du brauchst noch viel Hilfe,
　wir werden daran arbeiten.

Hinweise:

Präsentation
Deine Beiträge sind klar aufgebaut und sprachlich angemessen. Du gehst auf deine Zuhörer ein. Du verwendest Anschauungsmittel und orientierst Dich an Zeitvorgaben.

o Es gelingt Dir.
o Du machst deutliche Fortschritte.
o Du verbesserst Dich mit Unterstützung.
o Du brauchst noch viel Hilfe,
　wir werden daran arbeiten.

Hinweise:

第3節　近年の動向：態度に関する評点の再導入

Einsatz und Ausdauer
Du arbeitest im Unterricht konzentriert mit. Du strengst dich an und lernst auch ohne Anweisung und Kontrolle. Du lässt dich auch bei Schwierigkeiten nicht schnell entmutigen.

○ Es gelingt Dir.
○ Du machst deutliche Fortschritte.
○ Du verbesserst Dich mit Unterstützung.
○ Du brauchst noch viel Hilfe, wir werden daran arbeiten.

Hinweise:

Selbstreflektion
Du kennst deine Stärken und Schwächen und kannst mit ihnen umgehen. Du bist in der Lage, eigene Standpunkte zu formulieren und die Standpunkte anderer zu bedenken.

○ Es gelingt Dir.
○ Du machst deutliche Fortschritte.
○ Du verbesserst Dich mit Unterstützung.
○ Du brauchst noch viel Hilfe, wir werden daran arbeiten.

Hinweise:

Zusammenarbeit
Du arbeitest in Gruppen mit, hörst anderen Gruppenmitgliedern zu und berücksichtigst deren Beiträge. Du übernimmst Verantwortung für den gemeinsamen Lernprozess und gehst mit Konflikten angemessen um.

○ Es gelingt Dir.
○ Du machst deutliche Fortschritte.
○ Du verbesserst Dich mit Unterstützung.
○ Du brauchst noch viel Hilfe, wir werden daran arbeiten.

Hinweise:

Toleranz
Du achtest die Meinungen und die Verhaltensweisen anderer, selbst wenn dir beide fremd sind.

○ Es gelingt Dir.
○ Du machst deutliche Fortschritte.
○ Du verbesserst Dich mit Unterstützung.
○ Du brauchst noch viel Hilfe, wir werden daran arbeiten.

Hinweise:

Hilfe geben oder Hilfe nehmen
Du hilfst anderen oder nimmst selbst Hilfe an, wenn Du sie brauchst.

○ Es gelingt Dir.
○ Du machst deutliche Fortschritte.
○ Du verbesserst Dich mit Unterstützung.
○ Du brauchst noch viel Hilfe, wir werden daran arbeiten.

Hinweise:

出典：Thüringer Kultusministerium: Schulverwaltung, Nov. 1999 Nr. 11, Schreiben des Thüringer Kultusministeriums vom 12. Juli 1999 und vom 20. Juli 2000, zitiert in: Solzbacher 2001, S. 98-101.

チューリンゲン州の評価用紙では、次のような 10 個の資質および能力が評価されている。すなわち「把握力・理解力（Auffassen und Verstehen）」、「応用力・問題解決能力（Übertragen und Problemlösen）」、「方法論的対処力（Methodisches Vorgehen）」、「注意深さ（Sorgfalt）」、「プレゼンテーション能力（Präsentation）」、「集中力・忍耐力（Einsatz und Ausdauer）」、「自己省察力（Selbstreflektion）」、「共同学習（Zusammenarbeit）」、「寛容（Toleranz）」、「支援する・支援を受ける力（Hilfe geben oder Hilfe nehmen）」である。いずれの能力も具体的に記された 4 段階の評定（「あなたは成功しました（Es gelingt Dir）」／「あなたは明確に進歩しました（Du machst deutliche Fortschritte）」／「あなたは支援によって自分を改善しました（Du verbesserst Dich mit Unterstützung）」／「あなたはまだ多くの支援が必要で、われわれはそれについてさらに取り組みます（Du brauchst noch viel Hilfe, wir werden daran arbeiten）」）で評価される。また、評点のみならず、文章表記による補足説明（Hinweise）も同時に示されるようになっている。

第 4 節　機能分析

　本章は、1945 年から 2006 年までのドイツ連邦共和国の通信簿を扱っている。1990 年以降は、新たな連邦州（旧東ドイツの加盟）の通信簿も併せて考察している。この時代は、まず旧西ドイツが国家社会主義以前のドイツ（ワイマール共和国）を継承したものとして位置づけられ、国家社会主義の時代の展開が元に戻されたという特徴が見られる。それに伴い、学校制度は各州の責任のもとで運営されることになった。他方、各州相互間の自由な移動が実現し、ドイツ国内相互の流動性が公平になるように、各州文部大臣会議が設置された。そうすることで、各州の選択した学校制度に見られる多様な違いの中で、修了資格をめぐる大綱的法規に関する比較可能性が保障された。このことは、通信簿に対しても同様である。それゆえ通信簿は、たとえそれが州政府の公文書として発行されるとしても全国で通用するのである。通信簿が全国で一般的に承認されることが重要な意味を持つのは、それがさらな

第4節　機能分析

る進学先に向けた選別・配分機能を持ち、進学のための入学試験を受けなくてもよいという、まさにこの理由からである。数百年以来の通信簿の変遷は、学校制度全体を改善し、入口をコントロールすることから出口をコントロールすることへ変換しようという努力と密接に関わっている。1990年代末の国際学力比較調査における悪い結果を受けて、ドイツ各州での教育制度の大規模な抜本的構造改革が、各学校の強い自律性によって、同時に評価や比較調査による効率性の点検によって、児童生徒ひとりひとりの学力支援を実現するという目標とともに始まった。

　事実的次元においては、通信簿が再び、国家社会主義以前の内容と構造に戻された。教科の構成が元の状態に戻り、態度に関する評点が再び導入された。その後、1970年代には、こうした教育評価制度が批判されるようになった。評価の根拠となるデータに客観性が欠如しているという指摘とともに、児童生徒に対する教師の権力性が問題視された。というのは、評価の根拠となるデータが客観的なものではないということになれば、児童生徒（**心的システム**）の評価は、教師の独自の判断に基づいて行われていることになるからである。こうした文脈の中で、態度に関する評点が廃止された。同時に、児童生徒に対する（肯定的および否定的な両面での）レッテルが回避されることになった。しかし、その20年後、態度に関して児童生徒に対する教育的フィードバックがないということが議論の的となった。その結果、態度に関する評点が再び導入されることになったのである。ただし、こうした態度に関する評点は、アビトゥア成績証明書においては見られない。アビトゥア成績証明書においては、各教科の成績だけで十分のようである。実科学校および基幹学校の修了証明書とは対照的に、性格的特性をアビトゥア成績証明書に示している州は見当たらないが、態度に関する評点の代わりに、簡潔な記述式のコメントを用いる州もある。態度に関する評点の導入とともに、一般的な評点づけを越えた診断につながるようなコメントが記載されることもある。実際、バイエルン州の基礎学校は、教科の成績について詳細なフィードバックを行うことのできるような、評点と記述を分けた通信簿を導入している。こうしたフィードバックは、評価規準の中で標準化され、そこから純粋

な記述式の通信簿よりも**客観的**な通信簿が確保されることになる(以下参照)。通信簿は、それが内容的にも相互に関連しており、そうすることで各種の学校の接続可能性が実現される。同時に、**授業**という**相互作用システム**だけでなく、**組織**としての**学校**に関しても、質の安定化や比較可能性といった重要な面での進展をもたらす。各種の学校が関連性を持たず、相互に並立していたような第二帝政時代やワイマール共和国時代とは対照的に、現代の学校はいまやひとつのシステムの中で相互に関連し、通信簿がそれらの関節を形成している。そのため特定の条件のもとで、実科学校の修了証明書があれば、試験を受けなくともギムナジウム上級段階に進むことが可能となる。基幹学校および実科学校の修了証明書があれば、職業学校（Berufsschule）や職業専門学校（Berufsfachschule）への入学が、また特定の条件を満たせば専門学校（Fachschule）への入学が可能となる。優秀な成績の基幹学校の修了証明書（例えば、そのために特別に設けられたコースを修了した場合）があれば、実科学校に進学した後、中等教育修了資格を得ることができる。職業専門学校および専門学校で授与された修了資格があれば、特定の条件のもとで単科大学（Fachhochschule）などに入学できる。こうしたシステムをそれぞれ詳細に示さなくとも、特定の通信簿が発行されるとともに、ギムナジウムや各種専門学校への進学資格が与えられるだけでなく、中等学校制度内での進路変更のための資格も得られるということは明らかである。同時に、普通教育および職業教育におけるさまざまな進路の分化した網状組織が成立している。これらの制度は、連邦16州では、各州の事情に応じてさらに多様な形で構成されている。それゆえ特に通信簿制度に関して、州相互間の比較可能性が維持されている。そうすることで、急速な変化の中で常に新たな職業観が成立し、従来のものが消えていくような**社会**の分化に対応できるようになっている。同時に、通信簿の入場券として意味が、つまり通信簿のさらなる接続資格としての意味が強まっていくのである。社会の急速な変化にもかかわらず、フンボルトによる教育改革以来、通信簿は社会的配分の中心的な道具であり続けている。ただし、このとき、国際到達度調査（PISA）以降に新たに公的に意識されてきた社会的不平等の問題、社会的配分の問題、移民の背景をもった教育レベルの低い階層（家庭）の子どもに対する教育機会が不十分である

第4節　機能分析

という問題は、未解決のままである。

　時間的次元においては、通信簿とともに進行した就学期間の標準化によって、学習期間が一方では期限付きとなり、他方では効率的な形で相互に関連することになった。それに伴い児童生徒（**心的システム**）に対しては、第13学年のギムナジウム修了から逆算して基礎学校まで、継続的な学業成績の社会的な見通しが立てられるようになった。
　一方では、国家社会主義以前の展開を受け継ぐ形で、**授業**および**学校組織**に表れるさまざまな内容的要求水準が、さまざまな種類の学校の多様な通信簿と結びつけられた。他方では、通信簿というシステムによって、さまざまな種類や形態の学校の接続可能性が相互に、特に初等学校からそれぞれの種類の中等学校へ向けて実現した。同時に、**社会**の分化が、学校制度の分化においても反映されている。それに伴い学校制度は、さまざまな学歴および職業的キャリアに対して、職業教育期間を多様な形で吸収していったのである。

　社会的次元においては、修了試験の重要性が問われている。というのは、修了生の社会的配分にとって修了証明書が大きな意味を持つからである。ただし、数日間の試験によって成績を瞬間的に記録することで、本当に児童生徒の能力を十分に示すことができているのだろうか。しかし、だからこそ試験の成績が必ずしも児童生徒のストレス状況における負担を示すものではないのではないか。こうした議論の背景には、資格を備えた基幹学校の修了（qualifizierender Hauptschulabschluss）証明書、実科学校の中等教育修了資格、またアビトゥア試験に対して、2つの手続きが混在していることが見て取れる。すなわち、修了時の評点には、最終年度の評点だけでなく、修了試験の評点も合算されている。アビトゥアに対しては、修了試験前の2年間の成績までも考慮されている。バイエルン州およびバーデン・ヴュルテンベルク州では、すでに統一的アビトゥア試験に関して長い経験を持っているが、現在では、ほとんどの州で統一試験の導入が議論されてきている。そうすることで、それぞれの**学校**が成績を相互に比較できるようになっている。このことが**授業**に対しても逆に影響を与えるようになっている。というのは、どの教

第5章　現代の通信簿

師も自らが担当する児童生徒に対して、統一的な修了試験のために可能な限り十分な準備をさせたいと思うからである。

どうすれば通信簿が選別・配分機能を最善の状態で果たすことができるのかという問題と並行して、**社会的次元**における第二の議論の方向性は、通信簿の教育的な機能に基づく議論である。結局のところ、児童生徒は通信簿によって成績のフィードバックを得る。就学して間もない学年ではまさに、こうしたフィードバックが内容的に適切なものであり、次の成績に向けて十分に動機づけられるということが重要であると考えられる。基礎学校の低学年で評定をつければ、この機能が果たされていないように見える。むしろ評定（評点）づけによって、児童生徒が成績に基づいて選別されるという印象を持つようになり、それによって自己肯定感が歪められてしまう。児童生徒の成績を文章で示すような記述式の通信簿が導入されたのは、そのためである。ただしバイエルン州のように、多くの州では、こうした記述式の通信簿が保護者によって理解されず、また十分に詳細な情報を与えておらず、教師に対しても、児童生徒の成績に見られる特徴を診断するための十分な刺激を与えていない。それゆえ、すでに述べたように、数年前から新たな形式の通信簿が考案される中で、記述式の通信簿という観点が、標準化された支援的観察および評点通信簿と相互に結びついている。それに伴い、人物に関する情報が限られた範囲内に縮減された。すなわち異なる人間がそれによって比較可能になったのである。このことは、通信簿が、その配分機能を果たすためのそもそもの前提条件である。

注

[1] Breitschuh 1997b 参照。
[2] Breitschuh 1997b, S. 1070 参照。
[3] Cortina/Baumert/Leschinsky/Mayer/Trommer 2003, S. 161-165 参照。
[4] KMK: Erläuterung der Notenstufen bei Schulzeugnissen und Einzelergebnissen in staatlichen Prüfungszeugnissen, Beschluss der Kultusministerkonferenz vom 3. Oktober 1968.
[5] KMK: Vereinbarung zur Gestaltung der gymnasialen Oberstufe in der Sekundarstufe II, Beschluss der Kultusministerkonferenz vom 7. Juli 1972 und vom 2. Juni 2000.

注

6 この学年末の通信簿にはまず、学校名、年度（1972/73 年度）、学年（第1学年）、児童氏名、生年月日（1966 年 1 月 25 日）および出生地が示されている。その下には、次のように記されている。「この児童は、非常に勤勉であり、非常に礼儀正しく、非常に注意深い。彼女は、どの人間関係においても模範的である」。次いで、宗教（優秀）、ドイツ語（優秀）、書き方（優秀）、算数（優）、事実教授（優）、手芸（優秀）の成績が示されている。そして、次の学年への進級を許可する旨が示され、最後に学校長、学級担任および保護者の署名が施されている。

7 この学年末の通信簿にはまず、学校名、児童氏名、生年月日（1968 年 5 月 27 日）、年度（1976/77 年度）、学期（2 学期）、学年組（第 3 学年 d 組）が示されている。そのすぐ下には、宗教、ドイツ語、正書法、事実教授、書き方および形式、算数、音楽、美術、工作、手芸、体育の成績が、それぞれ記されている。また所見欄には何も書かれていないが、その下には、「〇〇は、1977/78 年度に第 4 学年 d 組に進級する。」と書かれている。そして、発行地・発行日・学校長・学級担任・保護者の署名が書かれている。

8 付録 2 を参照せよ。

9 付録 3 を参照せよ。

10 この勧告には、次のように記されている。「来年度の開始とともに、あなたの息子／娘である●●は、中等学校（基幹学校、実科学校、ギムナジウム）に進学することになります。その際、保護者は自由に学校を選択できます。オリエンテーション段階の当校は、適性に関する所見とともに、ギムナジウムへの進学を勧告します。あなたがた保護者が選択する進学先への学籍登録は、1980 年 6 月 25 日までに自らが行わなければなりません。学籍登録に必ず必要なものは、次の 2 点です。1. 適性に関する所見、2. 第 5～6 学年の通信簿。期限までに学籍登録されなかった場合には、あなたの子どもについて当校のほうから、当校が勧告する学校に学籍登録を行います。1980 年 6 月 25 日までに書類および所見を確認し、どの学校に学籍登録をしたのかについて当校に連絡してください。学級担任および学校長へのお問い合わせは、事前に予約をお願いします。（学校長署名）」。

11 付録 4 を参照せよ。

12 付録 5 を参照せよ。

13 付録 6 を参照せよ。

14 付録 7 を参照せよ。

15 付録 8 を参照せよ。

16 Cortina/Baumert/Leschinsky/Mayer/Trommer 2003 参照。

17 Sost 1925 参照。

18 例えば、Bartinitzky/Christiani 1977; Ingenkamp 1976; Ziegenspeck 1976; Weiß 1965 参照。

19 Deutscher Bildungsrat 1970, zitiert in: Bartinitzky 1996, S. 130 参照。

20 KMK: Empfehlungen zur Arbeit in der Grundschule 1970、Bartinitzky 1996, S. 130 参照。

21 Döpp/Groeben/Thurn 2002; Arnold/Jürgens 2001; Langer/Langer/Theimer 2000; Einsiedler/Schöll 1995; Bartinitzky/Christiani 1987; Benner/Ramseger 1985; Scheerer/Schmied/Tarnai 1985 参照。

22 この通信簿の記述式評価の部分には、次のように記されている。「●●は、喜びをもたらすような、学習意欲のある児童である。当初は不安な部分も見られたが、学校

第 5 章　現代の通信簿

生活にうまく馴染んでいくことができた。決められた規則を受け入れ、それをよく守っていた。学級の仲間たちに対して、彼女は硬くならず、友好的な態度を示していた。彼女は教師たちを信頼し、頻繁に個人的な接点を持とうとしていた。●●は、注意深く、興味を持って授業に参加した。彼女の積極的な発言が最近増えているのは、喜ばしいことである。筆記の作業では、彼女は信頼でき、几帳面にやり遂げた。そのとき、彼女は自分で努力することも忘れてはいけない。すでに学習したアルファベットを、●●は確実に覚えている。単語や文章の意味を、彼女は読み取ることができる。さらに不慣れな文章を読むスピードを上げるということが、2学期の目標である。●●は、ブロック体の文字を正しい書き順で書き、列もきちんと揃えている。自ら考えた短編の物語を発音どおりに書くときには、彼女は常に確実にやっていた。算数では、具体的な視覚的教材を手がかりとすれば、単純な足し算と引き算がほぼ間違わずにできた。慣用的な図式および文章題は、彼女はまだ確かではない。手芸や工作では、彼女はサンプルを作るとき、豊富なアイデアや器用さを見せた」。

[23] この通信簿の記述式評価の部分には、次のように記されている。「教師および児童たちに対して、●●は、授業中には常に親切で、気が利いていた。しかしながら、休憩時間には、意見の異なる級友たちと衝突することもあった。このことに関して、教師の側からの助言を常に受けている。校内の行事には、彼女は定期的に、正しい態度で参加していた。自らに課せられた課題をやり遂げるときに、●●は野心的に取り組んだ。そのとき、彼女は自立的に取り組もうと努力したが、よく教師や級友たちの助けを借りていた。新しい学習内容を、ときどき彼女は戸惑いながら理解していた。しかし、何度か練習すれば、彼女はこれを応用することができ、すでに学んだ知識と組み合わせることができた。彼女のノートや作業ファイルなどは、一目でわかるようにきちんと整理されている。(…) ●●は、不慣れな文章の意味を取りながらスムーズに音読した。彼女は、その内容を再現できる状況にある。基本的な単語からの言葉は、●●は、ほとんど間違うことなく再現し、確認されたときには、別の言い方で説明できた。作文や書き取りにおける応用の場合、彼女にはときどき難しい面があった。算数では、●●は足し算と引き算、そしてすでに学習した範囲内で掛け算もできた。練習した図式とは違う場合、場所的な、事実に即した問題の場合には、彼女は非常に不安定であった。暗算のときには、ときおり正しい答えを素早く出すことができなかった。郷土科・事実教授における彼女の積極的な参加は、賞賛に値するものであった。彼女が特に積極的に参加したのは、『犬』をテーマにしたときであった。手芸や工作では、彼女はあまり根気がなく、作業は表面的で集中力が見られないことが多かった。宗教の授業でも、彼女は授業以外のことを考え、教室での他者の会話を聞くのが困難であった。●●は、歌、工作、絵画には喜んで参加した。体育の授業では、喜んで参加し、よい結果を得ようと努力していた」。

[24] Ziegenspeck 1999, S. 80-82; Bartinitzky 1996, S. 131-135 参照。
[25] Bartinitzky 1996, S. 131-135 参照。
[26] Ziegenspeck 1999, S. 81 参照。
[27] Solzbacher 2001, S. 82-83 参照。
[28] Arnold/Vollstädt 2001, S. 200-201 参照。
[29] Arnold/Vollstädt 2001, S. 201; Rauschenberger 1999, S. 67 参照。
[30] Füller/Locher/Nemitz 2000 参照。

173

注

[31] ザクセン州は、旧東ドイツ時代の通信簿の評価項目を継承している（第4章第2節参照）。
[32] Arnold/Vollstädt 2001, S. 203 参照。
[33] この場合、評定「6」をつける場合もありうる。
[34] Runderlass des niedersächsischen Kultusministeriums vom 24. Mai 2004、Schulverwaltungsblatt für Niedersachsen. Hannover 2004, S. 305, ber. S. 505 参照。
[35] PISA-Konsortium Deutschland 2006; Bos/Lankes/Prenzel/Schwippert/Valtin/Walther 2005 参照。
[36] 付録9を参照せよ。
[37] 付録10を参照せよ。
[38] Klafki 1995a; 1995b 参照。
[39] Grunder/Bohl 2004 参照。
[40] Mertens 1974, S. 36 参照。
[41] Tillmann 1993, S. 6-8 参照。
[42] Bildungskommission Nordrhein-Westfalen 1995, S. 113-115 参照。
[43] Lehmann/Ziegenspeck 2000, S. 220 参照。
[44] Saldern 1997, S. 34 参照。
[45] Wunder 2002, S. 61-62 参照。
[46] Wunder 2001, S. 61-62 参照。
[47] Solzbacher 2001, S. 82 参照。
[48] Solzbacher 2001, S. 82; Lehmann/Ziegenspeck 2000, S. 219 参照。
[49] Solzbacher 2001, S. 95-100 参照。
[50] 付録11を参照せよ。

終章　研究の総括

　本研究の出発点は、わが国とドイツの通信簿の機能（意味）の違いであった。わが国では通信簿を受け取っても資格は与えられないのに対して、資格付与はドイツの通信簿の支配的な機能のひとつである。ドイツにおける通信簿の歴史的展開に対する関心は、こうした違いから生じたものである。本研究の中心にあるのは、通信簿が歴史的にどのように展開してきたのかという問いであった。このとき特に関心を持って注目してきたのは、さまざまな機能が社会的、個人的にどう帰属するのかということである。

　これらの問いに答えるために、システム論的な機能分析を手がかりとして、通信簿の歴史を再構成した。本研究の最も重要な成果は、ここで次のように再び総括される。すなわち本章では、第一に通信簿の歴史的展開をまとめ、第二に通信簿の機能の変遷を理論的に総括する。これらは相互に密接に関連するものであるが、歴史的記述と特定の理論に基づく解釈とを明確に区別するため、以下では歴史的展開と機能分析を分けて総括する。第三に本研究を全体的に総括した議論を行い、第四に本研究の限界および今後の課題を提示する。

第1節　通信簿の歴史的展開

　第1章では、ドイツ語圏における最初の通信簿として慈善証明書を提示した。通信簿の最古の事例は、1559年であることが確認できた。慈善証明書は、中等学校（いわゆるラテン語学校）に通うための経済的支援および学費免除を申請する貧しい生徒に対する推薦書として用いられた。こうした慈善証明書は当初、プロテスタント側の領邦において成立したものであった。経済的支援を申請する生徒は、慈善証明書（推薦書）において自らの勤勉さ、敬虔さ、従順さ、品行が評価された。

第1節　通信簿の歴史的展開

　次第にカトリックの側においても、慈善証明書が導入された。カトリック系学校の慈善証明書においても、就学のための経済的支援の申請が重要であった。カトリック系の学校は、特にイエズス会のような教団によって幅広く普及していったことから、これらの学校の慈善証明書は、転校の際の推薦書としても用いられた。イエズス会系学校の慈善証明書では、生徒の成績や態度を評価するための評点（評定）が初めて採用された。そうした慈善証明書では一般的に、生徒の素質、勤勉さ、行儀よさ、学習進度について評価された。それは、生徒たちの間での競争および評価が、授業における教授学的主導原理であったということを示すものである。

　慈善証明書は、イエズス会系学校のそれも含め、プロテスタント側からの宗教改革およびカトリック側からの対抗宗教改革の影響を受けて成立したものである。プロテスタンティズムにとっては、教育に力を入れることが根本的な課題であり、そこでは中等学校の責任が国家（世俗権力）に委譲された。初等段階の学校教育は、わずかに拡大しただけであり、カテキズムの授業として依然として教会が担当していた。

　第2章では、成熟証明書（アビトゥア成績証明書）および民衆学校の通信簿の成立について考察した。17世紀には、先進的な領邦の中には、中等学校のみならず、初等学校も拡張させたところもあった。プロイセンでは、すべての国民に対する就学義務が18世紀初期に初めて公布された。そしてさらに18世紀中頃に再び就学義務が公布され、就学義務は政治主導で定着していった。それに伴い、学校の数が増大し、教育制度が充実していった。通信簿も、こうした文脈の中で次第に分化していった。成熟証明書は、1788年にプロイセンで成熟試験（アビトゥア試験）が導入されることによって成立した。それまでは、大学入学が家庭の経済的な状況によって左右されるにすぎなかった。成熟試験が導入された当初は、それが大学入学資格として定められたわけではないが、年月を経て次第に成熟試験と大学入学資格は結びついていった。1812年に成熟証明書は、フンボルトによる教育改革によって、まずは官職に就くための前提条件となった。結局、1834年から、成熟証明書が大学入学資格として定着した。なお、成熟証明書には、アビトゥア試験の結果が評

点の形式で記載された。

　民衆学校の通信簿は、一般就学義務を定着させるという文脈の中で導入された。この通信簿があれば、就学義務を果たしたことが証明された。それゆえ、例えばバイエルン王国のように、それを卒業証書と呼ぶ地域も多かった。一般就学義務とは、特定の年齢に達した子どもたちが学校に通うことを定めた法的義務である。一般就学義務が18世紀に通達されたにもかかわらず、就学義務が田舎に至るまで定着したのは、18世紀末から19世紀初期にかけてであり、地方行政および戸籍登録制度が改善されてからのことであった。民衆学校の通信簿があれば、当初は（結婚する権利、土地を買う権利のような）市民権を獲得できた。それゆえ民衆学校の通信簿は、就学義務を定着させ、監視するために効果的な道具となった。この通信簿には、各教科の評点だけではなく、児童生徒の態度に関しても叙述された。

　第3章では、19世紀から20世紀初期にかけての中等教育修了資格証明書、女子中等学校の通信簿、学年末および学期末の通信簿の成立に見られるような通信簿の分化について考察した。この時代には、成績に基づいた階級的な学校制度が発達した。ギムナジウムへ直接入学することがもはや不可能となったことから、中等学校の特権的地位が変化した。中等教育修了資格証明書は、軍隊制度の必要性から生じた中等学校の通信簿から成立した。この証明書は、プロイセンの一年志願兵への入隊資格であり、1858年に導入されたものである。この証明書があれば、男子は通常3年間の兵役義務を1年間に短縮することができた。その後、この証明書は、軍隊における一年志願兵だけでなく、将校キャリアや中堅の職業的キャリアに通じる資格となった。この証明書には主として、①出席状況および行儀よさ、②注意力および勤勉さ、③到達知識という3つの評価項目が設けられていた。

　女子中等学校の通信簿は、19世紀中頃における女子中等教育の発達に伴って成立したものである。女子中等学校は、特に民衆学校修了後の女子普通教育のための学校であり、成立当初から名称としては「中等」学校と呼ばれていたが、制度的には「初等」学校として位置づけられた。それゆえ女子中等学校の通信簿は、当初は何の資格にもならなかった。1908年にようやく、女

第1節　通信簿の歴史的展開

子高等学校（Lyzeum）への進学という選択肢が拓かれ、この通信簿が次第に進学資格および中堅の職業への就職資格（ただし、ほぼ教職への就職資格）として活用されるようになった。ワイマール共和国（1919年以後）になると、女子学校は次第に男子学校の資格制度に統合された。女子中等学校の通信簿には、勤勉さ、行儀よさ、学習進度についての評価が、記述式または評定の形式で記入された。

　19世紀には、通信簿制度が完全に定着した。すでに16世紀には、学校の修了時だけでなく定期的に発行されるような通信簿の存在が確認されているが、これらの定期的な通信簿は、学年末の通信簿および学期末の通信簿として、19世紀になって初めて幅広く定着していった。これらの通信簿は、それらが学年末・学期末に定期的に発行されていたため、定期的通信簿と呼ばれることもある。こうした通信簿は、成績評定簿（Zensurenbuch）の伝統から成立した。学校では一般的に、児童生徒の評価に関するデータを保存するために、成績評定表または成績評定簿が保管されている。そうすることで、子どもたちの就学状況が随時確認される。成熟試験が大学入学資格としてますます重要になってくるにつれて、多くの保護者たちがこうした成績評定表または成績評定簿に関心を示すようになった。それは、成熟試験に向けて十分な準備ができるように、自分の息子の成績状況を試験の前に知りたいと思うようになったためである。結局のところ、保護者たちは（閲覧料を支払えば）、成績評定簿の一部を閲覧できるようになった。そこから成立したのが学年末の通信簿（Jahreszeugnisse）であり、その後さらに、学期末の通信簿（Zwischenzeugnisse）の成立へと展開していった。学期末の通信簿の場合、通信簿の発行頻度はさまざまであり、年に2〜4度の範囲で変化した。すなわち低学年では、高学年と比べて児童の態度評価が重要視されたため、通信簿の発行頻度が多くなったのである。

　第4章では、ドイツにおける2つの独裁国家における通信簿について考察した。ひとつは国家社会主義における通信簿であり、もうひとつは旧東ドイツにおける通信簿である。これらの両体制は、その細部においては相互に異なるものであったが、一党独裁政権として、また三権分立および権力チェッ

クが漸次的に崩壊していったという意味で、独裁国家と見なすことができる。1933年からは、国家社会主義労働党（NSDAP）がドイツを支配した。帝国学術教育国民陶冶省の創設とともに、学校制度が国家によって中央集権的に統一され、管理されるようになった。通信簿は、1938年から国家社会主義的イデオロギーの影響を受けるようになり、国家社会主義的イデオロギーの意味での児童生徒の身体的、性格的、精神的、民族的な総合的適性が、知的な各教科の成績よりも重要視された。中等学校への進学は、成績に基づいてではなく、党が示す適性に基づいて決定された。1942年からは、戦況の悪化に伴い、大学入学資格の取得手続きが単純化され、場合によっては短縮された。

第二次世界大戦以後に東ドイツ地域で成立した独裁国家は、ドイツ民主共和国（DDR）である。この国家の政権運営は、社会のあらゆる領域を管理したドイツ社会主義統一党（SED）によって行われた。旧東ドイツでは、分岐型の学校制度が廃止され、学校は1959年に、10年制普通教育総合技術高等学校（POS）および拡張高等学校（EOS）へと統合された。社会主義的学校における評価では、継続的な人格評価がその中核に据えられた。通信簿においては、各教科（第一外国語としてのロシア語を含む）および態度（行儀よさ、勤勉さ、几帳面さ、授業への積極的参加）に関する5段階評点だけでなく、児童生徒の人物像や考え方について記述する総合評価も導入された。「社会主義的生産入門」や「軍事科」といったような新たな教科が、生徒の準軍事的な訓練として導入され、また宗教の授業が廃止された。さらに、党の若者組織における所属状況が記載された。通信簿は、職業選択またはアビトゥアまでつながっている拡張高等学校への進学に向けた配分機能を大幅に失った。それどころか、社会的序列が「割合的な機会均等の原理」に基づいて行われた。同時に、労働者や農家の子どもたちが構造的に、教科の成績とは無関係に特権を持つようになり、いわゆる市民階級の子どもたちが不利に扱われた。1980年代末頃になってようやく再び、社会的選別の際に、教科の成績が重要視されるようになった。

第5章では、ドイツ連邦共和国（旧西ドイツ）および1990年以降の統一ドイツ（旧東ドイツを含む）における通信簿の展開について考察した。第二次

第 1 節　通信簿の歴史的展開

世界大戦以降、旧西ドイツ側の教育政策は再び各州の権限に戻された。通信簿の比較可能性および相互承認については、各州常設文部大臣会議（KMK）における大枠での協定によって、全国レベルで調整された。それに伴い、一方では多様な種類や形態の学校（4 年制または 6 年制基礎学校、基幹学校、実科学校、中間学校、ギムナジウム、技術ギムナジウム、総合制学校、オリエンテーション段階、職業学校、職業専門学校、専門学校など）へ向けて、学校制度の大きな分化が可能となり、他方では通信簿の相互承認によって学校の接続可能性が、通信簿と結びついた進学可能性を含めて実現した。学校制度の接続可能性が細部においては繰り返し批判され、（特に大学入学資格の取得可能性の観点から）不十分であると考えられているが、やはり中等教育機関における多くの修了可能性が拓かれている。

評定づけに関して言えば、通信簿には 6 段階の評点制度が 1968 年の文部大臣会議の決議に基づいて全国で統一されている。評点づけに対する批判の影響のもと、1970 年の文部大臣会議勧告に基づいて、いずれの学年においても態度に関する評点（頭部評点）が、また第 1〜2 学年では各教科の評点が廃止され、一般的な記述式の評価を示した記述式通信簿に変わっていった。アビトゥア成績証明書の場合には、「0 点（評点 6）」から「15 点（評点 1+）」までの 16 段階の点数制度が 1972 年の文部大臣会議の決議に基づいて全国的に導入された。さらに、さまざまな種類（特に基幹学校、実科学校、ギムナジウム）の学校の修了試験が、分散的な試験として緩和された。すなわち修了時の最終的な評点が、最終学年（ギムナジウムでは最終の 2 年間）の成績および修了試験の成績から合算されるようになった。

近年の傾向として、態度に関する評点（頭部評点）が、1970 年代に通信簿から姿を消したにもかかわらず、1999 年頃から再び通信簿に導入されてきていることを挙げた。2006 年の時点ですでに 7 つの州が、態度に関する評点を通信簿に再導入している。態度に関する評点は、主としてそれぞれ 4 段階または 5 段階評定を伴う 2 つの項目からなる。すなわち学習態度および社会的態度である。態度に関する評点の再導入をめぐっては、次のような議論が見

られた。第一に、教科の枠を越えた授業が拡大し、児童生徒が一般的な資質や能力を身につける必要性が生じてきたこと。第二に、通信簿における記述式の評価が次第に形式主義化し、最終的には記述式評価が形骸化していったこと。第三に、児童生徒に対して態度に関するフィードバックを行う必要性が生じてきたことである。

第2節　通信簿の機能に関する理論的解釈

通信簿の歴史的展開に沿って、本研究では通信簿のさまざまな**機能**が記述された。

日本的な視点から見て注目に値するのは、ドイツでは通信簿とともに資格が与えられるということである。ドイツの通信簿に見られるこの機能は、最初の通信簿が成立するとともに認識できる（第1章第3節参照）。慈善証明書は、社会的役割へ向けた配分を可能にしたわけではないが、中等学校に就学するための「経済的支援」の配分を可能にした。通信簿は当初、申請者の性格的特徴に関する情報を提供し、それが次第に申請者の学力についての情報も提供するようになった。それに伴い、希少な財産（奨学金など）の配分という問題が解決されると同時に、**社会**が少しずつ見通し難くなっていくにつれて、こうした希少な財産の配分がもはや個人的知り合いによらなくても可能となることを後押しした。通信簿は、いわば推薦書として、推薦される人またはその家族がもはや個人的な知り合いを通して知ることができない人間に宛てられた。それに伴い、推薦書が個人的印象とは別の規準で判断されることになり、配分の客観化が実現した。

対抗宗教改革の流れの中で、カトリック系の教育教団が広範囲に及ぶ学校系列を設置したという事実に直面して、通信簿はまもなく転校の際に、志願者の資格について報告する機能や学習コースへの配分を容易にする機能も引き受けるようになった。資格に関する報告は、イエズス会系の学校で定期的

第2節　通信簿の機能に関する理論的解釈

な評価や評点制度の始まりが観察されうるという限りにおいて、**授業**における実践に影響を与えた（第1章第3節参照）。

　学校制度の普及がますます進むとともに、通信簿の機能は分化し、付加されていった。18世紀における就学義務制の導入によって、通信簿の標準化がギムナジウムで最初に、そして民衆学校でも実現した。まず、大学入学資格としての成熟証明書（アビトゥア成績証明書）が導入された。成熟試験（アビトゥア試験）とともに、大学入学に適した学校に通うすべての児童生徒がほぼ比較可能な条件のもとで試験された。このことによって、時宜を得た成績のフィードバックの希望が生まれ、成熟試験の前に個人成績をフィードバックするための学年末の通信簿の導入が実現した。

　民衆学校の通信簿は、教育の到達度の質に関する記述というよりは、むしろ基礎学力（読み書き）の定着状況および公式な出席日数に関する記述を示した。成熟試験（アビトゥア試験）が教育制度の2つの形態（学校と大学）の移行のための資格を与えたのに対して、民衆学校では、就学義務の履行（法規範の遵守）が公式に確認された。学校の中身と法規範との結合によって、識字化の要求が社会的に定着した。**時間的次元**においては、成熟証明書も民衆学校の通信簿も、修了を時間的に設定した。それに伴い、児童生徒たちは予め定められた学習のリズムの中に組み入れられた。**社会的次元**において確認できるのは、通信簿が次第に奨学金を申請する生徒に対してではなく、すべての生徒に対して発行されるようになったことである。それに伴い通信簿は、徐々に社会への包摂に寄与することになった。

　その後の時代は（第3章第4節参照）、通信簿のさらなる分化によって特徴づけられる。この時代には、学校の種類に応じて分化した中等教育修了資格証明書および女子中等学校の通信簿、また発行時期に応じて分化した学年末および学期末の通信簿の成立が見られる。身分制社会から能力主義社会への移行の中で、成熟証明書（アビトゥア成績証明書）のみならず、中等教育修了資格証明書および女子中等学校の通信簿が、中堅の職業的キャリアのため

終章　研究の総括

の資格と結びついていった。**事実的次元**においては、通信簿に統一的な評価規準が求められる中で変化していった。最終的に通信簿は、異なる学校間で通信簿を取得するための条件が少なくとも類似していれば、同等の資格を与えることができた。学年末の通信簿において、その学年を繰り返す可能性が示されることによって、教材配列における擬似的合理性（Quasi-Rationalität）が求められるようになった。すなわち前の単元を学習して初めて、次の単元を学習できるようになったのである。**時間的次元**においては、中等教育修了資格証明書、女子中等学校の通信簿および学年末・学期末の通信簿の導入によって、学習の期間が統一された。それに伴い、学校に対しては、修了に向けた学習努力だけでなく、持続的な学習努力が明確に期待された。**社会的次元**において、通信簿は、ありうる社会関係の複雑性を縮減する機能を持った。能力主義社会においては、人間は自らの身分層から自由になるのは確かであるが、すべての制約から解放されるというわけではない。中等修了資格の成立は、成熟証明書の導入と共通して、社会関係の複雑性を縮減するという意味で重要な転換点を示すものである。すなわち身分制度（出生）のところに個人の成績が取って代わったのである。

このような能力主義社会への分化は、国家社会主義や旧東ドイツにおける展開とともに、一部は逆戻りしてしまった（第4章第3節参照）。これらの両時代は、政治的統制においては相互に異なるのは明確であるが、国家のイデオロギーがそれぞれ学校を経由して通信簿にも反映されているという共通点が見られる。**事実的次元**においては、こうしたイデオロギーの受容が通信簿の記載内容の変化において見られる。このとき、ごく一般的にまず確認できるのは、両方の独裁主義国家とともに、それまでの教育規準が変化し、これが通信簿においても反映されていることである。国家社会主義における通信簿では、体育の成績が知識の習得よりも明確に重要な位置に置かれている。旧東ドイツの通信簿では、校内での活動のみならず、リサイクル用の古物回収や党主催行事への参加のような校外での活動も評価されている。**時間的次元**においては、通信簿による教育システムとその他の機能システムとの調整が観察されうる。国家社会主義においては、例えば戦争時にはギムナジウム

183

第2節　通信簿の機能に関する理論的解釈

での就学期間が短縮されている。生徒が素早く兵役につくことができるように、緊急成熟証明書を通じて、社会（特に軍隊制度）への接続能力が時間的に確立された。**社会的次元**において、この時代に特に重要なのは、別のイデオロギー的規準に基づく選別によって、通信簿の選別機能が弱まったことである。国家社会主義においては、成績に基づく資格付与制度が、民族的、イデオロギー的規準に基づく選別に取って代わられた。旧東ドイツでは、「割合的機会均等の原理」とともに、ある特定の階層、つまり労働者および農家が明確に優遇された。

　第5章第4節では、引き続いて現代における通信簿の機能が分析された。ドイツ連邦共和国では、各州が文化高権を持つため、通信簿に関しても各州の規定で定められている。しかし、通信簿の場合のように、各州で制度が異なることで生じる面倒な相互承認手続きを避けるため、常設各州文部大臣会議（KMK）が設置された。その任務は特に、児童生徒の成績の比較可能性を連邦レベルで保障することであった。**事実的次元**において重要なのは、成績のフィードバックを**児童生徒**および**社会**に対して、できる限り客観的に保証することである。**心的システム**（児童生徒）に対しては、教育評価のフィードバックが重要である。近年では、通信簿の診断的機能に特別な価値が置かれている。授業（**相互作用システム**）および学校（**組織システム**）に関して言えば、通信簿は、各学級や各学校間での学校教育の比較可能性を確立するための道具として役立っている。この文脈においては、すべての生徒に対して同じ条件下で行われるべき修了試験が、その中心に位置づけられ、重要な役割を演じている。こうした多少は客観的に見えるような学校の比較可能性が根拠となって、通信簿は**社会**に対して重要な機能を持つことができる。すなわち通信簿によって、ある特定のキャリアへの門戸を開くのである。通信簿に選別・配分機能が割り当てられるのであれば、その機能は、フンボルトによる教育改革（1812年）にまで遡る。**時間的次元**において、通信簿は就学期間を標準化している。通信簿を手がかりとすれば、児童生徒（**心的システム**）は、将来に向けて自らを方向づけることができる。通信簿は、よい評点または悪い評点によって、将来における特定の職業的方向を想起させる。ま

184

た通信簿によって、授業の進度や、この授業から次の授業へ、この学校から次の学校へ、そして学校から社会への時間的な接続能力が組織化される。**社会的次元**において重要なのは、修了証明書が社会的地位に明確な影響を与えるということである。修了前に発行される学年末および学期末の通信簿の意味は、それぞれの修了証明書の意味によって規定される。成績を評価することによって、比較可能性が想定され、これによって**組織システム**としての学校が形成される。こうした通信簿において支配的な選別・配分機能は、近年ではまさに基礎学校の低学年に対して繰り返し問題視されている。そこでは、評点通信簿（選別機能）と記述式通信簿（教育的機能）との関係が繰り返し激しく議論されている。

このように本研究によって、成績測定および成績評価の社会的機能が通信簿の歴史的展開を、どの程度、どのような形式で、どのように作り出したのかということが示される。

第3節　通信簿の社会的機能に関する議論

本研究の成果を踏まえれば、通信簿の社会的機能（意味）についての結論として、いくつかの考察を行うことができる。また同時に、序章で設定した問いについても議論することができる。すなわちドイツ社会では、なぜ通信簿が重要な役割を担っているのか。この問いに対して、唯一の解答を示すことは不可能であるが、ここでは本研究で得られた知見をもとに、この問いに対する観点をいくつか議論する。

【通信簿はオートポイエティックなシステムとして成立しうるのか？】

まず注目に値するのは、ドイツの通信簿が慈善証明書からの歴史的展開の中で、すでに独占的に選別・配分機能を持っているということである。すなわち通信簿によって、奨学金授与に関する社会的序列が可能となる。原語の

第3節　通信簿の社会的機能に関する議論

「Zeugnis」は、ひとつのポスト（奨学生という地位）がもはや個人的な知り合いの証明によって配分されないということであり、それがひとつのポストに対する推薦書として、文書で与えられるという意味である。

　ドイツの通信簿におけるその後の歴史的展開は、この機能の分化の歴史として読み取ることができる。選別・配分機能の分化は、一方で通信簿そのものの分化において見られる。最初の通信簿（慈善証明書）は、貧しい生徒がラテン語学校に通うための推薦書であった。例えば、イエズス会で先進的に導入された評価の実践によって、成績評価が年間を通して行われるようになった。そして、さらなる分化の進行の中で、通信簿の発行についての規準が詳細に規定されるようになった。すでに16世紀には、通信簿の記載に関する要領が定められ、19世紀初期には成熟証明書が標準化され、その後、中等学校および民衆学校へ通信簿が普及するとともに、さらなる分化が進んでいった。それらを踏まえてここで議論されるべきは、通信簿の歴史が、当初想定したような選別・配分機能の分化として、どの程度まで解釈できるのかということであろう。通信簿のもつ選別・配分機能の分化は、単なる偶然だったのであろうか。

【通信簿は社会統合のための道具か？】
　上述の機能分化との関連においてさらに議論されるべきは、通信簿が社会統合（包摂）のための道具としての役割を果たしているかどうか、場合によっては社会統合に関してどのような役割を果たしているかということであろう。就学義務によって、徐々に多くの階層集団が教育制度に巻き込まれるようになった。すなわち当初は裕福な人たちしか教育を受けられなかったが、学校が階層の低い人たちにも開かれていったのである。それと並行して、教育が男子から女子へと社会的に拡大していったのである。教育システムの包摂機能は、通信簿において評価の合理性や客観性が想定される際の前提となるものである。というのは、すべての児童生徒が成績評価の同一条件を引き受けるためには、すべての児童生徒が教育システムの中に、意味論的に包摂されていなければならないからである。そうすることによって、学校によって配分される人生の可能性や経歴（キャリア）の可能性がほぼ正当化される

終章　研究の総括

のである。さらに、授業における標準化や（擬似的に）平等な扱いが想定される。それらを踏まえてここで問われるべきは、国際学力比較調査の際にドイツの若者たちの低学力を問題視する状況において、同一条件に基づく授業がどの程度まで成立するのかということであろう。結局、こうした調査において明確となるのは、ドイツの教師たちは国際比較において、例えば、わが国やアメリカほど児童生徒ひとりひとりに対して個別に対応していないということである[1]。

【通信簿と保護者の包摂をどう考えるか？】
　包摂に関する文脈において興味深いのは、親と通信簿の関係である。本研究において明確なのは、学校の修了時に発行されるにすぎなかった通信簿（修了証明書）が学年末および学期末の通信簿にまで拡大した元を辿れば、修了試験に合格できるような見通しを立てるため、わが子の成績状況に関するフィードバックを得たいという親の要望にまで遡ることができるということである。そこから一方では親というものが通信簿によって学校制度と結びつき、他方では親の多様な要望が学校内での通信簿の分化を促進させたのである。それに伴い、ドイツの学校制度に特徴的な早期選別という文化が定着していった。同時に、親は自らの側に子育ての指針となる観点が欠如するにつれて学校制度に統合されていった。つまり成績というものが子育てをめぐる価値基準のひとつとなったのである。そのため、成績に対する両者の期待に食い違いが見られるようであれば、親と学校は相互に交渉を行うのである。そうすることによって保護者は、教育システムそのものが児童生徒のキャリア形成に関して、保護者や子どもよりも決定的であるような学校制度の演技者（駒）として関係するようになるのである。

【通信簿はイデオロギーに感染しやすい支配の正当化の装置なのか？】
　上述のように、通信簿によって社会的選別が正当化されるために、通信簿が他方ではイデオロギーに感染しやすくなるという傾向も指摘できる。それは、国家社会主義および旧東ドイツにおける通信簿を見れば明確である。通信簿を変容させ、支配を安定させるための要素を教育制度に取り入れること

第3節　通信簿の社会的機能に関する議論

によって、学校の役割が極端に明確となる。それゆえ、通信簿がここでどのような役割を演じているのか、つまりそれぞれの不正なシステムを安定させることが、そもそも評価制度によって初めてうまくいくことなのかどうかを詳細に説明することが、今後の研究の課題となるであろう。いずれにせよ明確なのは、重要な社会資本が通信簿を通して配分されるために、通信簿がイデオロギーに感染しやすいということである。

【通信簿は成績評価を独占することでシステムの統一性を保証するのか？】
　ドイツにおける通信簿の展開に伴い、成績評価の独占的な形式が実現され、現在では他の評価形式の入る余地がほとんどないという状況になっている。基礎学校の第1学年や年齢主義に基づく学級編成のような例外を除けば、学校制度への参入は、それ以前の通信簿を通して得られた通信簿に左右される。また、こうした通信簿の接続が、教育システムの構造を規定し、安定させているようにも見える。それに伴い、他の方法による参入、つまり年齢に基づく参入や通信簿によって示されないような児童生徒の成績による参入を実現することが困難となる。言い換えれば、通信簿以外に、成績評価および成績確定の可能性がほとんど存在しないということである。同時に、成績はしばしば、ある特定の進学先や就学期間とも結びついている。それゆえ、他の形式で成績を確定することの難しさを経験科学的に再構成するという研究は、オリジナルな研究としての価値がある。

【通信簿は学校の開放性および閉鎖性の中軸か？】
　システム論的視点から見れば、通信簿は、閉鎖的システムとしての学校（教育システム）とそれ以外のシステム（例えば、各個人や社会など）を媒介する象徴的に一般化されたコミュニケーション・メディアとして解釈できる。ルーマンによれば、さまざまなシステムのコミュニケーションにおける二重の偶発性は、象徴的に一般化されたコミュニケーション・メディアによって解消される[2]。通信簿による成績評価は、そのコードが、教育システムに見られる二元的コード化（よい／悪い、賞賛／叱責）に従って、「よい評点／悪い評点」という形で通信簿にも継承されているように見える。メディアの働き

によって、社会そのものとしては、たとえそれが学校内に特有の賞賛という形式であったとしても、要素の接続可能性を当該制度に適したように翻訳できる。例えば、教師と生徒の会話における叱責という学校内での形式が、それ自体として社会に接続するのではなく、まずは通信簿の中の形式に置き換えられ、それが次の接続可能性を拓くのである。この意味において通信簿は、授業（学校）と社会との中間点、つまり教育システムと社会との間で象徴的に一般化されるコミュニケーション・メディアとして解釈できる。

　同時に、通信簿は学校と児童生徒を繋いでいる。システム論的に言えば、この結びつきは相互浸透として記述される。相互浸透とは、ルーマンによれば、相互に発達するシステムが特殊な形式で構造的にカップリングすることを意味する[3]。児童生徒に対するフィードバックは、いつも容易に観察し整理できるとは限らないが、通信簿を用いることによって、それが教師によって要約され、目に見える形で示される。オートポイエティックに作動する意識として想定される児童生徒（心的システム）は、教師の評価を十分正確に整理し認識できるとは限らない。こうした不確定な状況において、教師のフィードバックを可視化する機能を果たすのが通信簿である。通信簿が実際には学習の成果として、児童生徒の教育システムへの参加不参加（例えば、進級や落第に関する決定）に影響を与えることになるのは、そのためである。この観点から見れば、通信簿は、教育システム（学校）と心的システム（児童生徒）を結びつける機能を引き受けている。

　本研究の結論として、ドイツにおける通信簿の重要性は次のように解釈される。すなわち通信簿は、教育システムと社会（他の機能システム）との接続と同時に、個人と教育システム（を取り巻く社会）との接続を実現しているのである。

第4節　本研究の限界と今後の課題

　本研究の限界は、次の3点に集約される。第一に、通信簿の歴史を、通信簿そのもののレベルに限定して考察することに終始した点である。それゆえ、通信簿をめぐる政策実施の過程を法律文書や行政文書などによって補完するという点が不十分である。通信簿をめぐる政策実施の過程は、通信簿の重要な次元のひとつである。第二に、通信簿の歴史が学校制度に内在する形で記述されていることである。それゆえ通信簿の歴史的展開過程が、社会史的、政策史的アプローチによって十分に補完されていない。第三に、歴史的叙述が記述のレベルに留まっているということである。それゆえ通信簿の持つ実際の影響力についての歴史が描かれていない。つまり通信簿が実際にどの程度まで、それらの機能を果たしていたのかについての実証的な解明は不十分なままである。

　これら3点については、それぞれ重要な研究の可能性が残されている。さらに、通信簿の歴史に関する比較史的研究の可能性も残されている。例えば、ドイツ以外の国の通信簿はどのように展開してきたのか、このとき通信簿の機能はどのように記述されうるのか。例えば、わが国では、入学試験がキャリア形成にとって重要な役割を果たしている。それゆえ、わが国の通信簿をシステム論的に分析すれば、まったく別の機能が見えてくるかもしれない。さらに、比較教育学的視点からは、社会の中で機能的に等価なものを国際比較の中で問うこともできるであろう。この問いをさらに発展させれば、次のような問題にも通じるものである。すなわち、どのシステムがどういう位置づけの中で人間的であり、どの位置づけの中で非人間的であるのか、言い換えれば、どの国の教育制度にも内在する学習支援と選別配分との関係は、どのようにバランスが保たれているのか、またその結果としてどのような制度が生じているのか。そのような理論的分析や比較分析の結果を経験科学的に根拠づけることができれば、さらに興味深い研究に発展させることができる。これらのことについて研究することが今後の課題となる。

終章　研究の総括

注

[1] Stigler/Gonzales/Kawanaka/Knoll/Serrano 1999 参照。
[2] Luhmann 1991; 1984 参照。
[3] Luhmann 1984 参照。

付　録

付録

付録1：19世紀のドイツ（1815～1866年）

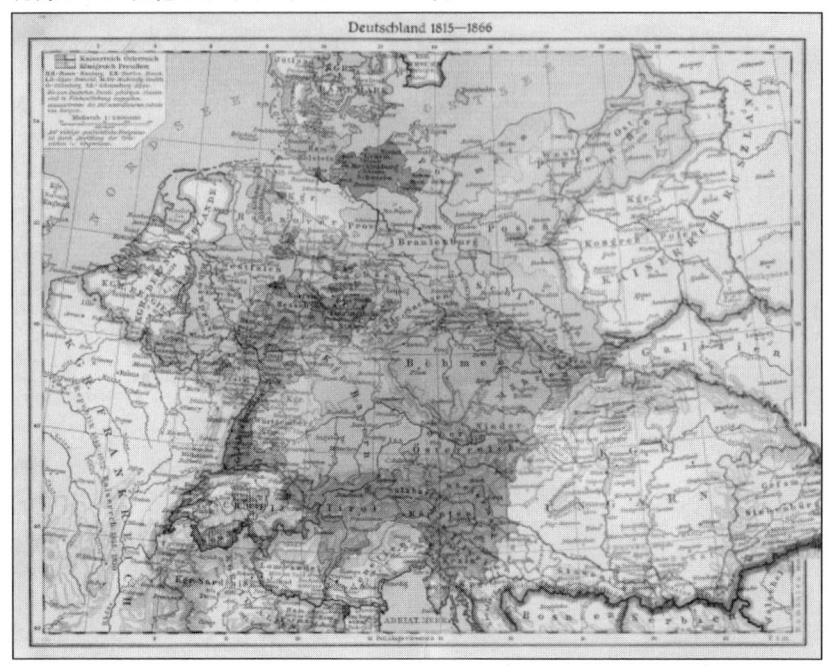

出典：Behle/Silberborth/Iskraut 1938, S. 100-101

付録

付録2：オリエンテーション段階の通信簿（表面）（図33.1：136頁）

	学校名	
	オリエンテーション段階	
	通 信 簿	

氏名： ＿＿＿＿＿＿＿＿＿＿＿＿（氏名）＿＿＿＿＿＿＿＿＿＿＿＿

生年月日　　1968年　5月

年度　　1979/80年度　　学期　＿＿＿＿　　学年組　5b

学習態度についての観察

作業の正確さ：	どの教科も満遍なく	×	ほぼ満遍なく		ややムラのある		教科によって大きな偏り	
作業のテンポ：	速い		普通	×	遅い			
忍耐力：	長時間の作業	×	中程度の時間		短時間			
自立性：	自立的	×	補足的な激励が必要		（ほとんど）自立的でない			

教科および専門分野

英語(コース：／)	2	物理／化学	評価なし
ドイツ語	3	生物	2
正書法	2	音楽	評価なし
世界・環境科	2	美術	2
宗教(カトリック)	2	工作／手芸	3
数学(コース：／)	2	体育	2

クラブ活動

氏名：＿＿＿＿＿＿＿＿　はクラブ活動において、次の活動に参加しました。

その他の授業について

所見：

＿＿＿＿ヘミンゲン＿＿＿＿　　　＿＿1979年　2月＿＿
　　発行地　　　　　　　　　　　　　発行日
　　　（署名）　　　　　　　　　　　　（署名）
　　学級担任　　　　　　　　　　　学校長
　　　　　　　　　　（署名）
　　　　　　　　　　保護者署名

195

付録

付録3：オリエンテーション段階の通信簿（裏面）（図33.2：137頁）

説　明

学習態度についての観察：*)

作業の正確さ　　　―　与えられた教材や独自の教材を使う上での作業を満遍なく正確に遂行すること。

作業のテンポ　　　―　作業を終えるまでの速さ。

忍耐力　　　　　　―　作業を中断することなく最後までやり遂げる能力。

自立性　　　　　　―　補足的な支援なく与えられた課題や自分の設定した課題に取り組む能力。

*)いずれの観点に対しても、記号がつけられる。

B. 教科および専門分野：

1. 世界・環境科は、地学的、地理学的、社会科的、政治学的観点のもとで行われる授業である。
2. 英語および数学の評点は、それぞれコースの中でのものである。コースについての詳細は、次の通りである。

コース名：　　　　　コースの意味：
英語：
コースⅠA　　　　：　最も高度な水準のコース
コースⅠB　　　　：　比較的高度な水準のコース
コースⅡA　　　　：　比較的低度な水準のコース
コースⅡB　　　　：　最も低度な水準のコース
数学：
Aコース　　　　　：　Aコースは、成績の高い人たちのコース
A/Bコース　　　　：　AコースとBコースとの中間段階のコース
Bコース　　　　　：　Bコースは、成績の低い人たちのコース

評点段階：1＝優秀、2＝優、3＝良、4＝可、5＝不可、6＝不十分

付録

付録4：基幹学校の修了証明書（図34：140頁）

（学校名）

1989/90年度

資格を備えた基幹学校の修了証明書

(氏名)

生年月日：1975年3月21日

第9学年に在学し、今年度において、特に成績確定の中で次のような総合評点を獲得した。

ドイツ語	良
数学	優
労働科	優
英語	優
体育	優
------------	------------

彼は、ここに、

    資格を備えた基幹学校修了資格を、

次の評点とともに獲得する。 優（gut）

  評点平均：2.4

（証印）
（発行地）1990年7月24日 （学校長署名）

評点段階：1＝優秀、2＝優、3＝良、4＝可、5＝不可、6＝不十分

197

付録

付録5：実科学校の修了証明書（図35：142頁）

（学校名）
修 了 証 明 書
（氏名）

1973年9月8日、アウグスブルク生まれ

（彼は）上記の学校の第10学年の生徒として、1990年に選択必修教科第一群の実科学校の修了試験を受験した。

多方面にわたって興味を示すこの生徒は、目的を意識しながら、誠実に、絶えず集中しながら学習した。彼の態度は、賞賛に値する。――――――――――――――――――――
――――――――――――――――――――――――――――――――――――――

必修教科および選択必修教科の成績は、以下のように評価された。

宗教（カトリック）	良	社会制度	----------
ドイツ語	良	体育	優秀
英語	不可	音楽	優
数学	良	美術	----------
物理	可	工作	----------
化学	可	作図	良
生物	優	手芸	----------
教育学	優	家政	----------
歴史	優秀	速記	----------
経済学・法学	優	情報	----------
社会科	良	フランス語	----------
簿記	----------		

この生徒は、選択教科では化学（演習）の授業に参加し、よい成績を修めた。――――――
――――――――――――――――――――――――――――――――――

この生徒は、修了試験に合格するとともに、**実科学校修了資格**を獲得した。

アウグスブルク、1990年7月24日

試験監督委員長
　　　（署名）　　　　　　　　　　　（署名）

試験は、バイエルン州教育・授業制度に関する法律（BayEUG）およびバイエルン州実科学校に関する学校規則（RSO）に基づくものである。

評点段階：1＝優秀、2＝優、3＝良、4＝可、5＝不可、6＝不十分

付録

付録6：ギムナジウム第13学年1学期の通信簿（図36：143頁）

(学校名)
教育の途中経過に関する通信簿 註1
2002/03年度
(氏名)

1学期の成績：

1. 基礎コース（それぞれ最終の点数）註2

言語・文学・芸術に関する分野					
ドイツ語	07	ギリシア語	--	音楽	--
英語	06	ラテン語	--		--
フランス語	--	美術	06		--

社会科学に関する分野					
歴史	10	経済学・法学	--		--
地学	--	宗教(カトリック)	12		--
社会科	--	倫理	--		

数学・自然科学・工学に関する分野					
数学	--	物理	--		--
生物	--				
化学	--				

その他の分野					
体育	13		--		--

2. 重点コース（それぞれ最終の点数、2倍して計算される）

	半年の成績		半年の成績
数学	14	生物	15

所見：註3

エルランゲン、2003年2月3日

学年担当教員　　　　　　　　　　　　　学校長
　(署名)　　　　　　　　　　　　　　　(署名)

註1)第12および13学年の生徒にとっては、この通信簿が転校の際の証明書や退学証明書としての効力を持つ。
註2)点数から6段階評点に計算しなおす際には、以下のように計算する。
評点1＝15/14/13点、
評点2＝12/11/10点、
評点3＝9/8/7点、
評点4＝6/5/4点、
評点5＝3/2/1点、
評点6＝0点。

註3)退学や進学の際には、適した所見が示される。第12学年2学期からは、アビトゥア試験の受験および大学入学資格の獲得に対して不足している条件を指摘する。

付録

付録7：アビトゥア成績証明書（図37.2：145頁）

大学入学資格証明書の2頁目						
（学校名）						
（生徒氏名）						

1982年10月22日、エルランゲン生まれ
本籍地エルランゲン、（彼は）ギムナジウム上級段階に在学した後、アビトゥア試験を受験した。

1. コース段階におけるそれぞれの結果

重点コース2教科の成績は、LFとして表示され、基礎コースの2教科は特に示されていない。
総合成績に入らない基礎コースの評価は、括弧書きにして表示している。

教科	獲得した半年の成績の数	半年間の成績（註1）（就学期間中の単純評価における）				評点（註2）
		第12学年1学期	第12学年2学期	第13学年1学期	第13学年2学期	
言語・文学・芸術に関する分野	-	--	--	--	--	----------
ドイツ語	4	10	09	07	08	良
英語	4	08	05	06	05	可
美術	2	10	08	(06)	(04)	良
社会科学に関する分野	-	--	--	--	--	----------
歴史	4	11	12	10	10	優
地学	2	10	08	--	--	良
宗教（カトリック）	3	13	10	12	(06)	優
数学・自然科学に関する分野	-	--	--	--	--	----------
数学　　　　　　　（LF）	4	05	07	07	05	可
生物　　　　　　　（LF）	4	08	09	08	10	良
物理	2	09	05	--	--	良
--------------------	-	--	--	--	--	----------
体育	3	12	15	13	(08)	優
--------------------	-	--	--	--	--	----------
--------------------	-	--	--	--	--	----------
--------------------	-	--	--	--	--	----------
--------------------	-	--	--	--	--	----------

1) 点数の数字は、二桁で表示される。
2) 評点の計算においては、すべて半期の成績とする。

付録8：アビトゥア成績証明書（図37.3：146頁）

大学入学資格証明書の3頁目

専門試験：生物学　　　　　　　　結果：　09
テーマ：虚弱Xシンドローム

II. アビトゥア試験の成績

試験科目	試験結果 筆記	口述
1. 数学　　　　　　　　（重点教科）	02	--
2. 生物　　　　　　　　（重点教科）	08	--
3. 歴史	08	--
4. ドイツ語		11

III. 総合成績および評定平均の計算

重点コースの半年間の成績6個分および選択2教科の各試験の合計点：	105	最低点70点、最高点210点
基礎コースの半年間の成績22個分の合計点：	208	最低点110点、最高点330点
4教科の試験および第13学年2学期の試験科目に選んだ教科の成績の合計点：	147	最低点100点、最高点300点
合計点数：	460	最低点280点、最高点840点
評定平均：	2.9	zwei, neun

IV. 1. 外国語：*

外国語		履修学年
第1外国語	ラテン語	第5～11学年**
第2外国語	英語	第7～13学年**
第3外国語	フランス語	第9～11学年**
遅く始めた外国語	--------------------	------

この証明書によって、1979年10月26日の文部大臣会議の協定に基づいて、ラテン語の学力を認定する。

2. 第11学年に修了する第11学年の必修教科の成績結果：

教科	評点	教科	評点
フランス語	良	--------------------	--------
ラテン語	可	--------------------	--------
音楽	良	--------------------	--------
化学	優	--------------------	--------

V. 所見：

VI.

　　　　　　　　　　　（氏名）
は、前提条件を満たした後、アビトゥア試験に合格するとともに、ドイツ連邦共和国における大学入学資格を獲得した。

　　　　　　　　　　　エルランゲン、2003年7月27日

試験委員長：　　　　　　　学校長：
　　　（署名）　　　　　　　　（署名）
　　　　　　　　　（証印）

この証明書の2～3頁は、機械によって発行されている。この証明書は、全部で4頁からなる。

* クラブ活動および選択教科を除く。
** それぞれを含めて。

付録

付録9：態度に関する評点を示した基礎学校の通信簿（表）（図40.1：159頁）

\\ 2005/2006年度	（学校名） 学年末の通信簿 （氏名）	第2学年

社会的態度		●●は、快活な児童であり、ユーモアに富んだ性格によって級友から非常に好かれている。彼は誰とでも問題なく仲良くでき、コンフリクトを克服するための支援がまったく必要ない。協同作業では、彼は喜んで作業し、信頼できる。●●はよく教師や級友に近づいていったが、協同作業は目標達成志向ではなかった。授業中、彼にとって発言のルールを守ることは非常に困難であった。彼はよく会話に入って中断させた。
社会的責任	A	
協調性	B	
コミュニケーション	C	
コンフリクトに対する態度	A	

学習・作業態度		学校生活のすべてにわたって、彼は興味を持ち、学習意欲を示した。授業には活発に参加したが、ときには調子に乗ることもあり、彼はしばしば指名を受けるまで発言を待たないという態度であった。必要な時間に集中力を維持することが難しかった。彼に何かを任せるときには、支援が必要なことが多かった。筆記試験では、彼は最後まで解答しようと努力していた。
興味関心および動機	B	
集中力および忍耐力	C	
学習の方法	C	

宗教(カトリック)*		3

ドイツ語		5
話す・会話する		自分の経験は喜んで生き生きと説明し、概念を非常にうまく説明できた。
作文する		文章および物語が一緒に作成された。
正しく書く		学習した単語のイメージを長期にわたって刻み込めず、文章を書くときも時間がかかり、ミスも見られる。
言葉を調べる		単語や文章に関する知識が乏しい。
読む・文献に取り組む		短い文章をゆっくり読み、意味の理解が乏しい。

算数		4
幾何学		体積、面積に関する知識が乏しい。
数・計算		単純な図式の計算操作のときに、数のイメージが貧しい解答。
事実に関する算数		単純な事実に関する課題がほとんど解けていない。

*) 宗教(_)；宗教の授業に出ない生徒に対しては倫理。

付録

付録10：態度に関する評点を示した基礎学校の通信簿（裏）
（図40.2：160頁）

学年末の通信簿の2頁目 (氏名)	2005/2006年度

郷土科・事実教授	2

事実教授のテーマに対して、●●は非常に感激していた。特に、生物の分野では、彼は極めて詳細な、幅広い知識を持っている。

工作／手芸	1
美術	1
音楽	2
体育	1

個人的な学習進度／支援策／補足的注釈：

●●は、授業に集中するのが非常に困難であった。彼は自ら、級友たちと他のことをよく考えていた。困難な要求を、彼は会話によって避けようとした。家庭での学習を非常によく頑張り、数学における学習目標チェックによって、「十分な」という評点がつけられた。数学的理解力には欠陥が見られ、計算力が乏しい。掛け算がスムーズにできるように、さらに練習が必要である。

ドイツ語では、読む力、正書法の能力が乏しい。●●は、学校の補習コースに入って授業を受けた。ドイツ語および算数については、すでに始まっている支援措置が継続されなければならない。

ウッティング・アム・アンマーゼー、2006年7月28日

学校長：　　　　　　　　　　　　　　　学級担任：
　（署名）　　　　　　　　　　　　　　　　（署名）

保護者の閲覧：
　　　　　　　　　　　　　　　　　　　　（署名）
場所・日時

評価の説明
A：卓越して現れている、B：明確に現れている、C：部分的に現れている、D：極端に少なく現れている
1＝優秀、2＝優、3＝良、4＝可、5＝不可、6＝不十分

付録

付録 11：チューリンゲン州における評価用紙（図 41：164-166 頁）

通信簿のレイアウト（第5～10学年）
チューリンゲン州学校開発のためのプロジェクト
「学習プロセスの評価用紙」

学校名

学習プロセスの評価

学習態度・社会的態度について

学年組：＿＿＿＿＿＿　　学期：＿＿＿＿＿＿　　前学期 ／ 後学期

姓：＿＿＿＿＿＿＿＿＿　名：＿＿＿＿＿＿＿＿＿

生年月日：＿＿＿＿＿

この評価は、＿＿＿＿＿＿＿の学級会議で決定されたものである。

学級会議日付：＿＿＿＿＿＿＿

保護者と緊急に話し合うことが望まれる。　　　　はい ／ いいえ

承諾しました：＿＿＿＿＿＿＿＿＿＿＿
　　　　　　　　　　保護者署名

教師と話し合うことが望ましい。　　　　　　　　はい ／ いいえ

この評価は、さらなる学習を考慮して、＿＿＿＿＿に話し合われたものである。
　　　　　　　　　　　　　　　　　　　　（日付）

＿＿＿＿＿＿＿＿＿＿　　　　　　　　　　　　＿＿＿＿＿＿＿＿＿＿
　児童生徒署名　　　　　　　　　　　　　　　　　担任署名

【把握する・理解する】
あなたは授業内容をすばやく理解し、事実に関する問いを設定し、関連性を理解しています。

○あなたは成功しました。
○あなたは明確に進歩しました。
○あなたは支援によって自分を改善しました。
○あなたはまだ多くの支援が必要で、われわれはそれについてさらに取り組みます。

説明

【応用する・問題を解決する】
あなたは自分の知識を新しい課題の設定に応用しています。あなたは自分の考えを授業の中で表明し、自発的に問題を認識し、解決方法を提案しています。

○あなたは成功しました。
○あなたは明確に進歩しました。
○あなたは支援によって自分を改善しました。
○あなたはまだ多くの支援が必要で、われわれはそれについてさらに取り組みます。

説明

【方法論的対処】
あなたは情報を入手し、選択し、評価しようとしています。あなたは目標に向けて作業を進め、自分が何か理解できない場合には、質問している。あなたは自分の時間を効率よく配分しています。

○あなたは成功しました。
○あなたは明確に進歩しました。
○あなたは支援によって自分を改善しました。
○あなたはまだ多くの支援が必要で、われわれはそれについてさらに取り組みます。

説明

【注意深さ】 あなた学習教材に注意深く取り組み、自分の作業では完璧さ、適切な提示や形成に配慮しています。あなたは取り決めの際に信頼することができます。	○あなたは成功しました。 ○あなたは明確に進歩しました。 ○あなたは支援によって自分を改善しました。 ○あなたはまだ多くの支援が必要で、われわれはそれについてさらに取り組みます。

説明

【プレゼンテーション能力】 あなたの説明は明確に組み立てられ、言葉遣いも適切です。あなたは聞き手に理解されています。あなたは提示するものを用い、時間的基準にも従っています。	○あなたは成功しました。 ○あなたは明確に進歩しました。 ○あなたは支援によって自分を改善しました。 ○あなたはまだ多くの支援が必要で、われわれはそれについてさらに取り組みます。

説明

【集中力・忍耐力】 あなたは授業中に集中して学習しています。あなたは自ら努力し、指示やチェックがなくても学習しています。あなたは困難に遭遇した場合でもすぐにあきらめることはありません。	○あなたは成功しました。 ○あなたは明確に進歩しました。 ○あなたは支援によって自分を改善しました。 ○あなたはまだ多くの支援が必要で、われわれはそれについてさらに取り組みます。

説明

【自己省察】 あなたは自分の長所と短所を知っており、それらをうまくやりくりできます。あなたは自分の立場を言葉で表現し、他人の立場を考えています。	○あなたは成功しました。 ○あなたは明確に進歩しました。 ○あなたは支援によって自分を改善しました。 ○あなたはまだ多くの支援が必要で、われわれはそれについてさらに取り組みます。

説明

【共同学習】 あなたはグループ内で協力して作業し、グループのメンバーの意見に耳を傾け、彼らの貢献に配慮しています。あなたは共通の学習プロセスに対する責任を負い、葛藤に対して適切に取り組みます。	○あなたは成功しました。 ○あなたは明確に進歩しました。 ○あなたは支援によって自分を改善しました。 ○あなたはまだ多くの支援が必要で、われわれはそれについてさらに取り組みます。

説明

【寛容】 あなたは、たとえ見慣れないものであっても、さまざまな考えに配慮し、他の行動様式に配慮しています。	○あなたは成功しました。 ○あなたは明確に進歩しました。 ○あなたは支援によって自分を改善しました。 ○あなたはまだ多くの支援が必要で、われわれはそれについてさらに取り組みます。

説明

【支援を行うかつ／または支援を受ける】 あなたは他人を助け、また、必要であれば自分から支援を求めます。	○あなたは成功しました。 ○あなたは明確に進歩しました。 ○あなたは支援によって自分を改善しました。 ○あなたはまだ多くの支援が必要で、われわれはそれについてさらに取り組みます。

説明

通信簿の歴史的展開に関連する年表

年	通信簿に関連する出来事
1559	ヴュルテンベルク領邦の学校法（慈善証明書に関する規定）
1599	イエズス会「学問綱領（Ratio atque institutio studiorum）」
1610	レーゲンスブルク「ポエティクムのギムナジウム規定」
1648	ヴェストファリア条約（領邦高権の保障）
1717	「就学義務に関する勅令」（プロイセン）
1763	「プロイセン一般学事規則」（8月12日）
1768	プフォルツハイム・ディオツェーゼの学校規則（ヴュルテンベルク）
1787	「（プロイセン）王国における学校制度改善への提言」（ツェドリッツ）
1787	「高等学務委員会の設置」に関する通達（プロイセン）
1788	「教養学校の試験に関する規則（アビトゥア規則）」（12月23日）
1794	「一般ラント法」（プロイセン）
1802	「バイエルンの就学義務に関する選帝侯通達」（12月23日）
1803	バイエルンの日曜学校就学義務制の導入（9月12日付規定）
1808	最初の民衆学校修了証明書発行（バイエルン）
1812	プロイセンのアビトゥア試験に関する改正勅令（10月15日）
1815	ドイツ連邦発足、ブルシェンシャフト運動
1833	フランクフルト警察本部襲撃事件（→成熟証明書の義務化へ）
1834	「大学入学許可のための証明書に関する連邦各省ウィーン会議の決議」
1858	「（プロイセン）一年制志願兵の証明書に関する法律」（12月9日）
1867	北ドイツ連邦成立
1871	ドイツ帝国（第二帝政）成立
1888	一年志願兵の証明書に関する法律改正（11月22日付ドイツ軍隊規則）
1894	（プロイセン）女子学校制度に関する規定（5月31日）
1900	「（プロイセン）9年制学校の成熟証明書の同格化に関する通達」（11月26日）

通信簿の歴史的展開に関連する年表

1908	「女子中等学校制度の新秩序に関する規則（文部省通達）」（8月18日）
1909	9年制学校の成熟証明書の同格化（10月22日付政府協定）
1914	第一次世界大戦（〜1918年）
1920	修了試験合格に関する証明書の導入（2月24日付帝国委員会）
1926	「中等教育修了資格（Mittlere Reife）」と「中等第七学年進学資格（Obersekundareife）」との概念的区別（10月21〜22日の帝国委員会）
1927	（プロイセン）中等教育修了資格証明書の統一的な設定（3月22日）
1931	ドイツ全国での中等教育修了資格証明書の統一（3月31日）
1933	ヒトラー政権成立
1934	帝国学術教育国民陶冶省の設置（5月1日）
1935	通達「中等学校における生徒の選抜」（3月27日）
1937	古典語ギムナジウムを除くすべての中等学校の高等学校への統一（3月20日付通達）
1938	中等教育修了資格証明書の廃止（3月3日） 6年制中間学校・基幹学校の成立（7月1日付通達）
1941	「生徒の民族的検査に関する帝国大臣通達」（7月3日） 大学入学資格の統一（10月9日）
1942	緊急成熟証明書に関する通達（8月14日）
1948	ドイツ連邦共和国成立
1949	ドイツ民主共和国成立（10月7日） ドイツ各州常設文部大臣会議設置（12月2日）
1955	「学校制度の統一に関する連邦各州の（デュッセルドルフ）協定」（2月17日）
1959	「ドイツ民主共和国における学校制度の社会主義的発展に関する法律」（12月2日）
1964	「学校制度の統一に関する連邦各州の新（ハンブルク）協定」（10月28日）
1968	「通信簿における評点づけに関する文部大臣会議決議」（10月3日）
1970	評点づけに対する批判（ドイツ教育審議会教育委員会） 「第1〜2学年の評点廃止に関する文部大臣会議の勧告」

通信簿の歴史的展開に関連する年表

1972	「中等段階Ⅱのギムナジウム上級段階の構成に関する協定に関する文部大臣決議」（7月7日）
1974	ドイツ教育審議会における鍵的資質に関する議論
1979	（東ドイツ）生徒の文書に関する学校規則（11月29日）
1989	ラインラント・プファルツ州における態度に関する評点の再導入
1990	東西ドイツ統一（10月3日）
1995	ノルトライン・ヴェストファーレン州教育委員会における鍵的資質概念の定義
1999	ザクセン州における態度に関する評点の再導入
2000	ヘッセン州、ニーダーザクセン州、ザールラント州における態度に関する評点の再導入
2005	バイエルン州における態度に関する評点の再導入

出 典 一 覧

Abgangszeugnis der höhere Mädchenschule, Schulgeschichtliche Sammlung der Universität Erlangen-Nürnberg, Nr. 2.5.3.3.2, 1908.

Abschlusszeugnis der Hauptschule, Privatstiftung, 1990.

Austritts-Zeugnis der höhere Töchterschule zu Bamberg, Schulgeschichtliche Sammlung der Universität Erlangen-Nürnberg, Nr. 2.5.3.3.6, 1904.

Austrittszeugnis der Töchter=Institut, Schulgeschichtliche Sammlung der Universität Erlangen-Nürnberg, Nr. 2.4.3.3.8, 1895.

Berichtszeugnis der 2. Klasse, Privatstiftung, 2001.

Berichtszeugnis der 1. Klasse, Privatstiftung, 2000.

Entlass-Schein, Schulgeschichtliche Sammlung der Universität Erlangen-Nürnberg, Nr. 2.2.1.6.2, 1824.

Entlass-Schein, Schulgeschichtliche Sammlung der Universität Erlangen-Nürnberg, Nr. 2.2.1.6.9, 1846.

Entlass-Schein, Schulgeschichtliche Sammlung der Universität Erlangen-Nürnberg, Nr. 2.2.1.6.8, 1849.

Gymnasial-Absolutorium, Schulgeschichtliche Sammlung der Universität Erlangen-Nürnberg, Nr. 2.3.3.1.1, 1854.

Gutachten einer Orientierungsstufe, Privatstiftung, 1979.

Halbjahreszeugnis der 5. Klasse der zehnklassigen allgemeinbildenden polytechnischen Oberschule, Privatstiftung, 1985.

Halbjahreszeugnis der 1. Klasse der zehnklassigen allgemeinbildenden polytechnischen Oberschule, Privatstiftung, 1981.

Halbjahreszeugnis der Grundschule, Privatstiftung, 1973.

Jahreszeugnis an der Volksschule Utting am Ammersee, 2006.

Jahreszeugnis der 1. Klasse der zehnklassigen allgemeinbildenden polytechnischen Oberschule, Privatstiftung, 1981.

Jahreszeugnis einer Grundschule, Privatstiftung, 1977.

Jahreszeugnis einer Oberschule für Mädchen, Schulgeschichtliche Sammlung der Universität Erlangen-Nürnberg, Nr. 2.8.3.3.15, 1941.

Jahres-Zeugnis einer Realschule, Schulgeschichtliche Sammlung der Universität Erlangen-Nürnberg, Nr. 2.4.3.5.9, 1891.

Jahres-Zeugnis eines Gymnasiums, Schulgeschichtliche Sammlung der Universität Erlangen-Nürnberg, Nr. 2.3.3.1.3, 1855.

Jahreszeugnis für Coloman Jobst, Staatsarchiv München, Bestand Wilhelmsgymnasium Nr. 444a, 1773.

Klasszeugniss eines Gymnasiums, Schulgeschichtliche Sammlung der Universität Erlangen-Nürnberg, Nr. 2.2.3.1.1, 1844.

Sächsisches Reifezeugnis, Schulgeschichtliche Sammlung der Universität Erlangen-Nürnberg, Nr. 2.2.3.1.11, 1832.

Schluss-Zeugnis des Mädchenlyzeums, Schulgeschichtliche Sammlung der Universität Erlangen-Nürnberg, Nr. 2.7.3.3.14, 1926.

出典一覧

Schulzeugnis der Orientierungsstufe, Privatstiftung, 1979.
Schulzeugnis einer Volksschule, Schulgeschichtliche Sammlung der Universität Erlangen-Nürnberg, Nr. 2.8.1.6.2, 1940.
Schulzeugnis für die Schülerin der Klasse II einer höheren Mädchenschule, Schulgeschichtliche Sammlung der Universität Erlangen-Nürnberg, Nr. 2.4.3.3.2, 1906/07.
Sommer- und Winterzeugnis einer Oberschule für Mädchen, Schulgeschichtliche Sammlung der Universität Erlangen-Nürnberg, Nr. 2.8.3.3.26, 1940.
Vierteljähriges Zeugnis einer Volksschule, Schulgeschichtliche Sammlung der Universität Erlangen-Nürnberg, Nr. 2.5.1.5.18, 1902.
Vierteljähriges Zeugnis eines Gymnasiums, Schulgeschichtliche Sammlung der Universität Erlangen-Nürnberg, Nr. 2.3.3.1.32, 1868.
Weihnachts- und Oster-Zeugnis einer Realschule, Schulgeschichtliche Sammlung der Universität Erlangen-Nürnberg, Nr. 2.4.3.4.5, 1896/97.
Zensurenbuch einer Volksschule, Schulgeschichtliche Sammlung der Universität Erlangen-Nürnberg, Nr. 2.4.1.5.9, 1888.
Zensurentabelle im Januar 1738, Bayerisches Hauptstaatsarchiv, Geheimes Hausarchiv, 1738.
Zeugnis der allgemeinen Hochschulreife, Privatstiftung, 2003.
Zeugnis der mittleren Reife, Schulgeschichtliche Sammlung der Universität Erlangen-Nürnberg, Nr. 2.8.3.5.4, 1937.
Zeugnis der Oberschule Kleinmachnow, Schulgeschichtliche Sammlung der Universität Erlangen-Nürnberg, Nr. 2.8.3.5.2, 1943.
Zeugnis einer Orientierungsstufe, Privatstiftung, 1979.
Zeugnis einer zehnklassigen allgemeinbildenden polytechnischen Oberschule (Halbjahreszeugnis der 5. Klasse), Privatstiftung, 1985.
Zeugnis einer zehnklassigen allgemeinbildenden polytechnischen Oberschule (Jahreszeugnis der 1. Klasse), Privatstiftung, 1981.
Zeugnis einer zehnklassigen allgemeinbildenden polytechnischen Oberschule (Halbjahreszeugnis der 1. Klasse), Privatstiftung, 1981.
Zeugnis über das erste Halbjahr des dreizehnten Schuljahrs, Privatstiftung, 2003.
Zeugnis über die wissenschaftliche Befähigung für den einjährig-freiwilligen Dienst, Schulgeschichtliche Sammlung der Universität Erlangen-Nürnberg, Nr. 2.5.3.6.1, 1919.
Zeugnis über die wissenschaftliche Befähigung für den einjährig-freiwilligen Dienst, Schulgeschichtliche Sammlung der Universität Erlangen-Nürnberg, Nr. 2.5.3.5.2, 1917.
Zeugnis über die wissenschaftliche Befähigung für den einjährig-freiwilligen Dienst, Schulgeschichtliche Sammlung der Universität Erlangen-Nürnberg, Nr. 2.5.3.6.5, 1904.

参 考 文 献

Arnold, Karl-Heinz/Jürgens, Eiko: Schülerbeurteilung ohne Zensuren. Neuwied 2001.
Arnold, Karl-Heinz/Vollstädt, Witlof: Arbeits- und Sozialverhalten in der Schule: Möglichkeiten und Grenzen ihrer Beurteilung durch „Kopfnoten". In: Die Deutsche Schule, 93. Jg., H. 2, 2001.
Backes-Haase, Alfons: Historiographie pädagogischer Theorien. Weinheim 1996.
Bartnitzky, Horst (Hrsg.): Umgang mit Zensuren in allen Fächern. Frankfurt am Main 1989.
Bartinitzky, Horst/Christiani, Reinhold: Zeugnisschreiben in der Grundschule. Heinsberg 1987.
Bartinitzky, Horst/Christiani, Reinhold: Zeugnis ohne Zensuren. Düsseldorf 1977 (4. Aufl.).
Bartinitzky, Horst: Ohne Noten oder mit Noten? Aktuelle Trends in den Bundesländern. In: Bambach, Heide/Bartinitzky, Horst/Olsemann, Cornelia von/Otto, Gunter (Hrsg.): Prüfen und Beurteilen: Zwischen Fördern und Zensieren. Reihe: Jahresheft XIV aller pädagogischen Zeitschriften des Erhard Friedrich Verlages. Seelze 1996, S. 130-135.
Behle, Max/Silberborth, Hans/Iskraut, Martin (Hrsg.): Historischer Schul-Atras, Große Ausgabe. Bielefeld/Leipzig 1938 (53. Aufl.).
Benner, Dietrich/Ramseger, Jörg: Zwischen Ziffernzensur und pädagogischem Entwicklungsbericht: Zeugnisse ohne Noten in der Grundschule. In: Zeitschrift für Pädagogik, 31. Jg., Nr. 2, 1985, S. 151-174.
Bertalanffy, Ludwig von: Systemtheorie. Berlin 1972.（＝長野敬・太田邦昌訳『一般システム理論：その基礎・発展・応用』みすず書房、1973年）。
Bildungskommission Nordrhein-Westfalen: Zukunft der Bildung – Schule der Zukunft: Denkschrift der Kommission „Zukunft der Bildung – Schule der Zukunft" beim Ministerpräsidenten des Landes Nordrhein-Westfalen. Neuwied/Kriftel/Berlin 1995, S. 113-115.
Bloom, Benjamin Samuel/Hastings, John Thomas/Madaus, George F. (Hrsg.): Handbook on Formative and Summative Evaluation of Student Learning. New York 1971.（＝梶田叡一・渋谷憲一・藤田恵璽訳『教育評価法ハンドブック：教科学習の形成的評価と総括的評価』第一法規、1973年）。
Bos, Wilfried/Lankes, Eva-Maria/Prenzel, Manfred/Schwippert, Knut/Valtin, Renate/Walther, Gerd (Hrsg.): IGLU: Vertiefende Analysen zu Leseverständnis, Rahmenbedingungen und Zusatzstudien. Münster 2005.
Breitschuh, Gernot: Schulzeugnis. In: Liedtke, Max (Hrsg.): Handbuch der Geschichte des Bayerischen Bildungswesens Band III. Bad Heilbrunn 1997a, S. 453-473.
Breitschuh, Gernot: Das Schulzeugnis in Bayern nach 1945. In: Liedtke, Max (Hrsg.): Handbuch der Geschichte des Bayerischen Bildungswesens Band III. Bad Heilbrunn 1997b, S. 1069-1086.
Breitschuh, Gernot: Das Schulzeugnis von der Einführung der Schulpflicht bis 1870. In: Liedtke, Max (Hrsg.): Handbuch der Geschichte des Bayerischen Bildungswesens Band II. Bad Heilbrunn 1993a, S. 263-281.
Breitschuh, Gernot: Schulzeugnis. In: Liedtke, Max (Hrsg.): Handbuch der Geschichte des Bayerischen Bildungswesens Band II. Bad Heilbrunn 1993b, S. 617-628.
Breitschuh, Gernot: Benotung und Zeugnis. In: Liedtke, Max (Hrsg.): Handbuch der

参考文献

Geschichte des Bayerischen Bildungswesens Band I. Bad Heilbrunn 1991a, S. 504-515.
Breitschuh, Gernot: Der Frankfurter Wachensturm von 1833 und seine Bedeutung für das Reifezeugnis in Deutschland. In: Hohenzollern, Johann Georg Prinz von/Liedtke, Max (Hrsg.): Schülerbeurteilung und Schulzeugnisse, Historische und systematische Aspekte. Bad Heilbrunn 1991b, S. 132-147.
Breitschuh, Gernot: Volksschul-Zeugnis und allgemeine Schulpflicht. In: Die Deutsche Schule, 73. Jg., 1981, H. 1, S. 12-18.
Breitschuh, Gernot: Zur Geschichte des Schulzeugnisses. In: Bolscho, Dietmar/Burk, Karlheinz/Haarmann, Dieter (Hrsg.): Grundschule ohne Noten. Frankfurt am Main 1979, S. 35-63.
Cannon, Walter B.: Vom Tierversuch zur Menschenheilung: der Lebensweg eines Forschers. Wien 1948.
Cortina, Kai S./Baumert, Jürgen/Leschinsky, Achim/Mayer, Karl Ulrich/Trommer, Luitgard (Hrsg.): Das Bildungswesen in der Bundesrepublik Deutschland, Strukturen und Entwicklungen im Überblick. Reinbek bei Hamburg 2003.（＝天野正治・長島啓記・木戸裕監訳『ドイツの教育のすべて』東信堂、2006年）。
Dohse, Walter: Das Schulzeugnis, sein Wesen und seine Problematik. Weinheim 1963.
Döbert, Hans/Geißler, Gert (Hrsg.): Schulleistung in der DDR, das System der Leistungsentwicklung, Leistungssicherung und Leistungsmessung. Frankfurt am Main 2000.
Döpp, Wiltrud/Groeben, Annemarie von der/Thurn, Susanne: Lernberichte statt Zensuren, Erfahrungen von Schülern, Lehrern, Eltern. Bad Heilbrunn 2002.
Einsiedler, Wolfgang/Schöll, Gabriele: Pro und contra ziffernfreie Beurteilung in der Grundschule. In: Pädagogische Welt, 49. Jg., H. 3, 1995, S. 120-124.
Erlebach, Ernst (Hrsg.): Schülerbeurteilung. Berlin 1986 (12. Aufl.).
Fricke-Finkelnburg, Renate (Hrsg.): Nationalsozialismus und Schule, Amtliche Erlasse und Richtlinien 1933-1945. Opladen 1989.
Füller, Klaus/Locher, Wolfgang/Nemitz, Eberhard: Kopfnoten, Beurteilung von Arbeitsverhalten und Sozialkompetenz im allgemein bildenden Schulsystem im Ländervergleich. In: Trendbericht 3/2000. Landesinstitut für Erziehung und Unterricht Stuttgart 2000 (http://www.leu.bw.schule.de/1/113112.htm) [30. September 2006].
Grunder, Hans-Ulrich/Bohl, Thorsten (Hrsg.): Neue Formen der Leistungsbeurteilung in den Sekundarstufen I und II. Baltmannsweiler 2004 (2. Aufl.).
Hamann, Bruno: Geschichte des Schulwesens: Werden und Wandel der Schule im ideen- und sozialgeschichtlichen Zusammenhang. Bad Heilbrunn 1993 (2. Aufl.).
Herbst, Ludolf: Das nationalsozialistische Deutschland. Frankfurt am Main 1996.
Herrlitz, Hans-Georg/Hopf, Wulf/Titze, Hartmut: Deutsche Schulgeschichte von 1800 bis zur Gegenwart. Weinheim/München 2001 (3. Aufl.).
Homans, George Caspar: Theorie der sozialen Gruppe. Köln 1960.（＝馬場明男・早川浩一訳『ヒューマン・グループ』誠信書房、1977年）。
Ingenkamp, Karlheinz (Hrsg.): Die Fragwürdigkeit der Zensurengebung, Texte und Untersuchungsberichte. Weinheim/Basel 1976 (6.Aufl.).
Jürgens, Eiko: Leistung und Beurteilung in der Schule, Eine Einführung in Leistungs- und Bewertungsfragen aus pädagogischer Sicht. Sankt Augustin 2000 (5. Aufl.).
Jürgens, Eiko/Sacher, Werner: Leistungserziehung und Leistungsbeurteilung. Neuwied 2000.

Kade, Jochen: Vermittelbar/nicht-vermittelbar: Vermitteln: Aneignen. Im Prozeßder Systembildung des Pädagogischen. In: Lenzen, Dieter/Luhmann, Niklas (Hrsg.): Bildung und Weiterbildung im Erziehungssystem, Lebenslauf und Humanontogenese als Medium und Form. Frankfurt am Main 1997, S. 30-70.

Keck, Rudolf W.: Zensieren und Zertieren: Zur Kontroll- und Grafikationspraxis der katholischen Pädagogik im jesuitischen Einflußbereich. In: Hohenzollern, Johann Georg Prinz von/Liedtke, Max (Hrsg.): Schülerbeurteilungen und Schulzeugnisse, Historische und systematische Aspekte. Bad Heilbrunn 1991, S. 69-88.

Klafki, Wolfgang: „Schlüsselprobleme" als thematische Dimension eines zukunftsorientierten Konzepts von „Allgemeinbildung". In: Die Deutsche Schule, 3. Beiheft, 1995a, S. 9-14.

Klafki, Wolfgang: Schlüsselprobleme und fachbezogener Unterricht. In: Die Deutsche Schule, 3. Beiheft, 1995b, S. 32-46.

Kraul, Margret: Das deutsche Gymnasium 1780-1980. Frankfurt am Main 1984.（＝望田幸男ほか訳『ドイツ・ギムナジウム200年史：エリート養成の社会史』ミネルヴァ書房、1986年）。

Langer, Andreas/Langer, Hannelore/Theimer, Helga: Lehrer beobachten und beurteilen Schüler: Konkrete Formulierungshilfen für Zeugnisberichte. München 2000.

Lehmann, Jens/Ziegenspeck, Jörg W.: Leistung und/oder Disziplin? Konstruktiv-kritische Anmerkungen zur Diskussion über die Wiedereinführung von „Kopfnoten". In: Die Deutsche Schule, 92. Jg., H. 2, 2000, S. 218-223.

Lenzen, Dieter: Lebenslauf oder Humanontogenese? Vom Erziehungssystem zum kurativen System – von der Erziehungswissenschaft zur Humanvitologie. In: Lenzen, Dieter/Luhmann, Niklas (Hrsg.): Bildung und Weiterbildung im Erziehungssystem. Frankfurt am Main 1997, S. 228-247.

Leschinsky, Achim/Roeder, Peter Martin: Schule im historischen Prozeß. Stuttgart 1976.

Luhmann, Niklas: Das Erziehungssystem der Gesellschaft. Frankfurt am Main 2002.（＝村上淳一訳『社会の教育システム』東京大学出版会、2004年）。

Luhmann, Niklas: Die Religion der Gesellschaft. Frankfurt am Main 2000.

Luhmann; Niklas: Die Gesellschaft der Gesellschaft, 2 Bände. Frankfurt am Main 1997.

Luhmann, Niklas: Gesellschaftsstruktur und Semantik, Band 4. Frankfurt am Main 1995.

Luhmann, Niklas: Takt und Zensur im Erziehungssystem. In: Luhmann, Niklas (Hrsg.): Zwischen Absicht und Person: Fragen an die Pädagogik. Frankfurt am Main 1992a, S. 279-294.

Luhmann, Niklas: Die Wissenschaft der Gesellschaft. Frankfurt am Main 1992b.

Luhmann, Niklas: Das Kind als Medium der Erziehung. In: Zeitschrift für Pädagogik 37, 1991, S. 19-40.（＝今井重孝訳「教育メディアとしての子ども」森田尚人ほか編『教育学年報4・個性という幻想』世織書房、1995年、203-239頁）。

Luhmann, Niklas: Gesellschaftsstruktur und Semantik, Band 3. Frankfurt am Main 1989.

Luhmann, Niklas: Codierung und Programmierung, Bildung und Selektion im Erziehungssystem. In: Luhmann, Niklas: Soziologische Aufklärung, Band 4. Opladen 1987, S. 182-201.

Luhmann, Niklas: Soziale Systeme, Grundriß einer allgemeinen Theorie. Frankfurt am Main 1984.（＝佐藤勉監訳『社会システム理論：上・下』恒星社厚生閣、1993年、1995年）。

Luhmann; Niklas: Theoriesubstitution in der Erziehungswissenschaft, Von der Philanthrophie

参考文献

zum Neuhumanismus. In: Luhmann, Niklas: Gesellschaftsstruktur und Semantik, Band 2. Frankfurt am Main 1981, S. 105-194.
Luhmann, Niklas: Gesellschaftsstruktur und Semantik, Band 2. Frankfurt am Main 1981.
Luhmann, Niklas: Gesellschaftsstruktur und Semantik, Band 1. Frankfurt am Main 1980.
Luhmann, Niklas: Funktion und Kausalität. In: Luhmann, Niklas: Soziologische Aufklärung, Band 1. Köln/Opladen 1970a, S. 9-30.（＝土方昭訳「機能と因果性」土方昭監訳『社会システムのメタ理論』新泉社、1984年、3-49頁）。
Luhmann, Niklas: Funktionale Methode und Systemtheorie. In: Luhmann, Niklas: Soziologische Aufklärung, Band 1. Köln/Opladen 1970b, S. 31-53.（＝土方昭訳「機能的方法とシステム理論」土方昭監訳『法と社会システム』新泉社、1983年、13-70頁）。
Luhmann, Niklas: Zweckbegriff und Systemrationalität. Frankfurt am Main 1968.（＝馬場靖雄・上村隆広訳『目的概念とシステム合理性：社会システムにおける目的の機能について』勁草書房、1990年）。
Luhmann, Niklas/Schorr, Karl-Eberhard: Reflexionsprobleme im Erziehungssystem. Frankfurt am Main 1979a.
Luhmann, Niklas/Schorr, Karl-Eberhard: Das Technologiedefizit der Erziehung und die Pädagogik. In: Zeitschrift für Pädagogik 25, 1979b, S. 345-365.
Lundgreen, Peter: Sozialgeschichte der deutschen Schule im Überblick, Teil I: 1770-1918. Göttingen 1980.（＝望田幸男監訳『ドイツ学校社会史概観』晃洋書房、1995年）。
Maturana, Humberto R./Varela, Francisco J.: Der Baum der Erkenntnis: die biologischen Wurzeln des menschlichen Erkennens. München 1987.（＝管啓次郎訳『知恵の樹：生きている世界はどのようにして生まれるのか』朝日出版社、1987年）。
Mertens, Dieter: Schlüsselqualifikationen, Thesen zur Schulung für eine moderne Gesellschaft. In: Mitteilungen aus der Arbeitsmarkt- und Berufsbildung 7, H. 1, 1974, S. 36-43.
Meyer, John W./Ramirez, Francisco O./Soysal, Yasemin Nuhoğlu: World Expansion of Mass Education, 1870 – 1980. In: Sociology of Education 65, 2, 1992, S. 128-149.
Meyer, Hilbert: Schulpädagogik, Band 1: Anfänger. Berlin 1997.
Nipperdey, Thomas: Deutsche Geschichte 1800 – 1866, Bürgerwelt und starker Staat. München 1998.
Pareto, Vilfredo: Allgemeine Soziologie. Tübingen 1955.
Parsons, Talcott: Zur Theorie sozialer Systeme. Opladen 1976.（＝井門富二夫訳『近代社会の体系』至誠堂、1977年）。
Parsons, Talcott/Smelser, Neil J.: Economy and Society, A Study in the Integration of Economic and Social Theory. London 1956.（＝富永健一訳『経済と社会：経済学理論と社会学理論の統合についての研究』岩波書店、1958-1959年）。
PISA-Konsortium Deutschland (Hrsg.): PISA 2003: Untersuchungen zur Kompetenzentwicklung im Verlauf eines Schuljahres. Münster 2006.
Prause, Gerhard: Genies in der Schule, Legende und Wahrheit über den Erfolg im Leben. Düsseldorf/Wien 1974 (3. Aufl.).（＝丸山匠・加藤慶二訳『天才の通信簿』講談社、1978年）。
Rauschenberger, Hans: Umgang mit Schulzensuren: Funktionen – Entwicklungen – Praxis. In: Rauschenberger, Hans (Hrsg.): Erziehung im Wandel, Bd. 4. Leistung und Kontrolle: die Entwicklung von Zensurengebung und Leistungsmessung in der Schule.

参考文献

Weinheim/München 1999.
Sacher, Werner: Evaluation von Unterricht und Schülerleistungen. In: Apel, Hans Jürgen/Sacher, Werner (Hrsg.): Studienbuch Schulpädagogik. Bad Heilbrunn 2002, S. 254-285.
Sacher, Werner: Leistungen entwickeln, überprüfen und beurteilen. Bad Heilbrunn 2001 (3. Aufl.).
Sacher, Werner: Prüfen – beurteilen – benoten, theoretische Grundlagen und praktische Hilfestellungen für den Primär- und Sekundarbereich. Bad Heilbrunn 1994.
Saldern, Matthias von: Schulleistung in Deutschland – ein Beitrag zur Standortdiskussion. Münster/New York/München/Berlin 1997.
Scheckenhofer, Herbert: Objektivierte Selektion oder Pädagogische Diagnostik? In: Zeitschrift für Pädagogik, 21. Jg., 1975, Nr. 6, S. 929-950.
Scheerer, Hansjörg/Schmied, Dieter/Tarnai, Christian: Verbalbeurteilung in der Grundschule, Arbeits- und Sozialverhalten in Grundschulzeugnissen in Nordrhein-Westfalen. In: Zeitschrift für Pädagogik, 31. Jg., Nr. 2, 1985, S. 175-199.
Scheunpflug, Annette/Treml, Alfred K.: Systemtheorie in Sozial- und Kulturwissenschaften. In: Hug, Theo (Hrsg.): Wie kommt Wissenschaft zu Wissen? 4 Bände, Band 4, Einführung in die Wissenschaftstheorie und Wissenschaftsforschung. Hohengehren 2001, S. 339-355.
Schneider, Michael: „Schwer begreifend, willig und still". Zur Geschichte der Schülerbeurteilungen und der Schulzeugnisse: Themen- und Kataloghefte des Bayerischen Schulmuseums Ichenhausen. München 1989.
Schneider, Michael: Der weite Schulweg der Mädchen. Zur Geschichte der Mädchenbildung: Themen- und Kataloghefte des Bayerischen Schulmuseums Ichenhausen. München 1988.
Schriewer, Jürgen: The Method of Comparison and the Need for Externalisation, Methodological Criteria and Sociological Concepts. In: Schriewer, Jürgen/Holmes, Brian (Hrsg.): Theories and Methods in Comparative Education. Frankfurt am Main 1988, S. 25-83.（＝今井重孝訳「比較の方法と外化の必要性」馬越通・今井重孝監訳『比較教育学の理論と方法』東信堂、2000 年、29-83 頁）。
Schubert, Volker: Pädagogik als vergleichende Kulturwissenschaft, Erziehung und Bildung in Japan. Wiesbaden 2005.
Schubert, Volker: Die Inszenierung der Harmonie, Erziehung und Gesellschaft in Japan. Darmstadt 1992.
Solzbacher, Claudia: Zwischen Verhalten, Arbeitstugenden und Kompetenzen: Kopfnoten und die „Bewertung" von Schlüsselqualifikationen. In: Solzbacher, Claudia/Freitag, Christine (Hrsg.): Anpassen, verändern, abschaffen? Schulische Leistungsbewertung in der Diskussion. Bad Heilbrunn 2001, S. 77-104.
Sost, Jakob: Wesen und Bedeutung der Schulzeugnisse und ihre pädagogische Auswertung. Paderborn 1925.
Stigler, James W./Gonzales, Patrick/Kawanaka, Takako/Knoll, Steffen/Serrano, Ana: The TIMSS videotape classroom study: Methods and findings from an exploratory research project on eighth-grade mathematics instruction in Germany, Japan, and the United States. Washington, D.C. 1999.
Teichler, Ulrich: Bildungs- und Beschäftigungssystem in Japan in vergleichender Perspektive – Erfahrungen aus einem Projektverbund. In: Schubert, Volker (Hrsg.): Lernkultur, das

参考文献

Beispiel Japan. Weinheim 1999, S. 26-44.

Teichler, Ulrich: Erziehung und Ausbildung. In: Pohl, Manfred/Mayer, Hans J. (Hrsg.): Länderbericht Japan. Bonn 1998, S. 414-420.

Tenorth, Heinz-Elmar: Die Bildungsgeschichte der DDR – Teil der deutschen Bildungsgeschichte? In: Häder, Sonja/Tenorth, Heinz-Elmar (Hrsg.): Bildungsgeschichte einer Diktatur. Weinheim 1997, S. 69-98.

Tillmann, Klaus-Jürgen/Vollstädt, Witlof: Funktionen der Leistungsbewertung, eine Bestandsaufnahme. In: Beutel, Silvia-Iris/Vollstädt, Witlof: Leistung ermitteln und bewerten. Hamburg 2000, S. 27-38.

Tillmann, Klaus-Jürgen/Vollstädt, Witlof: Funktionen der Leistungsbewertung in unterschiedlichen Schulstufen und Bildungsgängen – ein schultheoretische Einordnung. In: Beutel, Silvia-Iris/Lütgert, Will/Tillmann, Klaus-Jürgen/Vollstädt, Witlof: Ermittlung und Bewertung schulischer Leistungen, Freie und Hansestadt Hamburg, Behörde für Schule. Hamburg 1999, S. 8-39.

Tillmann, Klaus-Jürgen: Leistung muss auch in der Schule neu definiert werden: ein Reformdialog zwischen Pädagogik und Wirtschaft. In: Pädagogik 45, 1993, S. 6-8.

Topsch, Wilhelm: Leistung messen und bewerten. In: Kiper, Hanna/Meyer, Hilbert/Topsch, Wilhelm: Einführung in die Schulpädagogik. Berlin 2002, S. 134-146.

Urabe, Masashi: Cultural Barriers in Educational Evaluation: A Comparative Study on School Report Cards in Japan and Germany. In: International Education Journal, Vol. 7, No. 3, Adelaide 2006, S. 273-283.

Valtin, Renate (Hrsg.): Was ist ein gutes Zeugnis? Noten und verbale Beurteilungen auf dem Prüfstand. Weinheim/München 2002.

Walras, Léon: Theorie des Geldes. Jena 1922.

Waterkamp, Dietmar: Handbuch zum Bildungswesen der DDR. Berlin 1987.

Weiß, Rudolf: Zensur und Zeugnis, Beiträge zu einer Kritik der Zuverlässigkeit und Zweckmäßigkeit der Ziffernbenotung. Linz 1965.

Weston, Penelope (Hrsg.): Assessment of Pupil Achievement, Motivation and School Success; Report of the Educational Research Workshop held in Liège 12-15 September 1989. Amsterdam 1991.

Wiener, Norbert: Mensch und Menschmaschine: Kybernetik und Gesellschaft. Frankfurt am Main 1964.（＝池原止戈夫訳『人間機械論：サイバネティックスと社会』みすず書房、1954 年）。

Winter, Felix/Groeben, Annemarie von der/Lenzen, Klaus-Dieter (Hrsg.): Leistung sehen, fördern, werten, Neue Wege für die Schule. Bad Heilbrunn 2002.

Wunder, Dieter: Wie kann man eine Änderung der Leistungsbeurteilung durchsetzen? In: Winter, Felix/Groeben, Annemarie von der/Lenzen, Klaus-Dieter (Hrsg.): Leistung sehen, fördern, werten: Neue Wege für die Schule. Bad Heilbrunn 2002, S. 59-64.

Ziegenspeck, Jörg W.: Handbuch Zensur und Zeugnis in der Schule. Bad Heilbrunn 1999.

Ziegenspeck, Jörg W.: Zensur und Zeugnis in der Schule. Hannover 1976 (2. Aufl.).

あとがき

　本書は、2007年1月に広島大学大学院教育学研究科に提出した博士論文に若干の加筆修正を加えたものである。本書の刊行にあたっては、独立行政法人日本学術振興会平成21年度科学研究費補助金（研究成果公開促進費）の交付を受けている。博士論文および本書ができるまでには、本当に多くの方々に助けて頂いた。ここに深く感謝申し上げる次第である。正直に申し上げれば、通信簿の歴史を本格的な学位論文としてまとめ上げることができるとは思わなかった。ひとえに運がよかったとしか言いようがない。

　まず何よりもお世話になったのが、博士論文の指導教官である二宮皓先生（放送大学広島学習センター所長／広島大学学術顧問・名誉教授）、坂越正樹先生（広島大学副学長）、岡東壽隆先生（広島大学名誉教授）である。また、金龍哲先生（神奈川県立保健福祉大学教授）および大塚豊先生（広島大学大学院教育学研究科教授／日本比較教育学会長）、そして広島大学大学院教育学研究科比較国際教育学研究室の先輩・後輩のみなさんにも、本当にお世話になった。さらに、嶋屋節子先生（広島大学名誉教授）、クリステル・コジマ＝ルー先生（広島大学総合科学部助教授）にも、温かく丁寧な御指導を頂いた。

　ドイツでは、まず何よりもアンネッテ・ショインプフルーク先生（エルランゲン・ニュルンベルク大学哲学部・神学領域教育学科教授）、グレゴール・ラング＝ヴォイタージク先生（ヴァインガーテン教育大学教授）、ミヒャエル・シュナイダー先生（エルランゲン・ニュルンベルク大学学校博物館元館長）、マックス・リートケ先生（エルランゲン・ニュルンベルク大学名誉教授）には、大変お世話になった。さらに、ウヴェ・クレープス先生（エルランゲン・ニュルンベルク大学教育学部教授）、ヴェルナー・ザッハー先生（同名誉教授）、ヴォルフガング・アインジードラー先生（同名誉教授）、ペトラ・ヒルティルさん（エルランゲン・ニュルンベルク大学教育学部教育学第一講座秘書官）、クラウディア・ベルクミュラーさん（エルランゲン・ニュルンベルク大学教育学部研究員）、ユリア・フランツさん（同研究員）、クリスティーネ・シュミットさん（同研究員）、マティアス・グロノーヴァーさん（テュー

あとがき

ビンゲン大学神学部研究員)、そしてエルランゲン・ニュルンベルク大学教育学部教育学第一講座チームのみなさんにも、公私ともにお世話になった。また半年に一度、ヘッセン州のリーネック城に集うメンバーにもいろいろと助けて頂いた。

　学術的な側面以外でも、ベルンハルト・キッシュさん（バイエルン州ヴィルブルクシュテッテン市長）の家族、ユッタ・グンタウさん（ハノーバー市中等学校教諭）の家族、インゴ・バートロメウスさん（ミュンヘン・マックスプランク研究所研究員）の家族、クリストフ・マイネケさん（ニーダーザクセン州ヴェニクセン市長）の家族、イザベル・アグダスさん（デュッセルドルフ市特殊学校教諭）、ディートリッヒ・アルバート先生（オーストリア・グラーツ大学心理学部教授）をはじめ、多くの人に助けて頂いた。

　最後に、ここまで自分を支えてくれた私の本当の家族と、テュービンゲン（ドイツ）からサスカトゥーン（カナダ）に移住した私の第二の家族（ケスター）に感謝して、両親の還暦とともに本書の完成を祝いたいと思う。

2009（平成21）年11月11日　広島にて

卜　部　匡　司

著 者 略 歴

卜 部 匡 司（うらべ まさし）

1976 年　広島県生まれ
2007 年　広島大学大学院教育学研究科博士課程後期修了
　　　　　博士（教育学）
現在　　徳山大学経済学部准教授

ドイツにおける通信簿の歴史

システム論的機能分析

平成 21 年 11 月 20 日　発　行

著　者　　卜 部 匡 司
発行所　　株式会社　溪水社
　　　　　広島市中区小町 1-4（〒730-0041）
　　　　　電　話（082）246－7909
　　　　　ＦＡＸ（082）246－7876
　　　　　E-mail : info@keisui.co.jp

ISBN 978-4-86327-074-9 C3022
平成 21 年度　日本学術振興会助成出版